Die Bundesanstalt Technisches Hilfswerk
Eine organisations- und statusrechtliche Untersuchung

Europäische Hochschulschriften

Publications Universitaires Européennes
European University Studies

Reihe II

Rechtswissenschaft

Série II Series II
Droit
Law

Bd./Vol. 1192

PETER LANG
Frankfurt am Main · Bern · New York · Paris

Christian Salm

Die Bundesanstalt Technisches Hilfswerk

Eine organisations- und statusrechtliche Untersuchung

PETER LANG
Frankfurt am Main · Bern · New York · Paris

Die Deutsche Bibliothek- CIP-Einheitsaufnahme

Salm, Christian:

Die Bundesanstalt Technisches Hilfswerk : eine organisations- und statusrechtliche Untersuchung / Christian Salm. - Frankfurt am Main ; Bern ; New York ; Paris : Lang, 1992
(Europäische Hochschulschriften : Reihe 2, Rechtswissenschaft ; Bd. 1192)
Zugl.: Bochum, Univ., Diss., 1990
ISBN 3-631-44371-4

NE: Europäische Hochschulschriften / 02

D 294
ISSN 0531-7312
ISBN 3-631-44371-4

Printed in Germany 1 2 4 5 6 7

Inhaltsverzeichnis

Gang der Arbeit 1

Teil 1
Die Entwicklung der Zivilverteidigungsgesetzgebung in der Bundesrepublik Deutschland 3

Teil 2
Die Frage nach der Verfassungsmäßigkeit des Technischen Hilfswerkes 29

A. Beschreibung der dem Technischen Hilfswerk zugedachten Funktion 29

B. Rechtmäßigkeitskontrolle 32

I. Die Rechtslage am 25.08.1953, zur Zeit des Errichtungserlasses THW 32

1. Verwaltungskompetenz des Bundes 33

2. Die Kompetenzlage nach dem Grundgesetz für die katastrophenbezogene Verwaltung 34

a) Ausdrückliche Verwaltungskompetenz 34

b) Stillschweigende Verwaltungskompetenz 35

aa) Kompetenz kraft Sachzusammenhang 35

bb) Kompetenz kraft Natur der Sache 38

cc) Die Annexkompetenz 40

c) Die stillschweigende Bundesverwaltungskompetenz im Bereich des Katastrophenschutzes 40

II. Die Rechtslage seit dem Erlaß zur Errichtung eines Bundesamtes für zivilen Luftschutz vom 11.12.1953 43

III. Die Rechtslage seit der Grundgesetzänderung vom 26.03.1954 mit Wirksamkeit seit dem 05.05.1955 43

IV. Die Rechtslage seit der Grundgesetzänderung vom 19.03.1956, Schaffung des Art. 87 b GG 44

V. Die Rechtslage seit der Errichtung einer Bundesdienststelle für den zivilen Bevölkerungsschutz durch Erlaß vom 06.07.1957 44

VI. Die Rechtslage seit Inkrafttreten des Ersten Gesetzes über Maßnahmen zum Schutz der Zivilbevölkerung vom 09.10.1957 44

VII. Die Rechtslage seit Inkrafttreten des Gesetzes zur Errichtung des Bundesamtes für zivilen Bevölkerungsschutz vom 05.12.1958 45

1. Das Bundesamt für zivilen Bevölkerungsschutz als Bundesbehörde mit eigenem Verwaltungsunterbau 46

2. Eingliederung des Technischen Hilfswerkes in das Bundesamt für zivilen Bevölkerungsschutz 50

3. Aufrechterhaltung des Errichtungserlasses THW und des "Technischen Hilfswerkes" 53

a) Heilung des Errichtungserlasses THW 54

b) Rechtmäßigkeit des THW-Errichtungserlasses 54

aa) Vorschrift Nr. I. Name, Rechtsform, Sitz 54

bb) Vorschrift Nr. II. Aufgaben 58

cc) Vorschrift Nr. III. Aufbau 61

dd) Vorschrift Nr. IV. Berufung und Aufgaben des Direktors 62

ee) Vorschrift Nr. V. Verwaltungsbeirat 63

ff) Vorschrift Nr. VI. Helfer 64

gg) Vorschrift Nr. VII. Katastrophenschutz und Luftschutz 65

hh) Vorschrift Nr. VIII. Hilfeleistung bei öffentlichen Notständen 66

ii) Vorschrift Nr. IX. Subsidiarität der Hilfeleistung bei öffentlichen Notständen 67

kk) Fazit 67

4. Zusammenfassung 68

VIII. Die Rechtslage seit dem Inkrafttreten des Katastrophenschutzgesetzes am 09.07.1968 69

1. Prüfung einer Vereinbarkeit des "Technischen Hilfswerkes" mit der Neukonzeption des Katastrophenschutzes 69

2. Konsequenz 73

a) § 13 KatSG 74

b) § 13 KatSG analog 75

aa) Art der Überleitung 76

bb) Zeitpunkt der Überleitung 78

3. § 18 Abs. 3 KatSG analog 79

IX. Die Rechtslage seit dem Inkrafttreten des Ersten Gesetzes über Maßnahmen zum Schutz der Zivilbevölkerung (ZSG) vom 02.08.1976 80

X. Die Rechtslage seit Erlaß des Gesetzes zur Verbesserung der Wehrgerechtigkeit und Verlängerung der Dauer des Grundwehrdienstes vom 13.06.1986 81

XI. Die Rechtslage seit Schaffung des Gesetzes zur Regelung der Rechtsverhältnisse der Helfer der Bundesanstalt Technisches Hilfswerk (THW-Helferrechtsgesetz - THW-HelfRG) vom 22.01.1990 81

XII. Die Rechtslage seit dem Inkrafttreten des Gesetzes zur Ergänzung des Katastrophenschutzgesetzes und anderer Vorschriften (Katastrophenschutzergänzungsgesetz - KatSErgG) vom 23.01.1990 82

XIII. Die Rechtslage seit Erlaß des Gesetzes zur Regelung der Dauer des Grundwehrdienstes und des Zivildienstes vom 26.11.1990 83

Teil 3
Das Rechtsverhältnis des Helfers im erweiterten Katastrophenschutz, insbesondere des THW-Helfers 84

A. Zustandekommen des Dienstverhältnisses eines "Helfers im erweiterten Katastrophenschutz" 84

I. Die Verpflichtung zum erweiterten Katastrophenschutz gem. § 8 Abs. 1 KatSG 84

II. Verpflichtungsakt 88

1. Einseitiger oder zweiseitiger Verpflichtungsakt 88

2. Rechtliche Einordnung des Verpflichtungsaktes 91

a) Verpflichtungserklärung 91

b) Annahme der Verpflichtungserklärung 92

aa) Die öffentlich-rechtlichen Organisationen 92

bb) Die privatrechtlichen Organisationen 95

B. Qualifizierung des entstandenen Rechtsverhältnisses als öffentlich-rechtliches Dienstverhältnis besonderer Art 97

I. Das öffentlich-rechtliche Dienstverhältnis besonderer Art 97

II. Das Rechtsverhältnis des THW-Helfers als öffentlich-rechtliches Dienstverhältnis besonderer Art 101

III. Exkurs: Das Dienstverhältnis der Helfer der privaten Organisationen 103

C. Die Zulässigkeit des öffentlich-rechtlichen Dienstverhältnisses besonderer Art 105

I. Absoluter Funktionsvorbehalt zugunsten der Beamten, Angestellten und Arbeiter des öffentlichen Dienstes? 105

II. Zulässigkeitsvoraussetzungen 109

1. Nicht-Hauptamtlichkeit 109

2. Fehlende Eingliederung in die Organisation des Dienstherrn 110

3. Konsequenz 111

III. Pflicht zur Schaffung öffentlicher Dienstverhältnisse besonderer Art, insbesondere des Dienstverhältnisses des Helfers im Katastrophenschutz 115

IV. Ergebnis 117

D. Die inhaltliche Ausgestaltung des THW-Helferrechtsverhältnisses 118

I. Art der Ausgestaltung 118

II. Voraussetzungen der Verpflichtung als THW-Helfer 122

III. Inhalt des THW-Helferrechtsverhältnisses 132

1. Rechte und Pflichten der Helferschaft 132

a) Helferrechte 132

aa) Benachteiligungsverbot 133

aaa) Arbeitnehmer, Beamte, Richter (§ 3 Abs. 1, Abs. 2 THW-HelfRG) 133

bbb) Selbständige (§ 3 Abs. 3, Satz 2 THW-HelfRG) 135

ccc) Arbeitslosengeld- und Sozialhilfeempfänger etc. (§ 3 Abs. 4 THW-HelfRG) 136

ddd) Ersatz barer Auslagen (§ 3 Abs. 3, Satz 1 THW-HelfRG) 137

eee) Sachschäden (§ 3 Abs. 5 THW-HelfRG) 137

fff) Entschädigungsrichtlinie 138

bb) Recht auf fachdienstbezogene Ausbildung und Ausstattung 143

cc) Soziale Sicherung 145

dd) Schadensersatz 147

aaa) Schädigung der Hilfsperson 148

(1) Körperschäden 148

(2) Sachschäden 148

bbb) Schädigung eines Dritten 148

(1) Schädigung bei der Dienstausübung 148

(2) Schädigung bei Gelegenheit der Dienstausübung 149

ccc) Schädigung des Technischen Hilfswerkes 149

(1) Unmittelbare Schädigung 149

(2) Mittelbare Schädigung 150

ee) Rechtsschutz in strafrechtlicher und polizeilicher Hinsicht 150

ff) Verpflegung und Betreuung 150

gg) Urlaub 151

hh) Wohnortwechsel 155

ii) Mitwirkungsrechte der Helferschaft im Technischen Hilfswerk 156

kk) Einsicht in die Personalakten 161

b) Helferpflichten 161

aa) Dienst im Katastrophenschutz 161

bb) Nebenpflichten 166

c) Verfassungsrechtliche Überprüfung der Rechte und Pflichten der Hilfspersonen 169

aa) Vorbehalt des Gesetzes, Wesentlichkeitstheorie 169

bb) Art. 33 Abs. 5 GG, Berücksichtigung der hergebrachten Grundsätze des Berufsbeamtentums 170 cc) Weitere Rechtmäßigkeitsvoraussetzungen 173

2. Dienst im Technischen Hilfswerk und Wehrdienstausnahme 180

a) Zivilschutzverpflichtung für mindestens acht Dienstjahre 181

b) Wahrung des Höchstalters von zweiundzwanzig Jahren 181

c) Zustimmung der zuständigen Behörde 183

aa) Zuständige Behörde 183

bb) Zustimmungsvoraussetzung 184

aaa) Voraussetzungen nach § 13 a Abs. 1 WPflG, § 8 Abs. 2 KatSG 184

bbb) Freistellungsvereinbarung gemäß § 13 a Abs. 1, Satz 2, 3 WPflG 185

(1) Rechtscharakter der Freistellungsvereinbarung 186

(2) Rechtmäßigkeit der Freistellungsvereinbarung 187

d) Mitwirkung im Katastrophenschutz bzw. Zivilschutz 189

e) Ende der Grundwehrdienstpflicht 192

3. Dienst im Technischen Hilfswerk und Zivildienstausnahme 193

4. Sanktionen und Disziplinierungsmaßnahmen 194

a) Ermahnung 195

b) Bußgeld 196

c) Ausschluß 196

aa) Ausschluß gemäß § 2 Abs. 3 THW-HelfRG 196

bb) Ausschluß durch Rücknahme des Verpflichtungsaktes gemäß § 48 VwVfG oder Widerruf gemäß § 49 VwVfG 200

dd) Ergebnis 202

5. Beendigung des Dienstverhältnisses 203

6. Althelferstatus 205

Schlußwort 206

Literaturverzeichnis

Achterberg, Norbert — Einwirkungen des Verfassungsrechts auf das Verwaltungsrecht; JA 1980, S. 210 ff., 273 ff., (217 Fßn. 69), 215 c

Achterberg, Norbert — Zulässigkeit und Schranken stillschweigender Bundeszuständigkeiten im gegenwärtigen deutschen Verfassungsrecht; AöR 86 (1961), S. 63 ff.

Adami, Rainer — Zuständigkeit, Unzuständigkeit und Unzuständigkeitsfolgen in der staatlichen Verwaltungsorganisation; Diss. Würzburg 1971

Alternativkommentar (hrsg. von Wassermann, R.) — Kommentar zum Grundgesetz für die Bundesrepublik Deutschland; Bd. 2, Art. 21-146; Neuwied/Darmstadt 1984 (zit.: AK)

Anschütz, Gerhard/ Thome, Richard — Handbuch des Deutschen Staatsrechts; Bd. I, 1930, S. 363 (367)

Arnim, Hans Herbert von — Zur "Wesentlichkeitstheorie" des Bundesverfassungsgerichts; DVBl. 1987, 1241 ff.

Bahro, Horst — Erweiterter Katastrophenschutz; 3. Aufl., Mannheim 1980

Ballweg, Ottmar — Zu einer Lehre von der Natur der Sache; 2. Aufl. 1963

Battis, Ulrich — Die neuen Beihilfevorschriften des Bundes; NVwZ 1985, 887 f.

Battis, Ulrich — Rechtsprechung zur Radikalen-Frage; JA 1979, 73 ff.

Bäumer, Hartmut — Vom Luftschutzrecht über die Notstandgesetze zum Zivilschutzgesetz; Kritische Justiz 1986, 206 ff.

Bender, Bernd — Staatshaftungsrecht; 3. Aufl., Heidelberg 1981

Benkler, Manfred — Die Rechtsverhältnisse der freiwillig tätigen Funktionsträger im staatlichen Funktionsbereich "Verwaltung"; Diss. 1978

Beßlich, Wolfgang — Zivilschutz und Zivilverteidigung - Rechtsgrundlagen der zivilen Verteidigung; Karlsfeld, Loseblatt, Stand: April 1989

Bley, Helmar — Sozialrecht; 5. Aufl., Frankfurt/Main 1986

Böckenförde, E.-W. — Organ, Organisation, Juristische Person; Festschrift für Hans J. Wolff, München 1973, S. 269 ff.

Bullinger, Martin — Ungeschriebene Kompetenzen im Bundesstaat; AöR 96 (1971), S. 237 ff.

Denecke, Johannes — Anmerkung zum Urteil des BAG v. 16.6.1966; AP Nr. 1 zu § 611 BGB, S. 538

Denecke, Johannes — Zum Begriff und Wesen des öffentlichen Dienstes; in: RdA 1955, S. 401 ff.

Dietz, Rolf — Zur Abgrenzung des öffentlichen Dienstes; in: Festschrift für A. Hueck, München/Berlin 1959, S. 123 ff.

Doehring, Karl — Das Staatsrecht der Bundesrepublik Deutschland unter besonderer Berücksichtigung der Rechtsvergleichung und des Völkerrechts; 3. Aufl., Frankfurt 1984

Doetsch, Werner (Hrsg.) — Handbuch zum Sozialrecht; Loseblatt, Stand: August 1982

Dreher, E./Tröndle, H. — Strafgesetzbuch; 44. Aufl. München 1988

Dreier, Ralf — Zum Begriff der Natur der Sache; Berlin 1965

Drews, Bill/Wacke, Gerhard/Vogel, Klaus/Martens, Wolfgang — Gefahrenabwehr; Bd. 1, 8. Auflage Köln/Berlin/Bonn/München 1975

Ebert, Kurt — Das gesamte öffentliche Dienstrecht; 2. Aufl. Berlin 1965; Loseblatt, Stand: November 1988

Erichsen, Hans-Uwe/Martens, Wolfgang — Allgemeines Verwaltungsrecht; 7. Aufl. Berlin/New York 1986

Evers, Hans-Ulrich — Gesetzesvorbehalt im Schulrecht - VGH Kassel NJW 1976, 1856; JuS 1977, 804

Fischbach, Georg — Zur Neugestaltung des Beamtenrechts; DÖV 1951, 453 ff.

Fischbach, Oscar Georg — Beamtenrecht und öffentliches Dienstrecht; DVBl. 1951, 524 ff.

Fischbach, Oscar Georg — Die hergebrachten Grundsätze des Berufsbeamtentums; DVBl. 1951, 99

Fischbach, Oskar Georg — Bundesbeamtengesetz i.d.F. des Gesetzes vom 1. Oktober 1961; Erläuterungen; 1. Halbband, 3. Aufl. Köln/Berlin/Bonn/München 1964 (zit.: BBG)

Fischbach, Oskar Georg — Inwieweit läßt Art. 33 Abs. 5 des Grundgesetzes eine Reform des Beamtenrechts zu? (Koreferat); in: Verhandlungen des 39. Deutschen Juristentags 1951; Tübingen 1952, D 33 ff. (zit.: Verhandlungen)

Giese, Friedrich	Allgemeines Verwaltungsrecht; 3. Aufl. Tübingen 1952
Götz, Volkmar	Allgemeines Polizei- und Ordnungsrecht; 9. Aufl. Göttingen 1988
Grabendorf, Walter	Inwieweit läßt Art. 33 Abs. 5 des Grundgesetzes eine Reform des Beamtenrechts zu?; in: Verhandlungen des 39. Deutschen Juristentags 1951; Tübingen 1952, D 112/113
Grewe, Wilhelm	In welchem Rahmen wird sich die künftige Bundesgesetzgebung abspielen?; in: Bundesrecht und Bundesgesetzgebung Frankfurt 1950, S. 28 ff. (zit.: Bundesrecht)
Grewe, Wilhelm	Inwieweit läßt Art. 33 Abs. 5 des Grundgesetzes eine Reform des Beamtenrechts zu? (Referat); in: Verhandlungen des 39. Deutschen Juristentags; Tübingen 1952, D 3 ff. (zit.: Verhandlungen)
Gröbing, Karl	Zum Begriff des öffentlichen Dienstes; AuR 1959, 225
Hamann, Anderas/ Lenz, Helmut	Das Grundgesetz für die Bundesrepublik Deutschland vom 23. Mai 1949; 3. Aufl., Neuwied 1970
Hansen, Hans-Jürgen	Fachliche Weisung und materielles Gesetz; Hamburg 1971
Hesse, Konrad	Grundzüge des Verfassungsrechts der Bundesrepublik Deutschland; 16. Aufl., Heidelberg 1988
Heymann, Wilhelm	Wesen und Notwendigkeit der öffentlichen Anstalt; Berlin 1950
Huber, Ernst Rudolf	Wirtschaftsverwaltungsrecht; Bd. I, 2. Aufl. Tübingen 1954

Hueck, Alfred/ Nipperdey, Hans Carl — Lehrbuch des Arbeitsrechts; Bd. 1, 7. Aufl., Berlin 1970

Isensee, Josef/ Kirchhof, Paul (Hrsg.) — Handbuch des Staatsrechts der Bundesrepublik Deutschland; Bd. I, Heidelberg 1987

Jarass, Hans/Pieroth, Bodo — Grundgesetz für die Bundesrepublik Deutschland (Kommentar); München 1989

Jecht, Hans — Die öffentliche Anstalt; Berlin 1963

Jung, Jörg — Die Zweispurigkeit des öffentlichen Dienstes; Berlin 1971

Kater, Michael — Die "Technische Nothilfe" im Spannungsfeld von Arbeitnehmerunruhen, Unternehmerinteressen und Parteipolitik; in: Vierteljahreshefte für Zeitgeschichte 1979, S. 30 ff.

Katz, Alfred — Staatrecht; 7. Aufl. Heidelberg 1985

Kaufmann, E. — Rechtsgutachten zum Vertrage über die Gründung der Europäischen Verteidigungsgemeinschaft und zum Deutschlandvertrage; in: Der Kampf um den Wehrbeitrag, Bd. 2; München 1958, S. 42 ff.

Kirschenmann, Dietrich — Zuständigkeiten und Kompetenzen im Bereich der Verwaltung nach dem 8. Abschnitt des Grundgesetzes; JuS 1977, 565 ff.

Kisker, Gunter — Neue Aspekte im Streit um den Vorbehalt des Gesetzes; NJW 1977, 1313 ff.

Klein, Hans H. — "Auftrag" und "Geschäftsführung ohne Auftrag" im öffenltichen Recht; DVBl. 1968, 129 ff.

Klein, Hans H. — Verwaltungskompetenzen vom Bund und Ländern in der Rechtsprechung des Bundesverfassungsgerichtes; in: Bundesverfassungsgericht und Grundgesetz, Bd. II, 1976, 277 ff. (zit.: Verwaltungskompetenzen)

Knack, Hans — Verwaltungsverfahrensgesetz; (Kommentar); 2. Aufl. 1982

Kolb, Paul-Wilhelm (Hrsg.) — Katastrophenschutzpraxis; Bd. III + IV.; Regensburg, Loseblatt, Stand: September 1982

Kölble, Josef — Zur Lehre von den - stillschweigend - zugelassenen Verwaltungszuständigkeiten des Bundes; DÖV 1963, S. 660 ff.

Krebs, Walter — Grundgesetzlicher Gesetzesvorbehalt und Pressesubventionierung; DVBl. 1977, 632 ff.

Krebs, Walter — Zum aktuellen Stand der Lehre vom Vorbehalt des Gesetzes; Jura 1979, 304 ff.

Kreft, Friedrich — Öffentlich-rechtliche Ersatzleistungen; Berlin 1980

Kreutzer, Rudolf — Anmerkungen zu BVerwG NJW 1969, S.2060; NJW 1969, S. 2060 f.

Kreutzer, Rudolf — Dienst im Bevölkerungsschutz an Stelle des Wehrdienstes; NJW 1963, 1481 ff.

Kriebel, Hellmut — Die Rechtsnatur des ehrenamtlichen Dienstes in Nothilfeorganisationen; DÖV 1962, 766-775

Kröhn, Günter/ Papier, Hans-Jürgen — Aktuelle Fragen der Staatshaftung und der öffentlich-rechtlichen Entschädigung; Köln 1986

Küchenhoff, Erich — Ausdrückliches, stillschweigendes und ungeschriebenes Recht in der bundesstaatlichen Kompetenzverteilung; AöR 82 (1957),S. 413 ff. und Diss. München 1956 (zit.: Diss.)

Küchenhoff, Erich — Ungeschriebene Bundeszuständigkeiten und Verfassungsauslegung; DVBl. 1951, S. 585 ff., 617 ff.

Kümmel, W. — Der Begriff des öffentlichen Dienstrechts im Beamten-, Besoldungs- und Tarifrecht; RiA 1954, S. 64 ff.

Lange, Klaus — Die öffentlichrechtliche Anstalt; VVDStRL 44 (1986), S. 169 ff.

Leibholz, Gerhard/ Rinck, H. J./ Hesselberger, D. — Grundgesetz für die Bundesrepublik Deutschland; 6. Aufl., Köln; Loseblatt, Stand: November 1988; (zit.: Leibholz/Rinck)

Leinemann, Wolfgang/ Seibert, Gerhard — Die Rechtsverhältnisse der Lehrbeauftragten; Replik zu: Laeverenz JZ 1972, 621; JZ 1972, 623

Leinemann, Wolfgang/ Seibert, Gerhard — Die Rechtsverhältnisse der Lehrbeauftragten; JZ 1971, S. 638 ff.

Listl, Joseph — Die Entscheidungsprärogative des Parlamentes für die Errichtung von Kernkraftwerken; DVBl. 1978, 10 ff.

Mangoldt, Hermann von/ Klein, Friedrich — Das Bonner Grundgesetz; Bd. II 2. Aufl. Berlin/Frankfurt a.M. 1966

Maunz, Theodor/Dürig, Günter/Herzog, Roman/ Scholz, Rupert/Lerche, Peter/Papier, Hans-Jürgen/ Randelshofer, Albrecht/ Schmidt-Aßmann, Eberhard — Grundgesetz (Kommentar); Bd. II, Art. 12 a-37; Bd. III, Art. 38-91; München 1987; Loseblatt, Stand: 26. Lieferung; (zit.: Maunz/Dürig/Herzog)

Maurer, Hartmut — Allgemeines Verwaltungsrecht; 5. Aufl. München 1986

Mayer, Franz — Recht des öffentlichen Dienstes; in: Mayer/Ule, Staats- und Verwaltungsrecht in Rheinland-Pfalz; Stuttgart 1969, S. 337 ff.; (zit.: Recht)

Mayer, Franz — Verfassungsrechtliche Grenzen einer Reform des öffentlichen Dienstrechts - Rechtsgutachten; in: Verfassungsrechtliche Grenzen einer Reform des öffentlichen Dienstrechts, S. 557 ff., Baden-Baden 1973; (zit.: Gutachten)

Mayer, Otto — Deutsches Verwaltungsrecht; Bd. 1, Bd. 2; 1. Aufl. 1896 (zit.: Verwaltungsrecht)

Mayer, Otto — Die juristische Person und ihre Verwertbarkeit im öffentlichen Recht; in: Festgabe für Paul Laband, Bd. I, Tübingen 1908, S. 1 ff.; (zit.: Festgabe)

Meyer, Hans/Borgs-Maciejewski, Hermann — Verwaltungsverfahrensgesetz; 2. Aufl. Frankfurt a.M. 1982

Münch, Ingo von — Besonderes Verwaltungsrecht; 7. Aufl., Berlin/New York 1985 (zit.: Besonderes Verwaltungsrecht)

Münch, Ingo von — Grundgesetz-Kommentar; Bd. I; 3. Aufl., München 1985; (zit.: Kommentar)

Nobel, P. — Anstalt und Unternehmen; 1978

Ossenbühl, Fritz — Schule im Rechtsstaat; DÖV 1977, 801

Ossenbühl, Fritz — Staatshaftungsrecht; 3. Aufl. München 1983; (zit.: Staatshaftungsrecht)

Ossenbühl, Fritz — Verwaltungsvorschriften und Grundgesetz; Bad Homburg/Berlin/Zürich 1968; (zit.: Verwaltungsvorschriften)

Pfennig, Gerhard	Der Begriff des öffentlichen Dienstes und seiner Angehörigen; Berlin 1960
Pieck, Johannes	Beamtenähnliche öffentlich-rechtliche Dienstverhältnisse; DÖV 1966, S. 217 ff.
Pietzcker, Jost	Vorrang und Vorbehalt des Gesetzes; JuS 1979, 710 ff.
Priebke	Die Zuständigkeit des Bundes in Gesetzgebung und Verwaltung nach dem Bonner Grundgesetz; Diss., Marburg/Lahn 1951
Rasch, Ernst	Die staatliche Verwaltungsorganisation; Köln 1967
Richter, Arnt	Grundlagen des Rechts der sozialen Sicherheit; Stuttgart/Berlin/Köln/Mainz 1979
Roeber, Horst/ Goeckel, Klaus	Katastrophenschutzgesetz (Kommentar); Loseblatt, Stand: November 1988
Roewer, Helmut	Helferrecht; Der wehrpflichtige Helfer im Zivilschutz; Bonn 1983
Ronellenfitsch, Michael	Das besondere Gewaltverhältnis im Verwaltungsrecht; DÖV 1984, 781 ff.
Rupp, Hans Heinrich	Grundfragen der heutigen Verwaltungsrechtslehre; Tübingen 1965
Rüfner, Wolfgang	Die Nutzung öffentlicher Anstalten; Die Verwaltung 1987, S. 19 ff.
Rüfner, Wolfgang	Zur Lehre von der öffentlichen Anstalt; DÖV 1985, S. 605 ff.
Sattler, Andreas	Die rechtliche Bedeutung der Entscheidung für die streitbare Demokratie; Baden-Baden 1982

Schambeck, Herbert — Der Begriff der "Natur der Sache"; Wien 1964

Schenke, Wolf-Rüdiger — Gesetzesvorbehalt und Pressesubventionen; Der Staat 15 (1976), S. 553 ff.

Schmidt, Otto — Beamtenrecht und Arbeitsrecht; DDB 1962, S. 187 ff.

Schmidt-Bleibtreu, Bruno/Klein, Franz — Kommentar zum Grundgesetz für die Bundesrepublik Deutschland; 6. Aufl., Neuwied, Darmstadt 1983

Schnapp, Friedrich E. — Ausgewählte Probleme des öffentlichen Organisationsrechts; Jura 1980, 293 ff.

Schnitzler, Heinrich/Hey, Walther — Handbuch für Zivilschutz und zivile Verteidigung; Köln/Berlin/Bonn/München 1987; Loseblatt, Stand: Dezember 1988

Schröcker — Das fehlerhafte Beamtenverhältnis; DVBl. 1957, 661 ff.

Schwechten, Hans-Detlev — Die beamtenrechtliche Sonderstellung des Rechtsreferendars; Diss. Bochum 1974

Schwerdtfeger, Gunter — Öffentliches Recht in der Fallbearbeitung; 8. Aufl., München 1986

Seibert, Gerhard — Das Lehrbeauftragtenverhältnis als öffentlich-rechtliches Dienstverhältnis besonderer Art; zum Urteil des VG Kassel DVBl. 1972, S. 345 ff.; DVBl. 1972, S. 304 ff.

Selmer, Peter — Der Vorbehalt des Gesetzes; JuS 1968, 489 ff.

Staudinger, Julius v. — Kommentar zum Bürgerlichen Gesetzbuch und dem Einführungsgesetz; Bd. 2, 3: §§ 611-704; Berlin 1958

Staupe, Jürgen	Parlamentsvorbehalt und Delegationsbefugnis; Berlin 1986
Steinberg, Rudolf	Grundfragen des öffentlichen Nachbarrechts; NJW 1984, 457 ff.
Steiner, Udo	Öffentliche Verwaltung durch Private; Hamburg 1975
Stelkens, Paul/ Bonk, Heinz Joachim / Leonhardt, Klaus	Verwaltungsverfahrensgesetz; 2. Aufl., München 1983
Stern, Klaus	Das Staatsrecht der Bundesrepublik Deutschland; Bd. I, 2. Aufl. München 1984; Bd. II, München 1980
Thieme, Werner	Der Aufgabenbereich der Angestellten im öffentlichen Dienst; Saarbrücken 1962; (zit.: Aufgabenbereich)
Thieme, Werner	Der öffentliche Dienst in der Verfassungsordnung des Grundgesetzes; Göttingen 1961 (zit.: Dienst)
Thieme, Werner	Empfiehlt es sich, das Beamtenrecht unter Berücksichtigung des Wandels von Staat und Gesellschaft neu zu ordnen?; Gutachten für den 48. Deutschen Juristentag; Bd. I, Teil D, München 1970, S. 1 ff.; (zit.: Gutachten)
Ule, Carl Hermann	Öffentlicher Dienst; in: Die Grundrechte. Handbuch der Theorie und Praxis der Grundrechte, hrsg. v. Karl August Bettermann nach Hans Carl Nipperdey, 4. Bd., 2. Halbband; Berlin 1962, S. 537 (zit.: Öffentlicher Dienst)
Ule, Carl Hermann/ Laubinger, Hans-Werner	Verwaltungsverfahrensrecht; 3. Auflage, Köln/Berlin/Bonn/München 1986

Wacke, Gerhard	Das Recht der Angestellten und Arbeiter im öffentlichen Dienst; Die Verwaltung, 5. Aufl. Berlin 1964 (zit.: Recht)
Wacke, Gerhard	Das Gesamt-Personalrecht des öffentlichen Dienstes; DÖV 1958, S. 278 ff.
Wacke, Gerhard	Die Anwendung beamtenrechtlicher Vorschriften im Dienstrecht der Angestellten; ZBR 1955, 229
Wacke, Gerhard	Entstehungsgeschichte und Inhalt des Art. 33 Abs. 5 GG; in: Neues Beamtentum, Frankfurt a.M. 1951, S. 152 ff. (zit.: Entstehungsgeschichte)
Wacke, Gerhard	Grundlagen des öffentlichen Dienstrechts; Tübingen 1957 (zit.: Grundlagen)
Wacke, Gerhard	Zur Neugestaltung des Beamtenrechts; AöR 76 (1950/51), 385
Weber, Werner	Die Körperschaften, Anstalten und Stiftungen des öffentlichen Rechts; 2. Aufl. München 1943
Wenniger, Ludwig	Geschichte der Lehre vom besonderen Gewaltverhältnis; Köln 1982
Wertenbruch, Wilhelm	Anmerkung zum Urteil des BAG v. 16.6.1966; AP Nr. 10 zu § 611 BGB, S. 944 ff.
Wiese, Walter	Beamtenrecht; 2. Aufl., Köln 1982
Wilhelm, Bernhard	Erwiderung zu: Piek, Beamtenähnliche öffentlich-rechtliche Dienstverhältnisse DÖV 1966, 221 ff.
Wind, Ferdinand/ Schimana, Rudolf/ Wallerius, Peter	Öffentliches Dienstrecht; Köln 1985

Wipfelder, Hans-Jürgen	Die Theoreme "Natur der Sache" und "Sachzusammenhang" als verfassungsrechtliche Zuordnungsbegriffe; DVBl. 1982, S. 477
Wolff, Hans J./Bachof, Otto	Verwaltungsrecht I (§§ 1-66); 9. Aufl., München 1974
Wolff, Hans J./Bachof, Otto	Verwaltungsrecht II (§§ 71-119); 4. Aufl. 1970, München 1976
Wolff, Hans J./Bachof, Otto/ Stober, Rolf	Verwaltungsrecht II; 5. Aufl., München 1987
Zinkahn, Willy/ Leutz, Hermann	Luftschutzrecht; Loseblatt, Stand: Juni 1980

Abkürzungsverzeichnis

(soweit Abkürzungen keinen Eingang in das folgende Verzeichnis gefunden haben, entsprechen sie aber den von Kirchner, Abkürzungen für Juristen, 1983 vorgeschlagenen Kürzeln)

a.A.	anderer Ansicht
Abs.	Absatz
AHK	Alliierte Hohe Kommission
AK	Alternativkommentar
AöR	Archiv des öffentlichen Rechts
AP	Arbeitsrechtliche Praxis
Art.	Artikel
Aufl.	Auflage
AuR	Arbeit und Recht
BAG	Bundesarbeitsgericht
BAGE	Entscheidungen des Bundesarbeitsgerichts
BayVGH	Bayrischer Verwaltungsgerichtshof
BBG	Bundesbeamtengesetz i.d.F.d.B.v. 27. Februar 1985 (BGBl. I S. 479), z.g. d.G.v. 20.12.1985 (BGBl. I S. 2466)
Bd.	Band
ber.	berichtigt
Beurlaubungsrichtlinien	Richtlinien für die Beurlaubung von Helfern des Katastrophenschutzes vom 31. März 1980, - KS 1 - 334 - 70 -
BGB	Bürgerliches Gesetzbuch vom 18. August 1896 (RGBl. S. 195), z.g.d.G.v. 8.12.1986 (BGBl. I S. 2317)
BGBl. I	Bundesgesetzblatt. Teil I (1951 ff.)
BGBl. II	Bundesgesetzblatt. Teil II (1951 ff.)
BGH	Bundesgerichtshof

BLG	Bundesleistungsgesetz i.d.F.v. 27. September 1961 (BGBl. I S. 1769), z.g.d.G.v. 18.02.1986 (BGBl. I S. 265)
BLG	Bundesleistungsgesetz i.d.F.v. 27. September 1961 (BGBl. I S. 1769), z.g.d.G.v. 18.02.1986 (BGBl. S. 265)
BLSV	Bundesluftschutzverband
BPersVG	Bundespersonalvertretungsgesetz vom 15. März 1974 (BGBl. I S. 693), z.g. d.G.v. 24.07.1984 (BGBl. I S. 1110)
BR-Drucks.	Drucksachen des Bundesrates
BRKG	Gesetz über die Reisekostenvergütung für die Bundesbeamten, Richter im Bundesdienst und Soldaten i.d.F.v. 13. November 1973 (BGBl. I S. 1621), z.g.d.G.v. 07.11.1985 (BGBl. I S. 2084)
BT-Drucks.	Drucksachen des Deutschen Bundestages (1949 ff.)
BVerfG	Bundesverfassungsgericht
BVerfGE	Entscheidungen des Bundesverfassungsgerichts
BVerwG	Bundesverwaltungsgericht
BVerwGE	Entscheidungen des Bundesverwaltungsgerichts
BVS	Bundesverband für den Selbstschutz
BWahlG	Bundeswahlgesetz i.d.F.d.B.v. 1. September 1975 (BGBl. I S. 2325), z.g.d.G.v. 08.03.1985 (BGBl. I S. 521)
BzB	Bundesamt für zivilen Bevölkerungsschutz
BzL	Bundesamt für zivilen Luftschutz
BzL	Bundesanstalt für zivilen Luftschutz
BZRG	Bundeszentralregistergesetz i.d.F. der Bekanntmachung vom 21. September 1984 (BGBl. I S. 1229), berichtigt 1985 (BGBl. I S. 195)

bzw.	beziehungsweise
ca.	circa
d.h.	das heißt
DDB	Der Deutsche Beamte
ders.	derselbe
Diss.	Dissertation
DÖV	Die Öffentliche Verwaltung
DVBl.	Deutsches Verwaltungsblatt
ebs.	ebenso
Entschädigungsrichtlinien	Richtlinien über die Gewährung von Entschädigungen an Helfer des Technischen Hilfswerks bei Ausbildungsveranstaltungen, Übungen und Einsätzen vom 5. Januar 1965 in der berichtigten Fassung vom 8. Dezember 1977
Errichtungserlaß THW	Erlaß über die Errichtung des Technischen Hilfswerkes (THW) als nichtrechtsfähige Bundesanstalt vom 25.08. 1953 (GMBl. 1953, S. 507)
Errichtungsgesetz BzB	Gesetz zur Errichtung des Bundesamtes für zivilen Bevölkerungsschutz vom 5. Dezember 1958 (BGBl. I S. 893)
ES VGH	Entscheidungssammlung des Hessischen und des Württembergisch-Badischen Verwaltungsgerichtshofes
etc.	et cetera
f.	folgende (Seite)
ff.	fortfolgende
Freistellungsvereinbarung	Vereinbarung über die Freistellung von Wehrpflichtigen nach Abs. 2 des Gesetzes über die Erweiterung des Katastrophenschutzes - KatSG - § 13 a Abs. 1 des Wehrpflichtgesetzes - WPflG - vom 18.September 1980 (GMBl. 1980, S. 640)
Fßn.	Fußnote(-n)

gem. ....gemäß
GG ....Grundgesetz für die Bundesrepublik Deutschland
GMBl. ....Gemeinsames Ministerialblatt
GVBl. ....Gesetz- und Verordnungsblatt
h.M. ....herrschende Meinung
HessVGH.....................................Hessischer Verwaltungsgerichtshof
HS. ....Halbsatz
i.d.F. ....in der Fassung
i.d.F.d.B.v. ....in der Fassung der Bekanntmachung vom
i.d.F.v. ....in der Fassung vom
i.d.R. ....in der Regel
i.e.S. ....im engen Sinne
i.V.m. ....in Verbindung mit
i.w.S. ....im weiten Sinne
JA ....Juristische Arbeitsblätter
Jura ....Jura
JuS...Juristische Schulung
JZ ....Juristenzeitung
KatS-Ausbildung-Vwv...............Allgemeine Verwaltungsvorschrift über die zusätzliche Ausbildung des Katastrophenschutzes (KatS-Ausbildung-Vwv) vom 27.02.1972 (GMBl. 1972, S. 181)
KatS-Ausstattung-Vwv..............Allgemeine Verwaltungsvorschrift über die zusätzliche Ausstattung des Katastrophenschutzes (KatS-Ausstattung-Vwv) vom 27.02.1972 (GMBl. 1972, S. 181) - i.d.F. der Berichtigung vom 05.05.1972, Bundesanzeiger Nr. 88, S. 1 vom 10.05.1972
KatS-Kosten-Vwv ....Allgemeine Verwaltungsvorschrift über die Kosten des erweiterten Katastrophenschutzes (KatS-Kosten-Vwv) (GMBl. 1972, S. 181)

KatS-Organisation-Vwv	Allgemeine Verwaltungsvorschrift über die Organisation des Katastrophenschutzes (KatS-Organisation-Vwv) (GMBl. 1972, S. 181)
KatSG	Gesetz über die Erweiterung des Katastrophenschutzes vom 9. Juli 1968 (BGBl. I S. 776), z.g.d.G.v. 13.06.1986 (BGBl. I S. 873)
lit.	littera
LSHD	Luftschutzhilfsdienst
m.w.N.	mit weiteren Nachweisen
NDBZ	Neue Deutsche Beamtenzeitung
NJW	Neue Juristische Wochenschrift
Nr.	Nummer
NVwZ	Neue Zeitschrift für Verwaltungsrecht
Ordnungsnr.	Ordnungsnummer
OVG	Oberverwaltungsgericht
RdA	Recht der Arbeit
Rdn.	Randnummer
RGBl. I	Reichsgesetzblatt. Teil I
Rspr.	Rechtsprechung
RVO	Reichsversicherungsordnung i.d.F.d.B.v. 15. Dezember 1924 (RGBl. S. 779), z.g.d.G.v. 20. Dezember 1982 (BGBl. I S. 1857)
S.	Seite
sog.	sogenannt
StGB	Strafgesetzbuch i.d.F.d.B.v. 10. März 1987 (BGBl. I S. 945, ber. S. 1160)
THW	Technisches Hilfswerk
THW-Helferstatut	Helferstatut der Bundesanstalt Technisches Hilfswerk (THW) i.d.F.v. 1. September 1973
TN	Technische Nothilfe
VerwArch	Verwaltungsarchiv

VerwRspr	Verwaltungsrechtsprechung in Deutschland
VG	Verwaltungsgericht
vgl.	vergleiche
VVDStRL	Veröffentlichungen der Vereinigung der Deutschen Staatsrechtslehrer
VwVfG	Verwaltungsverfahrensgesetz vom 25. Mai 1976 (BGBl. I S. 1253), z.g.d.G. v. 02.07.1976 (BGBl. I S. 1749)
z.B.	zum Beispiel
z.g.d.G.v.	zuletzt geändert durch Gesetz vom
ZBG	Erstes Gesetz über Maßnahmen zum Schutz der Zivilbevölkerung i.d.F.v. 09.10.1957 (BGBl. I S. 1696)
zit.	zitiert
ZSG	Gesetz über den Zivilschutz i.d.F.d. B.v. 9. August 1976 (BGBl. I 2109)

Gang der Arbeit

Das Technische Hilfswerk stellt laut seines Errichtungserlasses[1] und des neuen THW-Helferrechtsgesetzes[2] eine nichtrechtsfähige Bundesanstalt des öffentlichen Rechts dar mit der Aufgabe, bei Katastrophen und Unglücksfällen größeren Ausmaßes, im zivilen Luftschutz und bei bestimmten öffentlichen Notständen technische Hilfe zu leisten.

In der vorgelegten Arbeit wird zunächst in einem *organisationsrechtlichen Teil* untersucht, ob bzw. inwieweit die Existenz des Technischen Hilfswerkes vereinbar ist mit der Rechtsordnung, insbesondere mit dem Verfassungsrecht. Dabei wird zunächst ausgegangen von der Rechtslage zur Zeit der Errichtung des Technischen Hilfswerkes im Jahre 1953. Schritt für Schritt werden dann die Auswirkungen nachfolgender Veränderungen der Rechtslage auf die Rechtmäßigkeit des Technischen Hilfswerkes untersucht. So ergibt sich eine chronologische Darstellung der Rechtmäßigkeit des Hilfswerkes im Wandel der Rechtsordnung zwischen 1953 und 1991.

In dem sich anschließenden *statusrechtlichen Teil* der Arbeit wird das Rechtsverhältnis der Helfer der Organisation analysiert. Neben der Untersuchung des Zustandekommens dieses Rechtsverhältnisses werden grundsätzliche Überlegungen zum sogenannten "öffentlich-rechtlichen Dienstverhältnis besonderer Art" erforderlich. Es folgt die Darstellung der inhaltlichen Ausgestaltung des Dienstverhältnisses, verbunden mit der Überprüfung seiner Rechtmäßigkeit.

---

1 Erlaß über die Errichtung des Technischen Hilfswerkes (THW) als nichtrechtsfähige Bundesanstalt vom 25.08.1953; GMBl. 1953, S. 507

2 Gesetz zur Regelung der Rechtsverhältnisse der Helfer der Bundesanstalt Technisches Hilfswerk (THW-Helferrechtsgesetz - THW-HelfRG) vom 22. Januar 1990; BGBl. I S. 118

Der gesamten Untersuchung vorangestellt ist ein *historischer Abriß* der Entwicklung der Rechtslage auf dem Gebiet des Zivil- und Katastrophenschutzes in der Bundesrepublik. Ein solcher Abriß scheint nötig, da die Rechtslage insgesamt sehr unübersichtlich gestaltet ist. Im Laufe der Geschichte der Bundesrepublik entstand eine sich inhaltlich überschneidende Normenvielfalt, die sich - teils ergänzend, teils aufhebend - gegenseitig beeinflußt. Auch wird durch einen historischen Überblick der Wandel der Konzeption des Zivil- und Katastrophenschutzes am besten deutlich, ein Wandel, der letztlich - wie sich zeigen wird - auf das Technische Hilfswerk nicht unerhebliche Auswirkungen hat.

Teil 1
Die Entwicklung der Zivilverteidigungsgesetzgebung in der Bundesrepublik Deutschland

Unmittelbarer Vorläufer der Gesetzgebung der Bundesrepublik Deutschland auf dem Gebiet der Zivilverteidigung ist das *Luftschutzgesetz* (LSchG) vom 26.06.1935[3], das bis 1942 mehrere Änderungen erfährt. Zu diesem Gesetz ergehen zwölf Durchführungsverordnungen[4] mit jeweils weiteren Verwaltungsvorschriften[5]. Es werden zudem mehrere Verordnungen erlassen, denen wegen der vereinfachten Gesetzgebung während des zweiten Weltkrieges - die sogenannten "Ermächtigungsgesetze"[6] hatten der Exekutive gesetzgeberische Befugnisse übertragen - Gesetzeskraft zukommt. Es handelt sich um die sogenannten Sicherstellungsgesetze[7]. Sie bestehen im einzelnen aus der Arbeitssicherstellungsverordnung (z.B. Regelung des Arbeitsplatzwechsels, der Einführung der Sechzig-Stunden-Woche), den Verordnungen über die Lebensmittelbevorratung, die Wirtschaftsicherstellung (Verbrauchsregelungen, Rationierungen), die Verkehrssicherstellung.

Mit der Kapitulation Deutschlands am 08.05.1945 erfolgt die Machtübernahme durch die Alliierten. Diese verbieten mit den Artikeln II und III des *Kontrollratgesetzes Nr. 23*[8] den Luftschutz. Luftschutzanlagen wie Bunker werden vernichtet oder einer friedlichen Nutzung zuge-

---

3 RGBl. I S. 827; allgemein zur Entwicklung des Katastrophenschutzes seit dem Luftschutzgesetz: Bäumer, Kritische Justiz 1986, 206 ff.

4 Zinkahn/Leutz, 101, S. 3; Beßlich, A I, S. 16

5 Zinkahn/Leutz, 101, S. 3; Beßlich, A I, S. 16

6 24.03.1933, Gesetz zur Behebung der Not von Volk und Reich, RGBl. I S. 141

7 Beßlich, A I S. 16 f.

8 Amtsblatt des Kontrollrates in Deutschland, Nr. 6, 30.04.1946, S. 136; Sammlung der vom Alliierten Kontrollrat und der Amerikanischen Militärregierung erlas senen Proklamationen, Gesetze, Verordnungen, Befehle, Direktiven

führt. Dies ist das - vorläufige - Ende der zivilen Verteidigung in Deutschland. In Kraft bleiben allein die Sicherstellungsgesetze.

Als in den Jahren 1948/49 das *Grundgesetz entsteht*, wird weder die militärische noch die zivile Verteidigung mit einbezogen. Dies geschieht aus verständlichen Gründen: Man kann sich zu dieser Zeit keine Wiederbewaffnung und die damit einhergehende Notwendigkeit einer zivilen Verteidigung vorstellen. Letztlich gelten auch noch die alliierten Vorbehalte[9] gegen den Aufbau jeder Verteidigung, sei sie militärischer oder ziviler Art. So werden in das Grundgesetz zunächst nur Vorschriften zur Bewahrung der inneren Sicherheit aufgenommen (Art. 37, 81, 87, 91 GG).

Spätestens mit dem Ausbau des *Warschauer Paktes* von 1955, aber auch schon mit der *Westeuropäischen Union* im Brüsseler Vertrag von 1948 und nicht zu vergessen dem *Nordatlantikpakt* von 1949, mehren sich die Anzeichen, daß die Annahme, die Gefahr eines erneuten Krieges sei in geschichtliche Ferne gerückt, zu optimistisch war. Hierauf wies eigentlich schon die Unterzeichnung von vier Rot-Kreuz-Abkommen vom 12. August 1949 hin, vorgenommen von insgesamt achtundvierzig Staaten[10]. Es handelt sich um das "Abkommen zur Verbesserung des Loses der Verwundeten und Kranken der Streitkräfte im Felde", das "Abkommen zur Verbesserung des Loses der Verwundeten, Kranken und Schiffbrüchigen der Streitkräfte zur See", das "Abkommen über die Behandlung der Kriegsgefangenen" und um das "IV. Genfer Abkommen über den Schutz von Zivilpersonen in Kriegszeiten". Mit der wachsenden Einsicht über die Notwendigkeit einer wirksamen Schutzmöglichkeit gegen die Auswirkungen potentieller Kampfhandlungen beginnen in Deutschland vorsichtige Anstrengungen, trotz der Einwände der Alliierten den Luftschutz wieder zu einem Thema zu machen. So wird im Rahmen der "Deutschen Forschungsgemeinschaft" eine wissenschaftliche Kommission damit beauftragt, sich mit dem Problem des Luftschutzes zu befassen (sogenannte "*Schutzkommission*")[11].

---

9 siehe oben

10 die Bundesrepublik Deutschland erst am 21.08.1954; BGBl. II S. 781 ff., berichtigt 1956, BGBl. II S. 1586

11 Zinkahn/Leutz, 101 S. 3

Am 24.11.1951 wird ein *Bundesluftschutzverband (BLSV)* gegründet[12]. Es handelt sich um einen privatrechtlichen Zusammenschluß. Nach seiner Satzung können Mitglied nur der Bund, die Länder und kommunale Spitzenverbände werden. Einzelpersonen können nur als haupt- oder nebenamtliche Mitarbeiter oder als freiwillige Helfer tätig werden. Mit seiner Satzung wird der Luftschutzverband am 25.01.1955 in das Kölner Vereinsregister eingetragen. Ziel des Verbandes ist die Aufklärung und Beratung der Bevölkerung in Luftschutzfragen und die Vorbereitung des Selbstschutzes.

Erst 1952 beginnt eine *Lockerung des besatzungsrechtlichen Luftschutzverbotes*. Daraufhin können die bisher zaghaften und vorsichtigen Ansätze eines Zivilschutzes ausgeweitet werden. Das Bundesministerium des Inneren beginnt ein umfassendes Erste-Hilfe-Programm durchzuführen und zu finanzieren.

Am 25.08.1953 ergeht ein *Erlaß des Bundesministers des Inneren*, der ein *"Technisches Hilfswerk"* errichtet als nichtrechtsfähige Bundesanstalt des öffentlichen Rechts[13], das anfänglich auch als "Ziviler Ordnungsdienst" bezeichnet wird. Aufgabe dieses Hilfswerkes ist die Leistung technischer Dienste im Bereich des Katastrophenschutzes[14]. Vorläufer des Technischen Hilfswerkes war die "Technische Nothilfe" (TN), die zur Zeit der Weimarer Republik und des Dritten Reiches eine zwielichtige Rolle gespielt hatte[15]. Die "TN" wurde fortwährend als Streikbrecher eingesetzt und erlebte unter dem Hitler-Regime eine zunehmende Militarisierung. Es waren "Technische Kommandos" der Technischen Nothilfe der Wehrmacht angeschlossen worden, am 10. September 1943 wurde die Technische Nothilfe unter SS-Gruppenführer Schmelcher dem Befehl der Schutzstaffel Heinrich Himmlers unterstellt. Als nun 1953 mit dem Technischen Hilfswerk eine der Technischen Nothilfe ähnliche Organisation geschaffen werden soll, gibt es zunächst Widerstände seitens Sozialdemokraten und Gewerkschaftern, die sich noch

---

12 Zinkahn/Leutz, 101 S. 3

13 Erlaß über die Errichtung des Technischen Hilfswerkes (THW als nichtrechtsfähige Bundesanstalt) vom 25.08.1953; GMBl. 1953, S. 507

14 Im einzelnen zu der Funktion des Technischen Hilfswerkes siehe unten S. 29 ff.

15 Kater, Zeitgeschichte 1979, S. 30 ff. m.w.N.

zu gut der "Streikbrecherbrigade"[16] der Technischen Nothilfe erinnern können. Daß der ehemalige Gründer der Technischen Nothilfe, Otto Lummitsch, zum Leiter der neuen Organisation "Technisches Hilfswerk" bestellt wird, vermag die Gemüter nicht gerade zu beruhigen. Das Technische Hilfswerk erhält aber nach dem Erlaß des Bundesinnenministers nur Aufgaben des Katastrophenschutzes. Ein Eingriff in Arbeitskämpfe soll unzulässig sein.

Am 11.12.1953 folgt ein *Erlaß des Bundesinnenministers zur Errichtung einer "Bundesanstalt für zivilen Luftschutz" (BzL)* als nichtrechtsfähige Bundesanstalt des öffentlichen Rechts[17]. Ihre Aufgaben liegen nach Nr. II Abs. 1 des Erlasses bei der a) Ausbildung leitender Luftschutzkräfte nach einheitlichen Richtlinien, b) Mitarbeit bei der Vorbereitung einer einheitlichen Luftschutzplanung, c) Sammlung und Auswertung von Veröffentlichungen des In- und Auslandes auf dem Gebiet des zivilen Luftschutzes, d) Aufgabenstellung und Auswertung der technisch-wissenschaftlichen Luftschutzforschung, e) Normgebung, Zulassung und Prüfung von Luftschutzgerät.

Im Jahre 1954 bricht eine *Kommission von Luftschutzsachverständigen* in die USA auf, um sich Anregungen für den Ausbau des Luftschutzes geben zu lassen und neue Erkenntnisse über Umfang und Zweckmäßigkeit ziviler Verteidigungsmaßnahmen angesichts atomarer Bedrohungen zu gewinnen[18]. Als Ergebnis der Studienreise wird festgehalten, trotz der Atomwaffen seien Schutzmaßnahmen nicht wirkungslos und daher empfehlenswert.

Im gleichen Jahr tritt die Bundesrepublik den vier *Rot-Kreuz-Abkommen* von 1949 bei[19].

Am 26.03.1954 erfolgt eine *Änderung des Grundgesetzes*[20]. In den Katalog des *Art. 73 GG*, der für den Bund ausschließliche Gesetzge-

---

16 so die Gewerkschaften, vgl. Kater, Zeitgeschichte 1979, S. 30 ff. (62); Der Spiegel, Nr. 28, 04.07.1977, S. 46

17 GMBl. 1953, S. 576

18 Zinkahn/Leutz, 101 S. 4

19 BGBl. II S. 781 ff.

20 Gesetz zur Änderung des Grundgesetzes, BGBl. I S. 45

bungskompetenzen normiert, wird in Nr. 1 der Passus "Verteidigung einschließlich <...> des Schutzes der Zivilbevölkerung" aufgenommen. Damit ist die zivile (und militärische) Verteidigung gesetzgebungsmäßig Sache des Bundes geworden; die Länder, die vorher nach dem Grundsatz der Art. 30, 70 GG zuständig waren, haben ihre Gesetzgebungsbefugnis verloren. Allerdings erhob die Alliierte Hohe Kommission mit der Entscheidung Nr. 29 vom 25.03.1954[21] in der Fassung der Entscheidung Nr. 32 vom 22.10.1954[22] Einwendungen gegen diese Grundgesetzänderung. Damit konnte das Änderungsgesetz erst am 05.05.1955 mit dem *Deutschlandvertrag*[23] und der darin vereinbarten Beendigung des Besatzungsregimes in Kraft treten. Erst zu diesem Zeitpunkt entfielen die alliierten Vorbehalte gegen den Ausbau der militärischen Verteidigung und des zivilen Luftschutzes.

Schon zwei Monate vor Abschluß des Deutschlandvertrages war die Bundesrepublik der *NATO*[24] und der *Westeuropäischen Union*[25] beigetreten, den NATO-Empfehlungen bezüglich des Ausbaus der Verteidigung konnte sie aber erst nach dem Deutschlandvertrag folgen.

Am 11.07.1954 wird von der Bundesregierung ein *vorläufiges Luftschutzprogramm*[26] gebilligt, das vom Bundesminister des Inneren - basierend auf den Prüfungen und Ergebnissen der Kommission der Luftschutzsachverständigen[27] - vorgelegt wurde. Hierin werden als wichtigste durchzuführende Maßnahmen für die nächsten Jahre folgende sechs Punkte genannt:

1. Einrichtung eines auf Draht und Funk abgestellten vollautomatischen Warndienstes, der auch bei den sehr hohen Fluggeschwindigkeiten und den sich daraus ergebenden kurzen Warnzeiten eine rechtzeitige Warnung der Bevölkerung ermöglicht. Dieser Luftschutzwarndienst soll überregional eingerichtet werden. Träger des örtlichen Warndienstes durch Sirenen sollen die Gemeinden sein.

---

21 Amtsblatt der AHK Nr. 112 vom 27.03.1954

22 Amtsblatt der AHK Nr. 120 vom 29.10.1954

23 vom 26.05.1952

24 North Atlantic Treaty Organization; vgl. Beßlich, A I S. 21

25 Beßlich, A I S. 21

26 zitiert nach: Zinkahn/Leutz, 101 S. 5

27 siehe oben S. 8 f.

2. Aufstellung, Ausbildung und Ausrüstung eines Luftschutzhilfsdienstes mit der Aufgabe, bei Luftangriffen Hilfe zu leisten. Er gliedert sich in den Brandschutz-, Bergungs-, Instandsetzungs-, Sanitäts-, Veterinär-, Entgiftungs-, Betreuungs- und Fernmeldedienst. Seine Aufstellung soll vorerst auf die besonders luftgefährdeten Städte beschränkt werden. Träger der überörtlichen Verbände sollen die Länder, Träger des örtlichen Luftschutzhilfsdienstes die Gemeinden sein.

3. Anlage eines ausreichenden Arzneimittelvorrats, um im Verteidigungsfalle die erste Versorgung von Verletzten sicherzustellen.

4. Aufklärung der Bevölkerung über die Notwendigkeit und die Erfordernisse eines neuzeitlichen zivilen Luftschutzes und Organisation des Selbstschutzes der Bevölkerung, dem nach den Erfahrungen des zweiten Weltkrieges eine erhebliche Bedeutung zukommt. Beide Aufgaben werden dem Bundesluftschutzverband[28] zugewiesen.

5. Förderung der wissenschaftlichen und technischen Forschung im Interesse der Verbesserung und Entwicklung des Luftschutzes sowie der Ausbau der Bundesanstalt für zivilen Luftschutz, der insbesondere auch die Ausbildung der leitenden Kräfte auf dem Gebiete des Luftschutzes obliegt.

6. Beachtung der Grundforderungen des baulichen Luftschutzes im Städtebau, die Errichtung von Schutzraumbauten bei Neubauten in Gemeinden mit mehr als 10.000 Einwohnern, die Instandsetzung der vorhandenen und noch geeigneten Bunker, sowie der Neubau öffentlicher Sammelschutzräume. Der Einbau von Schutzräumen in vorhandene Wohnungen wurde aus finanziellen Gründen zunächst zurückgestellt. Für die Kosten der Durchführung dieses vorläufigen Luftschutzprogramms wurden insgesamt 1.231 Milliarden DM veranschlagt, die aus öffentlichen Mitteln gedeckt und in einem angemessenen Verhältnis auf Bund, Länder und Gemeinden verteilt werden sollten.

Es folgt am 02.11.1955 die Verabschiedung eines *Entwurfes für ein "Erstes Gesetz über Maßnahmen auf dem Gebiet des zivilen Luftschutzes"*[29] durch die Bundesregierung. Hierin soll ein Teil der Luftschutzmaterie geregelt werden, weitere Teile sollen schrittweise folgen. Da die Verfassung dem Bund (bisher) nur Gesetzgebungs-, nicht aber Verwaltungskompetenz für den Verteidigungssektor zubil-

---

28 siehe oben S. 5

29 BT-Drucks. II/1978 vom 17.12.1955

ligt, geht dieser Gesetzesentwurf von einer Ausführung des Bundesgesetzes durch die Länder als eigene Angelegenheiten (Art. 83 GG) aus. Der Entwurf wird Grund heftiger Parlamentsdebatten, da kontroverse Auffassungen über die Wirksamkeit des Luftschutzes angesichts atomarer Bedrohung bestehen. Auch die Frage, ob der Luftschutz als Gemeinschaftsaufgabe von Bund und Ländern anzusehen oder allein Verteidigungsaufgabe des Bundes ist und die damit zusammenhängende Kostentragung sind Gegenstand der Erörterungen.

Während das Gesetzgebungsverfahren läuft, wird am 19.03.1956 eine *Verfassungsänderung*[30] vorgenommen, die noch Auswirkungen auf das geplante Gesetz haben wird: Der neu hereingenommene *Art. 87 b GG* gibt dem Bund insbesondere das Recht, durch Bundesgesetz zu bestimmen, daß Bundesverteidigungsgesetze in bundeseigener Verwaltung mit oder ohne eigenen Unterbau oder aber auch in Bundesauftragsverwaltung durch die Länder ausgeführt werden sollen. Während der Bund also bisher auf dem Gebiet der Verteidigung nur Gesetzgebungskompetenz hatte, erhält er jetzt die Möglichkeit, auch die Verwaltungskompetenz an sich zu ziehen.

In den Jahren 1956 und 1957 ergehen das *Bundesleistungsgesetz (BLG)*[31] und das *Landbeschaffungsgesetz*[32], die es ermöglichen, Leistungen, bewegliche Sachen und Immobilien für Zwecke der militärischen und zivilen Verteidigung in Anspruch zu nehmen (sog. Manöverrecht).

Am 06.07.1957 wird durch einen Erlaß des Bundesministers des Inneren eine *Bundesdienststelle für den zivilen Bevölkerungsschutz* errichtet[33]. Sie dient der Zusammenfassung der vier auf dem Gebiet des zivilen Bevölkerungsschutzes tätigen Dienststellen des Bundes. Es handelt sich dabei um die Bundesanstalt für zivilen Luftschutz (BzL), die Bundesanstalt Technisches Hilfswerk (THW), die Planungsgruppe für die Warnämter und das Versuchswarnamt Düsseldorf. Obwohl sie alle in

---

30 Gesetz zur Ergänzung des Grundgesetzes, BGBl. I S. 111

31 Bundesleistungsgesetz vom 19.10.1956, BGBl. I S. 815

32 Gesetz über die Landbeschaffung für Aufgaben der Verteidigung (Landbeschaffungsgesetz) vom 23.02.1957, BGBl. I S. 134

33 Erlaß über die Errichtung einer Bundesdienststelle für zivilen Bevölkerungsschutz vom 06.07.1957, GMBl. 1957, S. 242

die eine Dienststelle eingegliedert werden, führen sie "bis auf weiteres"[34] ihre bisherigen Bezeichnungen (Bundesanstalt für zivilen Luftschutz, Technisches Hilfswerk etc.) weiter.

Am 09.10.1957 wird dann das "*Erste Gesetz über Maßnahmen zum Schutz der Zivilbevölkerung*" *(ZBG)* erlassen[35], dessen Entwurf am 02.11.1955 noch "Erstes Gesetz über Maßnahmen auf dem Gebiet des zivilen Luftschutzes" hieß[36] und das ab einer Novellierung 1976 "Gesetz über den Zivilschutz" (ZSG) heißen wird[37]. Dieses Gesetz gliedert sich in elf Abschnitte. In *Abschnitt eins* finden sich allgemeine Bestimmungen wie eine Aufgabenumschreibung des zivilen Luftschutzes (§ 1 ZBG) und die Festlegung des zivilen Luftschutzes als Bundesaufgabe, die, soweit das ZBG nicht ausdrücklich eine andere Regelung trifft, von den Ländern im Auftrag des Bundes und von den Gemeinden im Auftrag der Länder durchgeführt werden soll (§ 2 ZBG). Diese Errichtung von Bundesauftragsverwaltung war mit der Grundgesetzänderung vom 19.03.1956, der Einfügung des Art. 87 b in das Grundgesetz, möglich geworden. § 3 ZBG bestimmt, daß die örtlichen Aufgaben des zivilen Luftschutzes von den Gemeinden wahrgenommen werden. Der *zweite Abschnitt* des ZBG behandelt den Luftschutzwarndienst und seine Aufgabe (Warnung vor Luftangriffen, § 7 Abs. 1 ZBG). Durch § 7 Abs. 2 ZBG wird ein Bundesamt für den Luftschutzwarndienst mit Luftschutzwarnämtern als nachgeordneten Dienststellen errichtet und dem Bundesinnenminister unterstellt. Die Aufgabe der Behörden wird mit Organisation, Ausbildung und Einsatz der für den Luftschutzwarndienst vorgesehenen Kräfte und der Beschaffung und Unterhaltung des Luftschutzwarndienstes angegeben (§ 7 Abs. 3 ZBG). Im *dritten Abschnitt* wird den Gemeinden die Pflicht auferlegt, einen *Luftschutzhilfsdienst (LSHD)* einzurichten. Dieser Hilfsdienst soll den im Falle von Luftangriffen eintretenden Notständen vorbeugen oder abhelfen (§ 9 Abs. 1 ZBG). Aufstellung, Ausbildung und Ausrüstung des örtlichen Luftschutzhilfsdienstes sind Sache der Gemeinden, die Länder sind zu einer

---

34 Erlaß über die Errichtung einer Bundesdienststelle für zivilen Bevölkerungsschutz, GMBl. 1957, S. 242, 4. Satz

35 BGBl. I S. 1696

36 siehe oben S. 8 f.

37 Gesetz zur Änderung des Ersten Gesetzes über Maßnahmen zum Schutz der Zivilbevölkerung vom 02.08.1976, BGBl. I S. 2046

Ergänzung durch überörtliche Verbände verpflichtet (§ 10 Abs. 1 ZBG). Nach der "AVV-Organisation-LSHD"[38] werden im Luftschutzhilfsdienst Einheiten für die Fachdienste Brandschutz, Bergung, Sanitätsdienst, ABC-Wesen, Betreuung, Fernmelde- und Veterinärwesen geschaffen. Der überörtliche Luftschutzhilfsdienst erhält einen Lenkungs- und Sozialdienst. Die Regelung der Ausrüstungsfrage erfolgt in der "AVV-Ausrüstung-LSHD"[39], die Ausbildung wird in Inhalt und Umfang durch die "AVV-Ausbildung-LSHD"[40] festgelegt. Der *vierte Abschnitt* trifft nähere Bestimmungen zur Mitarbeit der Helfer im Luftschutzdienst wie Verpflichtung, Vorrang der Dienstpflicht vor der Arbeitspflicht gegenüber Arbeitgebern, Entschädigungen, Schadenseratz und Versicherung. Bei der Schaffung des Luftschutzhilfsdienstes wurde der Bundesgesetzgeber von der Vorstellung geleitet, diese ausschließlich für den *verteidigungsgerichteten* Katastrophenschutz (bzw. Luftschutz) errichtete Organisation völlig selbständig mit einem neuen Helferpotential neben den *friedensmäßigen* Katastrophenschutz treten zu lassen[41]. Der friedensmäßige Katastrophenschutz ist als Abwehr von Gefahren für die Bevölkerung eine Aufgabe der Polizei im materiellen Sinne[42] und damit legislativ wie exekutiv Aufgabe der Länder (vgl. auch Art. 30, 70 GG). Um friedensmäßigen Katastrophen wie zum Beispiel Explosion, Unglücksfall, Naturkatastrophen (Schneefall, Deichbruch, Überschwemmungen) begegnen zu können, haben die Länder vorgesorgt mit Einrichtungen wie der Berufsfeuerwehr und der Freiwilligen Feuerwehr, zudem mit der Verpflichtung von privatrechtlichen Organisationen wie dem Deutschen-Roten-Kreuz, dem Arbeiter-Samariter-Bund, dem Malteser-Hilfsdienst, der Johanniter-Unfallhilfe. Hinzu kommt die Einrichtung eines Alarm- und Meldesystems und die Bildung von Einsatzstäben zur Leitung und Koordinierung der Hilfskräfte. Neben diesen bestehenden Organisationen des *friedensmäßigen* Kata-

---

38 Allgemeine Verwaltungsvorschrift über Gliederung, Stärke und Aufstellung des Luftschutzhilfsdienstes vom 21.12.1960, Bundesanzeiger Nr. 246 vom 21.12.1960, GMBl. 1961, S. 49

39 Allgemeine Verwaltungsvorschrift für die Beschaffung, Verwaltung und Verwendung der Ausrüstung des Luftschutzhilfsdienstes vom 19.05.1960, GMBl. 1960, S. 250

40 Allgemeine Verwaltungsvorschrift über die Ausbildung des Luftschutzhilfsdienstes vom 01.06.1962, GMBl. 1962, S. 213, Bundesanzeiger Nr.106 vom 06.06. 1962

41 vgl. BT-Drucks. II/1978 vom 17.12.1955

42 Bahro, S. 11; Drews/Wacke/Vogel, S. 49, 51

strophenschutzes soll also der Luftschutzhilfsdienst entstehen. Geplant ist eine Zweispurigkeit von verteidigungsgerichtetem Katastrophenschutz und friedensmäßigem. In der Praxis läßt sich diese Absicht jedoch nicht verwirklichen. Es zeigt sich, daß anders als erwartet kein neuer Personenkreis freiwilliger Helfer zu erschließen ist. Wer sich bereit erklärt, im verteidigungsgerichteten Katastrophenschutz mitzuwirken, also "Luftschutzhilfsdiensthelfer" zu werden, der hatte sich auch schon einer Organisation des friedensmäßigen Katastrophenschutzes angeschlossen. Zwar ist es in der Regel möglich, sich als Helfer des friedensmäßigen Katastrophenschutzes gleichzeitig für den verteidigungsgerichteten zu verpflichten. Das führt jedoch dazu, daß trotz zweispuriger Anlage des Katastrophenschutzes große personelle Überschneidungen zwischen Luftschutzhilfsdienst und den friedensmäßigen Organisationen entstehen. Das Ziel, eine neue Organisation neben den schon vorhandenen Einheiten und Einrichtungen des Friedensfalles aufzustellen als zusätzliches Schutzpotential für den Verteidigungsfall, scheitert. Statt dessen ergeben sich Schwierigkeiten gerade aus der zweispurigen Anlage des Katastrophenschutzes. Denn der Teil der Helferschaft der bisher schon bestehenden Organisationen, der sich zusätzlich dem verteidigungsgerichteten Katastrophenschutz verpflichtet hat, wird im Vergleich zu dem rein für den friedensmäßigen tätigen mit anderem Maß gemessen. So steht diesen Helfern z.B. bei Ausbildungs- und Übungsveranstaltungen des Luftschutzhilfsdienstes eine Aufwandsentschädigung zu[43], eine Vergünstigung, die den "normalen" Helfern versagt bleibt. Da der Aufnahme in den Luftschutzhilfsdienst eine zahlenmäßige Grenze gesetzt ist, können sich auch nicht alle Helfer für den friedensmäßigen und den verteidigungsgerichteten Dienst gleichzeitig verpflichten. So läßt die Zweispurigkeit eine organisationsinterne Grenzlinie zwischen den Helfern verlaufen, die von der Helferschaft als ungerecht empfunden wird und zu Unzufriedenheiten führt[44]. Die Organisationen selbst sehen in der Gewährung von Ersatzleistungen einen Verstoß gegen das Freiwilligkeitsprinzip[45]. Der *fünfte Abschnitt* des

43 Verordnung über die Ersatzleistungen an die zum Luftschutzhilfsdienst herangezogenen Personen und über die Erstattung fortwährender Leistungen vom 15.12.1959, BGBl. I S. 722 in der Fassung der Verordnung vom 20.10.1964, BGBl. I S. 826

44 vgl. BT-Drucks. V/2585, S. 10, amtliche Begründung zu § 9 KatSG; Bahro, S. 13

45 Bahro, S. 13 unten

ZBG betrifft bauliche Luftschutzmaßnahmen, der *sechste* die Sicherung von Kulturgut, der *siebte* die Arzneimittelbevorratung. Im *achten Abschnitt* des Gesetzes wird der Bundesluftschutzverband, der bisher als privatrechtlicher Zusammenschluß bestand, in eine bundesunmittelbare Körperschaft des öffentlichen Rechtes umgewandelt. Mitglieder können weiterhin nur Bund, Länder und die kommunalen Spitzenverbände sein. Die Aufsicht wird dem Bundesminister des Inneren übertragen. Das Aufgabengebiet verändert sich nicht gegenüber dem bisherigen. Vergleich zu allem § 31 ZBG und § 36 ZBG[46]. Im *neunten Abschnitt* wird die Kostenfrage geregelt: Der Bund hat alle Zweckausgaben zu tragen, die Länder kommen für die persönlichen und sächlichen Verwaltungskosten auf (§ 32 ZBG). Die *letzten beiden Abschnitte*, der zehnte und elfte, treffen Straf- und Bußgeldbestimmungen (§ 33 ZBG) und Schlußbestimmungen (§§ 34 - 39 ZBG), in denen eine Änderung der Reichsversicherungsordnung, die Berlinklausel und das Inkrafttreten geregelt sind.

Das nächste Gesetz, das auf dem Gebiet der zivilen Verteidigung erlassen wird, ist das *Gesetz zur Errichtung des Bundesamtes für zivilen Bevölkerungsschutz*[47]*(BzB)* vom 05.12.1958[48]. Es handelt sich um die Umwandlung der "Bundesdienststelle für zivilen Bevölkerungsschutz"[49], in welche die Bundesanstalt für zivilen Luftschutz, die Bundesanstalt Technisches Hilfswerk, die Planungsgruppen für die Warnämter und das Versuchswarnamt Düsseldorf eingegliedert waren[50]. Das Gesetz nennt als Aufgabe des Bundesamtes für zivilen Bevölkerungsschutz die Ausbildung leitender Luftschutzkräfte nach einheitlichen Richtlinien, die Mitarbeit bei der Vorbereitung einer einheitlichen Luftschutzplanung, die Sammlung und Auswertung von Veröffentlichungen des In- und Auslandes auf dem Gebiet des zivilen Luftschutzes, die Aufgabenstellung und Auswertung der technisch-wissenschaftlichen Luftschutzforschung, die Prüfung von Luftschutzgerät und die Leistung technischer Dienste im zivilen Luftschutz. Damit sind alle Aufgaben der Bundesanstalt für zivilen Luftschutz und eine von drei Aufgaben

46 BGBl. 1957 I S. 1696

47 im folgenden abgekürzt mit "Errichtungsgesetz BzB"

48 BGBl. I S. 893

49 geschaffen am 06.07.1957, siehe oben S. 9 f.

50 siehe oben S. 9 f.

des Technischen Hilfswerkes aus dem Errichtungserlaß THW (nämlich "Leistung technischer Dienste im zivilen Luftschutz") genannt. Das Errichtungsgesetz BzB schickt seinem Aufgabenkatalog den Satz voraus, die folgenden, bisher von der Bundesanstalt für zivilen Luftschutz und der Bundesanstalt Technisches Hilfswerk wahrgenommenen Aufgaben oblägen nun dem Bundesamt für zivilen Bevölkerungsschutz. Die Bundesanstalt für zivilen Luftschutz hört mit der Übertragung seiner Aufgaben an das Bundesamt für zivilen Bevölkerungsschutz auf zu existieren, es ist ersatzlos in letzteres übergeleitet worden[51]. Die Frage nach dem rechtlichen Schicksal des Technischen Hilfswerkes stellt einen der Schwerpunkte der vorliegenden Arbeit dar und soll erst an späterer Stelle[52] und ausführlich behandelt werden. Hier sei jedoch schon auf die Problematik hingewiesen.

In weiteren Vorschriften des Errichtungsgesetzes wird das ZBG dahin abgeändert, daß an die Stelle des Bundesamtes für den Luftschutzwarndienst das Bundesamt für zivilen Bevölkerungsschutz tritt[53] und daß das Bundesamt für zivilen Bevölkerungsschutz Weisungsbefugnisse erhält gegenüber dem Bundesluftschutzverband[54], dem Luftschutzhilfsdienst, der Sicherstellung von Kulturgut und der Arzneimittelbevorratung (§ 2 Abs. 3 Errichtungsgesetz BzB). Weitere Aufsichts- und Weisungsbefugnisse vgl. §§ 2, 3 Errichtungsgesetz BzB.

Im Januar des Jahres 1963 legt die Bundesregierung dem Bundestag ein *Paket von Notstandsgesetzen* vor, das zunächst einen Umfang von neun, später von zwölf Gesetzesentwürfen hat[55]. Dieses sogenannte "Notstandspaket" ruft eine heftige parlamentarische Diskussion hervor, es kommt lange zu keiner Einigung. So werden 1965 erst acht Gesetze (mit unproblematischerem Inhalt) verabschiedet[56], vier weitere Gesetze[57] und drei Novellen zu den schon 1965 verabschiedeten Sicher-

---

51 so die einhellige Auffassung, vgl. Beßlich, A I S. 22

52 siehe unten S. 32 ff. (45 ff.)

53 § 2 Abs. 2 Errichtungsgesetz BzB

54 § 3 Errichtungsgesetz BzB ändert § 31 ZBG

55 im einzelnen siehe im folgenden

56 siehe die unten unter 3, 4, 6, 8, 9, 10, 11, 12 genannten Gesetze

57 siehe unten 1, 2, 5, 7

stellungsgesetzen für Wirtschaft, Ernährung und Verkehr[58] folgen nach einer Überarbeitung im Jahre 1968. Bei dem vorgelegten Notstandspaket handelt es sich um

1. ein *Gesetz zur Ergänzung des Grundgesetzes* (Änderung der Notstandsverfassung)[59], das erst am 24.06.1968 in veränderter Form verabschiedet wird[60];

2. ein *Erkennungsmarkengesetz*[61], bei dem es bei dem Entwurf bleibt;

3. ein *Gesetz über das Zivilschutzkorps und den Zivilschutzdienst*. Das Zivilschutzkorpsgesetz wird am 12.08.1965 verabschiedet[62]. Durch dieses Gesetz sollte eine zivile Hilfstruppe geschaffen werden, die aus berufsmäßigen Angehörigen, Angehörigen auf Zeit und aus Wehrpflichtigen besteht. Wer als Wehrpflichtiger zu Dienstleistungen im Zivilschutzkorps herangezogen wird, soll nach einer Grundausbildung von vier Monaten Übungen ableisten von acht Monaten (Mannschaften) bzw. zwölf Monaten (Unterführer und Führer). An jeder viermonatigen Ausbildungsperiode sollen ca. fünfzehntausend Wehrpflichtige teilnehmen, pro Jahr würden also fünfundvierzigtausend Zivilschutzkorpshelfer ausgebildet. Die Aufstellung eines Zivilschutzkorps bleibt jedoch aufgeschoben, zunächst nur für die Haushaltsjahre 1966/67[63], dann "bis auf weiteres"[64]. Das Gesetz über den Zivilschutzdienst findet 1968 Eingang in das Gesetz über die Erweiterung des Katastrophenschutzes[65].

4. ein *Selbstschutzgesetz*[66], das am 09.09.1965 verabschiedet wird[67], 1968 jedoch durch die §§ 10, 11 KatSG[68] ersetzt und aufgehoben wird;

---

58 siehe im folgenden bei den unter 8, 9, 10 genannten Gesetzen

59 Entwurf siehe BT-Drucks. IV/891

60 17. Gesetz zur Änderung des Grundgesetzes, BGBl. I S. 709

61 zitiert nach Zinkahn/Leutz, A I S. 25

62 BGBl. I S. 782; BGBl. III S. 215

63 Haushaltssicherstellungsgesetz vom 20.12.1965, BGBl. I S. 2065

64 Art. 17 Nr. 3 des Finanzänderungsgesetzes 1967, BGBl. I S. 1259

65 vom 09.07.1968; BGBl. I S. 776

66 Entwurf siehe BT-Drucks. IV/897

67 Gesetz über den Selbstschutz der Zivilbevölkerung, BGBl. I S. 1240

68 Gesetz über die Erweiterung des Katastrophenschutzes vom 09.07.1968, BGBl. I S. 776

5. ein *Aufenthaltsregelungsgesetz*[69], das 1968 als § 12 Katastrophenschutzgesetz[70] verabschiedet wird;
6. das *Schutzbaugesetz*[71] vom 09.10.1965[72], das erst durch das Haushaltssicherstellungsgesetz vom 20.12.1965[73], dann im Jahre 1967 bis "auf weiteres" durch das Finanzänderungsgesetz[74] suspendiert blieb (vgl. auch § 41 Schutzbaugesetz);

7. ein *Arbeitssicherstellungsgesetz*[75] mit dem Ziel der Sicherstellung von Arbeitsleistungen für Zwecke der militärischen und zivilen Verteidigung;

8. ein *Wirtschaftssicherstellungsgesetz*[76]. Sein Zweck ist, im Verteidigungsfall eine ausreichende Versorgung aller Bedarfsträger sicherzustellen;

9. ein *Ernährungssicherstellungsgesetz*[77];

10. ein *Verkehrssicherstellungsgesetz*[78];

11. ein *Wassersicherstellungsgesetz*[79];

---

69 Entwurf eines Gesetzes zur Regelung des Aufenthaltes der Zivilbevölkerung im Verteidigungsfall, BT-Drucks. IV/895

70 siehe FßBn. 54

71 Entwurf siehe BT-Drucks. IV/896

72 Gesetz über bauliche Maßnahmen zum Schutz der Zivilbevölkerung (Schutzbaugesetz), BGBl. I S. 1232

73 BGBl. I S. 2065

74 BGBl. I S. 1259

75 Gesetz zur Sicherstellung von Arbeitsleistungen zum Zwecke der Verteidigung einschließlich des Schutzes der Zivilbevölkerung vom 09.07.1968, BGBl. I S. 787

76 Entwurf: BT-Drucks. IV/892, später erlassen als Gesetz zur Sicherstellung der Leistungen auf dem Gebiet der gewerblichen Wirtschaft sowie des Geld- und Kapitalverkehrs vom 24.08.1965; BGBl. I S. 920, geändert am 03.10.1968, BGBl. I S. 1069

77 Entwurf: BT-Drucks. IV/893; erlassen als: Gesetz über die Sicherstellung der Versorgung mit Erzeugnissen der Ernährungs- und Landwirtschaft sowie der Forst- und Holzwirtschaft vom 24.08.1965; BGBl. I S. 938

78 Entwurf: BT-Drucks.IV/894; erlassen als: Gesetz zur Sicherstellung des Verkehrs vom 24.08.1965, BGBl. I S. 927

79 Gesetz über die Sicherstellung von Leistungen auf dem Gebiet der Wasserwirtschaft für Zwecke der Verteidigung vom 24.08.1965; BGBl. I S. 1225, 1817

12. eine *Ergänzung des Bundesgrenzschutzgesetzes*, die 1965 verabschiedet wird[80].

Während der Phase der Beratungen und Verabschiedungen der genannten Notstandsgesetze erfolgt am 07.07.1964 eine *Bekanntmachung des Bundesinnenministers über Begriffsbestimmungen auf dem Gebiet der zivilen Verteidigung*[81], die dazu dient, eine einheitliche Terminologie im Bereich des Zivilschutzes zu schaffen.

Am 29.07.1966 wird eine *Akademie für zivile Verteidigung* durch Erlaß des Bundesministers des Inneren errichtet[82]. Ihre Aufgabe besteht schwerpunktmäßig in der Durchführung von Lehrgängen für das in der zivilen Verteidigung tätige und verantwortliche Personal von Bund, Land, Kommune und kommunalen Spitzenverbänden.

Die *Haager Konvention von 1954* über den Schutz von Kulturgut wird von der Bundesrepublik am 11.04.1967 ratifiziert[83].

Es folgt am 09.07.1968 mit der *Verabschiedung des Gesetzes über die Erweiterung des Katastrophenschutzes* (KatSG)[84] eine umwälzende Neukonzipierung des (verteidigungsgerichteten) Katastrophenschutzes. Bisher bestand eine strikte organisatorische Trennung von friedensmäßigem und verteidungsgerichtetem Katastrophenschutz. Der verteidigungsgerichtete wurde ausschließlich durch die Einheiten des Luftschutzhilfsdienstes (LSHD) wahrgenommen, deren Aufstellung den Ländern als Bundesauftrag oblag[85]. Der "normale", das heißt friedensmäßige Katastrophenschutz, der gemäß Art. 30 GG exekutiv und legislativ Ländersache ist, wurde nicht durch eine einheitliche Organisation durchgeführt, sondern durch eine auf die Phase des Einsatzes be-

80 Gesetz zur Ergänzung des Gesetzes über den Bundesgrenzschutz und die Einrichtung von Bundesgrenzschutzbehörden vom 11.07.1965, BGBl. I S. 603

81 GMBl. 1964, S. 324

82 GMBl. 1966, S. 494

83 Gesetz zu der Konvention vom 14. Mai 1954 zum Schutz von Kulturgut bei bewaffneten Konflikten vom 11.04.1967; BGBl. II S. 1233, geändert durch Gesetz vom 19.08.1971, BGBl. II S. 1025

84 BGBl. I S. 776

85 siehe oben S. 10 f., §§ 9 f. ZBG

schränkte Zusammenarbeit verschiedener Organisationen im Katastrophenfall[86]. Eine Mitwirkung des Luftschutzhilfsdienstes im friedensmäßigen Katastrophenschutz war nicht möglich. Dieses Nebeneinander zweier unterschiedlicher Organisationsformen auf dem Gebiet des Katastrophenschutzes hatte aber zu den schon oben geschilderten Problemen geführt[87]. Die neuen Regelungen des Katastrophenschutzgesetzes versuchen vor dem Hintergrund der negativen Erfahrungen, die mit der bisherigen Zweispurigkeit gemacht wurden, eine Neukonzeption. Bedeutendste Neuerung ist die Herbeiführung eines *einheitlichen* Katastrophenschutzes.

Gemäß § 1 Abs. 1, Satz 1 KatSG werden die Aufgaben des Katastrophenschutzes im Verteidigungsfall den Einheiten und Einrichtungen des friedensmäßigen Katastrophenschutzes übertragen. Die bisherige Zweispurigkeit entfällt damit. Zur Bewältigung von Katastrophen zu Friedens- und Kriegszeiten existiert nur noch ein einziges Instrument. Die Einheiten und Einrichtungen des Luftschutzhilfsdienstes werden gemäß § 13 KatSG in den Katastrophenschutz der kreisfreien Städte und Kreise eingeordnet. Einheiten und Einrichtungen privater Organisationen, welche sich gegenüber einem Land zur Wahrnehmung von Aufgaben bei Friedenskatastrophen verpflichtet haben, wirken jedoch nicht *automatisch* auch im Verteidigungsfall mit; vorher muß ihre Eignung festgestellt und seitens der Organisation die Mitwirkungsbereitschaft erklärt werden (§ 1 Abs. 2 KatSG). Sollten die vorhandenen öffentlichen und die mitwirkenden privaten Einheiten und Einrichtungen zur Bewältigung der Katastrophenschutzaufgaben zu schwach sein, können unter Leitung des Hauptverwaltungsbeamten zusätzliche Einheiten (sogenannte Regieeinheiten) aufgestellt werden (§ 1 Abs. 3 KatSG). Sie bilden jedoch aufgrund ihres Subsidiaritätscharakters eine Ausnahmeerscheinung.

Besondere Beachtung verdient in § 1 KatSG die Formulierung "Einheiten und Einrichtungen des Katastrophenschutzes". Was konkret "Einheiten und Einrichtungen des Katastrophenschutzes" meint, wird

---

86 siehe oben S. 11 f.

87 siehe S. 12 f.: Unzufriedenheit der Helferschaft, Scheitern des Schaffens eines Helferpotentials neben den schon bestehenden Einheiten und Einrichtungen des friedensmäßigen Katastrophenschutzes

im Katastrophenschutzgesetz nicht erläutert; aus der gegenüberstellenden Verwendung des Begriffs "mitwirkende Organisationen" an anderer Stelle[88] wird jedoch schon deutlich, daß der Ausdruck "Einheiten und Einrichtungen des Katastrophenschutzes" kein Synonym ist für die gesamte Trägerorganisation, also das Deutsche-Rote-Kreuz, die Johanniter-Unfallhilfe, den Malteser Hilfsdienst, das Technische Hilfswerk etc. Die Begründung zu § 1 des Entwurfes des Gesetzes zur Erweiterung des Katastrophenschutz[89] spricht erläuternd von "Einheiten und Einrichtungen, deren Aufgabe die Hilfeleistung bei Unglücksfällen und Katastrophen ist (z.B. Feuerwehren, Sanitätseinheiten, Krankentransport)". Durch die §§ 1, 4 KatSG ist zudem klargestellt, daß es sich um solche Funktionseinheiten handelt, die (selbst!) Katastrophenschutzaufgaben wahrnehmen, welche in § 4 näher umschrieben sind (Brandschutz, Sanitätswesen, Instandsetzungsdienst etc.; sogenannte "Fachdienste", vgl. auch Nr. 13 KatS-Organisation-Vwv[90]. Eine Auslegung des Begriffs nimmt auch die erläuternde Vorschrift Nr.1 des I. Abschnitts der KatS-Organisation-Vwv[91] vor. Es handelt sich danach bei Einheiten und Einrichtungen des Katastrophenschutzes im Sinne von § 1 KatSG um "gegliederte Zusammenfassungen von Personen und Material, die unter einheitlicher Führung stehen, nach Fachdiensten ausgerichtet sind und die Aufgabe haben, Gefahren und Schäden im Katastrophenfall zu bekämpfen". Folglich, und das sei an dieser Stelle besonders betont, fallen die Führungs- und Koordinierungsstellen der einzelnen Trägerorganisationen nicht unter diesen Begriff, ihnen selbst obliegen keine der besonderen Aufgaben des erweiterten Katastrophenschutzes. Das Katastrophenschutzgesetz sieht also eine Mitwirkung nur der einzelnen Einheiten und Einrichtungen der Organisationen vor, nicht aber die Mitwirkung der gesamten Trägerorganisationen einschließlich deren zu Führungs- und Koordinationszwecken gebildeten Verwaltungsüberbauten. Die besondere Bedeutung dieser Vorschrift und ihr innerer Sinn werden sich noch im Zusammenhang mit § 7 KatSG offenbaren[92].

---

88 zum Beispiel in § 7 Abs. 3 und § 8 Abs. 1 KatSG

89 BT-Drucks. V/2585, S. 8

90 Allgemeine Verwaltungsvorschrift über die Organisation des Katastrophenschutzes (KatS-Organisation-Vwv); GMBl. 1972, S. 181

91 siehe Fßn. zuvor

92 siehe unten S. 21 ff.

Damit die vorhandenen Organisationen des friedensmäßigen Katastrophenschutzes ihren erweiterten Aufgaben nachkommen können, werden sie speziell zu diesem Zweck verstärkt (§ 1 Abs. 1, Satz 2 KatSG). Zusätzlich wird die Ausrüstung ergänzt (§ 1 Abs. 1, Satz 2 KatSG, § 5 KatSG), wobei sowohl Gerät zu beschaffen ist, das speziell für den Verteidigungsfall benötigt wird, als auch solches, das ebenso bei einer Friedenskatastrophe Anwendung finden kann[93]. Daneben müssen zusätzliche Unterkünfte für die neuen Helfer geschaffen werden, ebenso Garagen, Lagerkapazität und Wartungsvoraussetzungen für die erweiterte Ausrüstung. Letztlich sind die Hilfsmannschaften an dem gesamten Gerät für ihre neuen Aufgaben auszubilden (§1 Abs. 1, Satz 2 KatSG; § 6 KatSG)[94].

Ein großer Vorteil der neuen Regelung des Katastrophenschutzgesetzes besteht darin, daß die für den Verteidigungsfall erweiterten und zusätzlich ausgerüsteten Organisationen damit auch gegenüber Friedenskatastrophen besser vorbereitet sind. Die personell verstärkte Helferschaft und die zusätzliche Ausrüstung kommen jedem Einsatz zu Gute. Der gelegentliche echte (Friedens-) Einsatz der verstärkten Hilfsorganisationen bringt zudem den Vorteil mit sich, daß wertvolle Erfahrungen für den Verteidigungsfall gewonnen werden können, daß die Motivationsprobleme, die sich bei einer Helferschaft ohne jeden echten Einsatz (in Friedenszeiten) ergäben, vermieden werden und daß die für die Verteidigung zur Verfügung stehenden Kapazitäten nicht ungenutzt bleiben. Auch die übrigen Leiden der Zweispurigkeit von Luftschutzhilfsdienst und Katastrophenschutz der Länder, wie sie oben auf S. 15 f. beschrieben sind, werden durch die Vereinheitlichung geheilt.

---

93 vgl. im einzelnen auch: Allgemeine Verwaltungsvorschrift über die zusätzliche Ausstattung des Katastrophenschutzes (KatS-Ausstattung-Vwv) vom 27.02.1972, GMBl. 1972, S. 181 - in der Fassung der Berichtigung vom 05.05.1972, Bundesanzeiger Nr. 88, S. 1 vom 10.05.1972

94 dazu erlassen: Allgemeine Verwaltungsvorschrift über die zusätzliche Ausbildung des Katastrophenschutzes (KatS-Ausbildung-Vwv) vom 27.02.1972, GMBl. 1972, S. 181

§ 2 Abs. 1 KatSG bestimmt, daß das Gesetz zur Erweiterung des Katastrophenschutzes von den Ländern in der Form der Bundesauftragsverwaltung durchzuführen ist, soweit diesen nach dem Gesetz die Ausführung obliegt. Bei Fehlen anderweitiger Bestimmungen sind in den Ländern die Kreise und kreisfreien Städte zuständig, für die der *Hauptverwaltungsbeamte* handeln soll. Einige wenige Aufgaben sind ausdrücklich den Ländern vorbehalten[95]. Den Regelfall bildet aber die Zuständigkeit der Kreise und kreisfreien Städte, bei ihnen liegt der Schwerpunkt der Aufgabenwahrnehmung. Grund für diese Zuständigkeitsregelung ist, daß die Kreise und kreisfreien Städte einerseits groß genug sind, um mit dem nötigen Überblick einen Einsatz zu führen, der sich auf die regionalen Schwerpunkte konzentriert und dort Kräfte zusammenzieht. Andererseits sind sie auch klein genug, um im Ernstfall bei sich überstürzenden Informationen den nötigen Überblick zu behalten und die Nachrichtenverbindung aufrecht zu halten. Die Entscheidung, gerade den Hauptverwaltungsbeamten und nicht zum Beispiel die demokratischen Gremien der Gemeinderäte oder Kreistage mit der Gesetzesausführung zu betrauen (bürokratisches Prinzip im Gegensatz zum Kollegialprinzip) findet darin ihren Grund, daß in Krisensituationen eine so schnelle Entscheidungsfindung vonnöten ist, wie sie ein demokratisches Gremium allein wegen des Zeitfaktors (Information und Zusammenziehen der Mitglieder) kaum leisten kann. Auch die überlegene Kenntnis des Verwaltungsapparates der Kreise und die Möglichkeit einer langfristigen Planung durch eine Katastrophenschutzabteilung der Kreisverwaltung unter Leitung des Hauptverwaltungsbeamten prädestiniert diesen zur ausführenden Stelle. Wer Hauptverwaltungsbeamter ist, bestimmt sich nach den jeweils geltenden Gemeinde- bzw. Kreisordnungen des betreffenden Landes (Oberstadtdirektor/Oberbürgermeister/Landrat/Oberkreisdirektor).

Dem Hauptverwaltungsbeamten werden in § 7 KatSG zwei wichtige Rechte eingeräumt[96]. Er hat gemäß § 7 Abs. 1 KatSG ein Inspektionsrecht gegenüber dem Katastrophenschutz, kann also Aufstellung, Ausbildung und Ausrüstung der Helfer überwachen und Abstellung von Mängeln verlangen. Bei Eintritt des Verteidigungsfalles, bei Übungen

---

95 z.B. § 4 Abs. 2, Satz 1, 2; § 6 Satz 2; § 7 Abs. 4, Satz 1, 2; § 8 Abs. 6; § 13 Abs. 1, Satz 4; § 14 Abs. 2, Satz 3 KatSG

96 siehe auch Nr. 30 ff. KatS-Organisation-Vwv

und Ausbildungsveranstaltungen erhält der Hauptverwaltungsbeamte die unmittelbare Weisungsbefugnis über die Einheiten und Einrichtungen des Katastrophenschutzes, § 7 Abs. 1 i.V.m. § 1 Abs. 1 KatSG. Er verdrängt damit in diesen Fällen die den Einheiten und Einrichtungen der Katastrophenschutzorganisationen sonst übergeordneten Leitungs- und Koordinationsstellen, also den "Verwaltungsüberbau" der jeweiligen Organisation (Spitze Deutsches-Rotes-Kreuz, Johanniter-Unfallhilfe etc.). Nur die eigentlichen Funktionssträger des Katastrophenschutzes, die an den Fachdiensten ausgerichteten Einheiten und Einrichtungen, behalten ihre Funktion und ihre Bedeutung. An dieser Stelle erweist sich die Regelung des § 1 Abs. 1 KatSG[97] als die logische Vorbedingung der Verlagerung des Aufgabenschwerpunktes auf die Kreisebene: Würde die gesamte Trägerorganisation im erweiterten Katastrophenschutz mitwirken, dann müßte der Einsatz der verbandszugehörigen Einheiten und Einrichtungen, die in dem Landkreis des jeweils zuständigen Hauptverwaltungsbeamten stationiert sind, über zentrale Einrichtungen der Trägerorganisationen wie Landes- oder gar Bundesstellen laufen. Damit wären die Vorteile der sachnahen Zuständigkeitszuweisung des erweiterten Katastrophenschutzes an die Hauptverwaltungsbeamten zunichte gemacht. Die Hauptverwaltungsbeamten müßten sogar ihre Weisungen an mehrere Bundesstellen richten (Spitze Deutsches-Rotes-Kreuz, Johanniter-Unfallhilfe etc.), welche dann (kreisfern) die lokalen Einsätze zu koordinieren hätten. So aber stehen dem Hauptverwaltungsbeamten die in seinem Kreis befindlichen Funktionseinheiten des Katastrophenschutzes unmittelbar zur Verfügung. Er kann selbst bis in Einzelheiten die Tätigkeit der Organisation lenken. Allerdings wird er aus taktischen Erwägungen regelmäßig von Einzelweisungen an Einheitsführer absehen und stattdessen den Ortsverbänden der Organisationen umgrenzte Aufgabenbereiche zur Wahrnehmung zuordnen, denen diese dann mit ihren taktischen Einheiten nachkommen (management by delegation). Der Hauptverwaltungsbeamte wird sich also zur Leitung und Koordinierung der Helfer in der Regel der in seinem Kreis bestehenden Organisations- und Leitungsstruktur der Katastrophenschutzverbände bedienen. Aufgrund seines umfassenden Weisungsrechts kann er aber jederzeit in die Einheiten "hineinregieren"[98] und erforderliche Korrekturen vornehmen.

---

97 siehe oben S. 19

98 Formulierung von Bahro, § 7 Rdnr. 4

Zur Sicherstellung einer fachmännischen Beratung und Unterstützung des Hauptverwaltungsbeamten schreibt § 7 Abs. 3 KatSG die Bildung eines Katastrophenschutzstabes vor[99]. Der Stab hat sich aus Fachleuten verschiedener Fachdienste zusammenzusetzen, die den mitwirkenden Organisationen angehören.

Die der Bundesregierung im Falle der Bundesauftragsverwaltung zustehenden Weisungs- und Aufsichtsrechte gemäß Art. 85 Abs. 3, Abs. 4 GG werden entweder direkt durch den Bundesinnenminister oder durch das Bundesamt für zivilen Bevölkerungsschutz (später: "Bundesamt für Zivilschutz"[100]) wahrgenommen[101]. Die Weisungen sind außer in dringlichen Fällen an die obersten Landesbehörden zu richten, die den Vollzug sicherzustellen haben (Art. 87 Abs. 3 GG). Von der in § 2 Abs. 3 KatSG eingeräumten Möglichkeit, mit Zustimmung des Bundesrates allgemeine Verwaltungsvorschriften zur Gesetzesausführung zu erlassen, hat der Bundesminister des Inneren mehrfach Gebrauch gemacht. So erließ er am 27.02.1972 nach der Zustimmung des Bundesrates vom 27.07.1971[102] die

- Allgemeine Verwaltungsvorschrift über die Organisation des Katastrophenschutzes (KatS-Organisation-Vwv)[103]
- Allgemeine Verwaltungsvorschrift über die zusätzliche Ausstattung des Katastrophenschutzes (KatS-Ausstattung- Vwv)[104]
- Allgemeine Verwaltungsvorschrift über die zusätzliche Ausbildung des Katastrophenschutzes (KatS-Ausbildung-Vwv)[105]

---

99 vgl. auch Nr. 34 ff. KatS-Organisation-VwV

100 siehe unten S. 26

101 § 2 Abs. 2 KatSG i.v.m. § 2 Abs. 3 Errichtungsgesetz BzB; Anordnung über die Übertragung von Befugnissen nach dem Gesetz über die Erweiterung des Katastrophenschutzes vom 13.07.1968, GMBl. 1968, S. 206; später § 2 Abs. 3 des Gesetzes zur Errichtung des Bundesamtes für Zivilschutz vom 10.07.1974, BGBl. I S. 1441

102 BR-Drucks. 399/71 vom 28.07.1971

103 GMBl. 1972, S. 181

104 GMBl. 1972, S. 181; berichtigt am 05.05.1972, Bundesanzeiger Nr. 88, S. 1 vom 10.05.1972

105 GMBl. 1972, S. 181

- Allgemeine Verwaltungsvorschrift über die Kosten der Erweiterung des Katastrophenschutzes (KatS-Kosten-Vwv)[106].

Die für den Helfer unmittelbar interessanten Regelungen finden sich in den §§ 8, 9 KatSG, des weiteren in den Nrn. 40 bis 49 KatS-Organisation-Vwv. § 8 KatSG behandelt die Möglichkeit des Helfers, sich für den erweiterten Katastrophenschutz zu verpflichten. Für den wehr- bzw. zivildienstpflichtigen Helfer ist von besonderem Interesse, daß er gemäß § 8 Abs. 2 KatSG i.V.m. § 13a WPflG bzw. § 14 ZDG bei einer Verpflichtung für mindestens zehn Jahre von Wehr- und Ersatzdienst freigestellt werden kann. Für jeden Jahrgang ist jedoch nur eine bestimmte Zahl[107] von wehrpflichtigen Personen freistellbar. Daneben existiert noch eine Berufsgruppenbeschränkung; so erfolgt zum Beispiel keine Freistellung von Elektronikern wegen des besonderen Interesses der Bundeswehr an diesen Spezialisten[108].

Gemäß § 9 Abs. 1 KatSG richtet sich das Rechtsverhältnis der Helfer, auch soweit erweiterte, also verteidigungsgerichtete Katastrophenschutzaufgaben durchgeführt werden, nach dem Recht der Organisation, der der Helfer angehört, also der Satzung des Deutschen Roten Kreuzes, der Johanniter Unfallhilfe, des Malteser Hilfsdienstes etc. Subsidiär sollen die Vorschriften der Freiwilligen Feuerwehr (des jeweiligen Landes) gelten.

Ein Benachteiligungsverbot spricht § 9 Abs. 2 KatSG aus: Arbeitnehmern dürfen keine Nachteile bezüglich ihres Arbeitsverhältnisses und der Sozial- und Arbeitslosenversicherung erwachsen[109].

---

106 GMBl. 1972, S. 181

107 sogenannte "Freistellungsquote"

108 Im einzelnen unten S. 250 ff., Vereinbarung über die Freistellung von Wehrpflichtigen nach § 8 Abs. 2 des Gesetzes über die Erweiterung des Katastrophenschutzes - KatSG - § 13 a Abs. 1 des Wehrpflichtgesetzes - WPflG - vom 18.September 1980 (GMBl. 1980, S. 640); die hierzu erlassenen Durchführungsverordnungen des Bundesamtes für Zivilschutz sind abgedruckt als Anhang 2 zu MinBl. NW 1983, 2434 (2442).

109 vgl. auch Nr. 48 Abs. 3, Satz 2 KatS-Organisation-Vwv

Die Frage der Finanzierung wird von § 14 KatSG[110] dahingehend geregelt, daß der Bund alle durch die Erweiterung des Katastrophenschutzes entstehenden Unkosten trägt. Nicht umfaßt sind die sächlichen und persönlichen Verwaltungskosten. Die Kosten des friedensmäßigen Katastrophenschutzes, der die Basis der Erweiterung darstellt, fallen bei den Ländern an. Soweit dem Bund Kosten entstehen bei Einsätzen in Friedenszeiten, ist das jeweilig zuständige Land erstattungspflichtig. Es ergibt sich also eine gemeinsame Finanzierung des durch das Katastrophenschutzgesetz geschaffenen einheitlichen Katastrophenschutzes.

Mit in das Katastrophenschutzgesetz einbezogen sind drei Regelungen, die zwar nicht zum Katastrophenschutz im engeren Sinne gehören, aber doch mit ihm in einem Zusammenhang stehen. Dies ist einmal die Vorschrift über den Selbstschutz, § 10 KatSG, und über den Bundesverband für den Selbstschutz (BVS), § 11 KatSG, der sich zuvor Bundesluftschutzverband nannte[111], dann die in § 12 KatSG normierte Aufenthaltsregelung (Aufenthalt bei Gefährdung der Bevölkerung).

Für das Verhältnis des ZBG zu dem Katastrophenschutzgesetz gilt, daß das letztere die Regelungen des ZBG in den sich überschneidenden Bereichen verdrängt (lex specialis; lex posterior). So ändert das Katastrophenschutzgesetz die bisherige Zweispurigkeit des Katastrophenschutzes (§ 1 KatSG) und beendet die Existenz des Luftschutzhilfsdienstes (LSHD) und des Selbstschutzes (§ 13 KatSG); der Bundesluftschutzverband (BLSV) wird in "Bundesverband für Selbstschutz" (BVS) umbenannt, seine Aufgaben werden etwas anders formuliert (§ 11 KatSG vs. § 31 ZBG). Bedeutung behält das ZBG für den Warndienst (§ 7 f. ZBG i.V.m. § 2 Abs. 2 Errichtungsgesetz BzB), die baulichen Luftschutzmaßnahmen (§ 21 ff. ZBG), den Schutz von Kulturgut (§ 29 ZBG) und die Arzneimittelbevorratung (§ 30 ZBG). Zum Schluß sei der Klarheit wegen noch einmal ausdrücklich festgehalten, daß sich das Katastrophenschutzgesetz nur auf die Durchführung des *verteidigungsgerichteten* Katastrophenschutzes (und des Selbstschutzes und der Aufenthaltsregelung) bezieht und diesen den Ländern zur Verwaltung im Auftrag des Bundes überträgt. Der *friedensmäßige* Katastrophenschutz

110 dazu erlassen: Allgemeine Verwaltungsvorschrift über die Kosten des erweiterten Katastrophenschutzes (KatS-Kosten-Vwv), GMBl. 1972, S. 181

111 § 31 ZBG

ist exekutiv und legislativ Ländersache und bleibt einer bundesgesetzlichen Regelung entzogen.

Am 02.08.1976 tritt das *Gesetz zur Änderung des Ersten Gesetzes über Maßnahmen zum Schutz der Zivilbevölkerung* (ZSG)[112] (Zivilschutzgesetz) in Kraft. Bei diesem Gesetz handelt es sich um die Novellierung des ZBG[113]. Im ersten Abschnitt werden zunächst die Aufgaben des Zivilschutzes umschrieben und die *Subsidiarität* des Gesetzes zu spezielleren gesetzlichen Regelungen wie dem *Katastrophenschutzgesetz* und dem Schutzbaugesetz festgelegt. Es folgen Vorschriften zur Verwaltungskompetenz. Das Bundesamt für zivilen Bevölkerungsschutz wird sodann umbenannt in "Bundesamt für Zivilschutz". Im zweiten Abschnitt wird der Warndienst, im dritten der Dienst im Zivilschutz behandelt. Ein vierter Abschnitt regelt Maßnahmen zum Schutz der Gesundheit, ein fünfter die Kosten des Zivilschutzes. Es folgen im sechsten und letzten Abschnitt Schlußbestimmungen.

Es folgt das *Gesetz zur Verbesserung der Wehrgerechtigkeit und Verlängerung der Dauer des Grundwehrdienstes* vom 13.06.1986[114]. In dem Gesetz finden sich drei Regelungen mit Bedeutung für den Katastrophenschutz. § 5 Abs. 1, Satz 2, Nr. 2 WPflG wird dahin abgeändert, daß die Grundwehrdienstpflicht für Personen, die wegen einer Verpflichtung zum Dienst in Zivil- oder *Katastrophenschutz* (gem. § 8 Abs. 2 KatSG) vor Vollendung des achtundzwanzigsten Lebensjahres nicht zum Grundwehrdienst herangezogen worden sind, auf zweiunddreißig Jahre hochgesetzt wird. Korrespondierend hierzu findet sich für § 13 a Abs. 2 WPflG der Zusatz, daß eine zehnjährige Tätigkeit von Wehrpflichtigen in Zivil- oder Katastrophenschutz die Grundwehrdienstpflicht erlöschen läßt. § 13 a Abs. 1 WPflG wird als weitere Neuerung die Bestimmung zugefügt, daß eine Freistellung für den Zivil- oder Katastrophenschutz nur noch bei Personen vor Vollendung des zweiundzwanzigsten Lebensjahres möglich ist. Damit ist jetzt sichergestellt, daß freigestellte Helfer tatsächlich zehn Jahre lang ihren Dienst im Zivil- oder Katastrophenschutz verrichten müssen, wollen sie nicht Gefahr laufen, zum Wehrdienst einberufen zu werden. Bisher konnte nämlich eine Frei-

---

112 BGBl. I S. 2046

113 siehe oben S. 10 ff.

114 BGBl. I S. 873

stellung jederzeit erfolgen; wer bei der Dienstverpflichtung und Freistellung älter war als achtzehn Jahre (eine Einberufung mit achtzehn Jahren kann zum Beispiel ausbildungs- oder krankheitsbedingt unterblieben sein), brauchte ab seinem achtundzwanzigsten Lebensjahr nicht mehr Grundwehrdienst zu leisten, auch wenn er seinen Dienst in Zivil- oder Katastrophenschutz vorzeitig beendete.

Eine dem § 13 a WPflG entsprechende Regelung wird für § 14 ZDG, Abs. 1 und Abs. 4, getroffen.

Am 01.02.1990 tritt das Gesetz zur Regelung der Rechtsverhältnisse der Helfer der Bundesanstalt Technisches Hilfswerk (THW-Helferrechtsgesetz - THW-HelfRG) vom 22.01.1990 (BGBl. I S. 118) in Kraft. Damit erhält die Organisation und ihre Arbeit nunmehr eine (parlaments-) gesetzliche Grundlage. Ihr Aufgabenkreis wird gegenüber dem im Errichtungserlaß THW umschriebenen erweitert um die technische Hilfe im Auftrag der Bundesregierung außerhalb des Geltungsbereiches des THW-Helferrechtsgesetzes.
Der bis zu heutigen Tage nicht aufgehobene Errichtungserlaß THW wird mit Inkrafttreten des THW-Helferrechtsgesetzes insoweit gegenstandslos, als das THW-Helferrechtsgesetz - als höherrangiges Recht - abweichende Regelungen enthält.
Zu den einzelnen Regelungen des THW-Helferrechtsgesetzes unten in Teil 2 und 3.

Durch das Gesetz zur Ergänzung des Katastrophenschutzgesetzes und anderer Vorschriften (Katastrophenschutzergänzungsgesetz - KatS ErgG) vom 23. Januar 1990[115] findet das Technische Hilfswerk das erste Mal ausdrücklich Erwähnung im Katastrophenschutzgesetz: Gemäß § 7 a KatSG ist das Technische Hilfswerk Aufgabenträger des Katastrophenschutzes und zur Mitwirkung im Katastrophenschutz verpflichtet, gemäß § 5 KatSG n.F. erhalten die Einheiten und Einrichtungen der Bundesanstalt Technisches Hilfswerk ihre Ausstattung unmittelbar vom Bund.

---

115 BGBl. I S. 120

Das Gesetz zur Regelung der Dauer des Grundwehrdienstes und des Zivildienstes vom 26. November 1990[116] bringt als für das Technische Hilfswerk bedeutsame Neuerung die Verkürzung der den Zivil- und Grundwehrdienst substituierenden Zeit der Mitwirkung im Katastrophenschutz von zehn auf acht Jahre.

Hier endet - vorläufig - die Kette der für den Katastrophenschutz unmittelbar relevanten Gesetze.

116 BGBl. I S. 2520

Teil 2
Die Frage nach der Verfassungsmäßigkeit des Technischen Hilfswerkes

A. Beschreibung der dem Technischen Hilfswerk zugedachten Funktion

Das Technische Hilfswerk wurde errichtet durch Erlaß des Bundesministers des Inneren vom 25.08.1953[1]. Dieser Erlaß wird inzwischen überlagert[2] von dem THW-Helferrechtsgesetz[3]. Hier finden sich Konzeption, Rechtsform, Organisation, Aufgabenbeschreibung und Eingriffsbefugnisse des Technischen Hilfswerkes. Ihnen kann daher genau entnommen werden, wie sich der Bund die Aufgabe des Technischen Hilfswerkes und seine Einbindung in das Gesamtkonzept der Katastrophenschutzplanung vorstellte. Auf den Errichtungserlaß und das THW-Helferrechtsgesetz wird noch an späterer Stelle eingegangen werden[4]. Um voran zum besseren Verständnis einen Eindruck von der Organisation zu vermitteln, deren Rechtmäßigkeit hier untersucht wird, sollen die wichtigsten Regelungen des Gesetzes und der bestehen gebliebenen Vorschriften des Errichtungserlasses THW kurz vorgestellt werden.

§ 1 Abs. 1 THW-HelfRG legt zunächst den Namen "Technisches Hilfswerk" fest.

---

1 Erlaß über die Errichtung des Technischen Hilfswerkes (THW) als nichtrechtsfähige Bundesanstalt vom 25.08.1953, GMBl. 1953, S. 507, im folgenden: Errichtungserlaß THW

2 siehe oben Seite 27

3 Gesetz zur Regelung der Rechtsverhältnisse der Helfer der Bundesanstalt Technisches Hilfswerk (THW-Helferrechtsgesetz - THW-HelfRG) vom 22. Januar 1990, BGBl. I S. 118

4 siehe unten S. 32 ff.

§ 1 Abs. 2, Satz 1 THW-HelfRG bestimmt als Rechtsform die der nicht rechtsfähigen Bundesanstalt des öffentlichen Rechtes mit eigenem Verwaltungsunterbau und ordnet das Technische Hilfswerk dem Geschäftsbereich des Bundesministers des Innern zu.

Gemäß Nr. I. Abs. 2 Errichtungserlaß THW ist der Bundesinnenminister auch zuständig zur Festlegung des Sitzes der Anstalt.

§ 1 Abs. 2, Satz 2 THW-HelfRG zählt die Aufgaben auf, zu deren Erledigung das Technische Hilfswerk dienen soll. Dies sind die technische Hilfe im Zivilschutz (Nr. 1), die technische Hilfe im Auftrag der Bundesregierung außerhalb des Geltungsbereichs des THW-Helferrechtsgesetzes (Nr. 2) und die technische Hilfe bei der Bekämpfung von Katastrophen, öffentlichen Notständen und Unglücksfällen größeren Ausmaßes auf Anforderung der für die Gefahrenabwehr zuständigen Stellen, insbesondere im Bergungs- und Instandsetzungsdienst (Nr. 3). Es handelt sich also neben den Hilfsmaßnahmen im Ausland (Nr. 2) um die Aufgaben des verteidigungsgerichteten (Nr. 1) und des friedensmäßigen Katastrophenschutzes (Nr. 3).

Neben der abstrakten Nennung der Aufgaben des Technischen Hilfswerkes in § 1 Abs. 2, Satz 2 THW-HelfRG wird in Nr. VIII. Errichtungserlaß THW geregelt, wie das Technische Hilfswerk bei öffentlichen Notständen zum Einsatz kommen soll. Dies ist die Stelle, an der die dem Technischen Hilfswerk im friedensmäßigen Katastrophenschutz zugedachte Rolle deutlich wird:

Bei öffentlichen Notständen, die nur den Bereich eines einzigen Landes betreffen, soll das Technische Hilfswerk den zuständigen Landesstellen gem. Nr. VIII. 1 Errichtungserlaß THW zur Verfügung stehen. Für öffentliche Notstände, die Relevanz haben über den Bereich eines Landes hinaus, will Nr. VIII. 2 Errichtungserlaß THW der Bundesregierung, im Einzelfall dem Bundesminister des Inneren, das Recht einräumen, nach Anhörung der obersten Landesbehörde den Einsatz des THW anzuordnen. Bei öffentlichem Notständen im bundeseigenen Verwaltungsbereich soll die Bundesregierung, bei Gefahr in Verzug der Bundesminister des Inneren, den THW-Einsatz anordnen können (Nr. VIII. 3 Errichtungserlaß THW).

Es wird deutlich, daß die Intention bei der Errichtung des Technischen Hilfswerkes war, den für den Katastrophenschutz zuständigen Stellen (vgl. Nr. VIII. 1 Errichtungserlaß THW) eine Organisation mit technischem Gerät und gutausgebildeten Helfern bei günstiger regionaler Verteilung zur Verfügung zu stellen zur besseren Wahrnehmung und Bewältigung der anfallenden Aufgaben. Für diese Hilfeleistung sollte das Technische Hilfswerk errichtet, ausgerüstet, ausgebildet und unterhalten werden.

Nr. III. Errichtungserlaß THW beschreibt den Aufbau der Organisation. Dem Technischen Hilfswerk ist eine streng hierarchische Organisationsstruktur zugedacht, die auf Bundesebene beginnt (Leitung durch den "Direktor THW"), sich über die Landes- und Kreisebene fortsetzt (Landesbeauftragte, Kreisbeauftragte) und bis in die Gemeinden mit ihren Ortsbeauftragten hineinreicht.

Nr. IV. Errichtungserlaß THW behandelt die Aufgaben des Direktors THW und seine Berufung.

Nach § 2 Abs. 1 THW-HelfRG bedient sich das Technische Hilfswerk ehrenamtlicher, freiwilliger Helfer. Die Norm regelt in Abs. 2 weiterhin die Gehorsamspflicht des Helfers, sein Recht bzw. seine Pflicht zu Aus- und Fortbildung und den zeitlichen Rahmen seiner Tätigkeit (in der Regel nicht mehr als zweihundert Dienststunden im Jahr). In Abs. 3 finden sich Entlaßgründe: Verstoß gegen Dienstpflichten und Wegfall der Eignung.

Vorschriften zur sozialen Sicherung, welche sich bisher nach dem Katastrophenschutzgesetz bestimmte, enthält § 3 THW-HelfRG. Hierzu noch im einzelnen unten in Teil 3.

Bestimmungen über die Mitwirkung der Helfer, das Amt des Helfersprechers und beratende Ausschüsse der Helfer finden sich in § 4 THW-HelfRG.

§ 5 THW-HelfRG betrifft die Schaffung und die Funktion eines den Bundesinnenminister beratenden Beirates.

B. Rechtmäßigkeitskontrolle

Für die Beantwortung der Frage, ob das Technische Hilfswerk eine der Rechtsordnung entsprechende Organisation ist, ist es erforderlich, die genannten Bestimmungen des THW-Helferrechtsgesetzes und des Errichtungserlasses THW im einzelnen auf ihre Rechtmäßigkeit zu überprüfen, das heißt ihre Vereinbarkeit mit höherrangigem Recht zu untersuchen. Hierbei soll zunächst von der Rechtslage ausgegangen werden, wie sie zur Zeit des Errichtungserlasses, also 1953, bestand. Da es denkbar ist, daß eine der späteren Regelungen auf dem Gebiet des Katastrophenschutzes[5] Auswirkungen auf die Rechtmäßigkeit des Erlasses hatte, werden diese Veränderungen der Rechtslage und ihre Bedeutung für das Technische Hilfswerk in der Reihe ihres Auftretens zu behandeln sein. So ergibt sich eine chronologische Darstellung der Rechtmäßigkeit des Technischen Hilfswerkes im Wandel der Rechtsordnung zwischen 1953 und 1991.

I. Die Rechtslage am 25.08.1953, zur Zeit des Errichtungserlasses THW

Der Inhalt des Erlasses wurde oben beschrieben. Nach den Regelungen soll den für den friedensmäßigen und verteidigungsgerichteten Katastrophenschutz zuständigen Stellen ein kompetentes, schlagkräftiges Hilfsinstrument in Gestalt einer Bundesanstalt des öffentlichen Rechtes für Katastrophenfälle zur Verfügung gestellt werden. Ein "Zur-Verfügung-Stellen" ist rechtlich als Verwaltungstätigkeit zu bewerten[6]. Der Bund wird also auf dem Gebiet des Katastrophenschutzes verwaltend tätig. Bei einem Blick auf die Kompetenzordnung des Grundgesetzes des Jahres 1953 stellt sich aber die Frage, ob dem Bund überhaupt die Verwaltungskompetenz für den gesamten Bereich des Zivil- und Katastrophenschutzes zusteht oder auch nur für einen Teilbereich desselben.

---

5 siehe oben S. 6 ff.

6 Maunz/Dürig/Herzog, Art. 87, Rdn. 19

1. Verwaltungskompetenz des Bundes

Zentrale Vorschriften für die Verteilung der Verwaltungskompetenzen im Bund-Länder-Verhältnis sind die Art. 83 ff. GG. Nach dem Regel-Ausnahme-System des Art. 83 GG kann der Bund also nur Verwaltungskompetenz besitzen, wenn das Grundgesetz eine Durchführung seitens des Bundes "bestimmt oder zuläßt". Was dabei die Begriffe "bestimmen" und "zulassen" bedeuten, ist nicht unumstritten. Einigkeit besteht allerdings insoweit, als es sich um ein Synonym des Begriffspaars "trifft oder zuläßt" des Art. 30 GG handelt, so daß Überlegungen, die hierzu in dessen Rahmen angestellt werden, übertragbar sind[7]. Im übrigen können zwei Auffassungen unterschieden werden. Nach einer Ansicht[8] "bestimmt" das Grundgesetz "etwas anderes", wenn dem Bund eine Verwaltungszuständigkeit (ausdrücklich oder konkludent) durch die Verfassung vorgeschrieben wird und "läßt etwas anderes zu", wenn der Bund (ausdrücklich oder konkludent) ermächtigt - und nicht verpflichtet - wird, Verwaltungsaufgaben zu erfüllen.

Eine zweite Auffassung[9] begreift unter "bestimmen" jede ausdrückliche Zuweisung an den Bund durch den Verfassungstext, schließt dabei die Fälle der Ermächtigung zur Zuständigkeitsbegründung mit ein. Unter "Zulassen" ist nach ihr die stillschweigende Anerkennung einer Zuständigkeit durch das Grundgesetz zu verstehen.

Die beiden Ansichten unterscheiden sich nicht bezüglich des Gesamtumfanges dessen, was das Grundgesetz "bestimmt und zuläßt"[10]. Sie ziehen nur den Trennungsstrich zwischen den beiden Begriffen an anderer Stelle: Geschieden wird einmal danach, ob das Grundgesetz die Zuweisung selbst umfassend durchführt oder die Zuständigkeitsbegründung anderen überläßt, gleich, ob ausdrücklich oder konkludent (Auffassung 1), das andere Mal danach, ob die Zuweisung durch das Grundgesetz ausdrücklich oder konkludent erfolgt (Auffassung 2).

---

7 Jarass/Pieroth, Art. 83, Rdn. 1; Kirschenmann, JuS 1977, 565 (567); Maunz/Dürig/Herzog, Art. 83, Rdn. 82; von Münch, Kommentar, Art. 83 Rdn. 1

8 Maunz/Dürig/Herzog, Art. 30, Rdn. 19 f.; ders., Art. 83, Rdn. 82 m.w.N.; Hamann/Lenz, Anm. B 4 f. zu Art. 30 GG; Kirschenmann, JuS 1977, 565 (567)

9 Achterberg, AöR, Bd. 86 (1961) S. 63 ff. (86); Kaufmann, S. 57; Prielke, S. 91

10 so auch: v. Münch, Art. 30, Rdn. 10 ff.

Wegen des identischen Ergebnisses der genannten Auffassungen erübrigt sich eine nähere inhaltliche Auseinandersetzung. Hier mag der Hinweis auf ausführliche Abhandlungen der Literatur genügen[11].

Festzuhalten bleibt, daß sich Verwaltungskompetenzen sowohl ausdrücklich als auch konkludent aus der Verfassung ergeben können. Der begrifflichen Klarheit wegen soll an dieser Stelle jedoch noch kurz dargelegt werden, was unter "ausdrücklich" und "stillschweigend (konkludent)" zu verstehen ist[12]. Eine ausdrückliche Zuständigkeit ist eine solche, die in dem jeweiligen Rechtssatz niedergeschrieben ist; eine stillschweigende Kompetenz läßt sich dagegen (nur) durch Auslegung geschriebenen Rechts mit Hilfe der Auslegungsmittel der allgemeinen Rechtslehre ermitteln. Nicht verwechselt werden darf die stillschweigende mit der sog. ungeschriebenen Zuständigkeit, die aus ungeschriebenen Rechtsquellen, also überpositivem Recht abgeleitet werden und die nach ganz herrschender Meinung im Verfassungsrecht keine Anerkennung finden kann[13].

2. Die Kompetenzlage nach dem Grundgesetz für die katastrophenbezogene Verwaltung

a) Ausdrückliche Verwaltungskompetenz

Vorschriften, die dem Bund ausdrücklich Verwaltungskompetenzen zuweisen, finden sich vornehmlich im VIII. Abschnitt des Grundgesetzes (Art. 84 ff. GG). Seine Zuständigkeitsregelungen werden teils ergänzt, teils überlagert von Vorschriften des Abschnittes VIII a, der Gemeinschaftsaufgaben behandelt und des Abschnittes X, Finanzwesen. Außerhalb der genannten Abschnitte haben noch einige weitere Spezialnormen wie Art. 120, 120 a, 130 GG und Art. 35 Abs. 2, 3 GG

---

11 Achterberg, AöR, Bd. 86 (1961), S. 79 ff.; Kölble, DÖV 1963, 663

12 vgl. zu den Begrifflichkeiten insbesondere: Küchenhoff, AöR 82 (1957), S. 413 ff.; v. Münch, Art. 30, Rdn. 11 f.

13 vgl. Nachweise bei v. Münch, Art. 30, Rdn. 11; Bullinger, AöR, Bd. 96 (1971), S. 247 ff.

das Thema "Verwaltungskompetenz". Letztlich treten im Verteidigungsfall gemäß Art. 115 c, Abs. 3, 115 f Abs. 1, Nr. 2, 115 i GG Veränderungen der Verwaltungskompetenz ein. Mustert man die Kompetenzordnung des Grundgesetzes durch, wie sie im Jahre 1953 bestand, zeigt sich, daß eine ausdrückliche Zuweisung von Verwaltungskompetenz für die Materie "Katastrophenschutz" an den Bund nicht existiert[14]. Denkbar wäre nur eine stillschweigende Kompetenzzuweisung.

b) Stillschweigende Verwaltungskompetenz

Unter einer stillschweigenden Verwaltungskompetenzzuweisung versteht man - wie oben erläutert - den Fall, daß sich durch Auslegung ergibt, daß ein Verwaltungsbereich trotz fehlender ausdrücklicher Nennung im Kompetenzkatalog als zur Verwaltungskompetenz des Bundes gehörig angesehen werden muß.

Herkömmlich werden drei Kategorien von stillschweigenden Kompetenzzuweisungen unterschieden. Es handelt sich um die "Kompetenz kraft Sachzusammenhang", "kraft Natur der Sache" und die "Annexkompetenz". Sie unterscheiden sich primär nach der Methode der Ermittlung der stillschweigenden Kompetenzen.

aa) Kompetenz kraft Sachzusammenhang

Bei der "Kompetenz kraft Sachzusammenhang" wird durch Auslegung[15] ermittelt, ob zwischen einer nicht ausdrücklich geregelten Materie und einem explizit zugewiesenen Kompetenzbereich ein Sachzusammenhang in einer Intensität besteht, der die fragliche Materie als stillschweigend von der ausdrücklichen Regelung mitumfaßt erscheinen läßt. Die Auslegung erfolgt prinzipiell nach grammatischen, systematischen, teleologischen und historischen Aspekten. Besondere Beachtung

---

14 Art. 87 b GG wird erst 1956 in die Verfassung aufgenommen, siehe oben S. 8 f.

15 Achterberg, AöR, Bd. 86 (1961), S. 67; ders., JA 1980, 210 (215); Bullinger, AöR, Bd. 96 (1971), S. 247 mit sehr vielen weiteren Nachweisen; von Mangoldt-Klein, Art. 30 Anm. III 2 c; Grewe, Bundesrecht, S. 136; Küchenhoff, Dissertation, S. 24; Wipfelder, DVBl. 1982, S. 477 (478 ff.); Maunz/Dürig/Herzog, Art. 30, Rdn. 23

bei dieser Auslegung, die im Grenz- und Spannungsbereich des Bund-Länder-Verhältnisses vorgenommen werden muß, verdient der föderalistische Gedanke, der sich an der Staatsfundamentalnorm "Bundesstaatsprinzip" (Art. 20 Abs. 1 GG) und am Schutzgedanken der Art. 30, 70, 83 GG festmachen läßt. Der Schutz der Kompetenzen der Länder und damit die Bewahrung ihrer Eigenstaatlichkeit verbietet es, sorglos schon bei jedem Sachzusammenhang auf eine Bundeskompetenz schließen zu wollen. Das Bundesstaatsprinzip gebietet[16] somit, daß der Sachzusammenhang von einer besonderen Intensität zu sein hat, was bedeutet, daß mindestens ein größerer Sachzusammenhang, eine größere sachliche Nähe der nicht ausdrücklich geregelten Materie zu einer Bundeskompetenz bestehen muß als zu einer Landeskompetenz, will man diese dem Bund zuordnen. Dieses aus dem Bundesstaatsprinzip abgeleitete "Prinzip der größeren Sachnähe"[17] stellt damit eine wichtige Auslegungshilfe dar bei der Ermittlung einer stillschweigenden Bundeskompetenz kraft Sachzusammenhang.

Nach einer bekannten und viel zitierten Formel des Bundesverfassungsgerichtes liegt eine Bundeskompetenz kraft Sachzusammenhanges dann vor, wenn "eine dem Bund ausdrücklich zugewiesene Materie verständigerweise nicht geregelt werden kann, ohne daß zugleich eine nicht ausdrücklich zugewiesene andere Materie mitgeregelt wird"[18]. Ein Sachzusammenhang könne - so das Bundesverfassungsgericht - eine Zuständigkeit nur dann stützen, wenn "ein Übergreifen in nicht ausdrücklich zugewiesene Materien unerläßliche Voraussetzung ist für die Regelung einer der Bundesgesetzgebung zugewiesenen Materie"[19]. Was jedenfalls nicht ausreiche, seien "bloße Zweckmäßigkeitserwägungen"[20]. Mit dieser formelhaften Bestimmung der Kompetenz wird der Eindruck erweckt, es gehe nicht um die Auslegung geschriebenen Rechts,

---

16 dieser Zusammenhang klingt auch an bei Bullinger, AöR, Bd. 96 (1971), S. 248, S. 253

17 Formulierung nach Bullinger, AöR, Bd. 96 (1971), S. 249; Bullinger weist nach, daß das Bundesverfassungsgericht in E 15, 1 (20 f. i.V.m. 9 f.) und in E 7, 29 (38 f.) nach eben diesen Prinzipien vorgeht

18 BVerfGE 3, 407 (421); 12, 237; Urteil vom 30.10.62, 2 BvF 2/60, nicht veröffentlicht, S. 28 f. des amtlichen Urteilsausdrucks (zit. nach Kölble, DÖV 1963, 660 (667))

19 siehe Fßn. zuvor

20 BVerfGE 3, 407 (421)

sondern um die Entwicklung neuen, überpositiven Rechts. Bei näherer Beschäftigung mit den Urteilen des Bundesverfassungsgerichtes ist jedoch zu erkennen, daß die genannte Formel nur selten wirklich Gebrauch findet, dann aber eine Kompetenz kraft Sachzusammenhanges abgelehnt wird[21]. Letzteres kann wegen der engen Formulierung, die ungeschriebene Zuständigkeit müßte schon unerläßliche Voraussetzung sein für die Ausübung einer geschriebenen Bundeskompetenz, nicht überraschen. Die Fälle, in denen von einer ausdrücklichen Kompetenz überhaupt kein Gebrauch gemacht werden könnte ohne Anerkennung einer darüber hinausgehenden, stillschweigenden Zuständigkeit, werden - vorsichtig formuliert - rar sein. Auch bleibt unklar, was genau mit dem Begriff der "Notwendigkeit" gemeint ist: Es bleibt ein Spektrum denkbar zwischen Unerläßlichkeit und bloßer Zweckmäßigkeit[22].

Betrachtet man sorgfältig die Spruchpraxis des Bundesverfassungsgerichtes, so geht daraus hervor, daß die Kompetenzformel sehr oft nicht benutzt wird, daß unter Umständen sogar nicht einmal der Begriff des Sachzusammenhanges explizit genannt wird[23] [24]. Bei den Entscheidungen des Gerichts stehen eher andere Kriterien im Vordergrund[25]:
(1) Analyse der Sachstruktur der beteiligten Kompetenzbereiche (Gedanke der größeren Sachnähe)[26]
(2) Kontinuität des Kompetenzverständnisses (Historizität)[27]
(3) Schutz der grundlegenden verfassungsrechtlichen Länderkompetenzen aus Art. 30, 83 GG (Gedanke des Föderalismus und der Bundestreue)[28].
An diesen Kriterien zeigt sich deutlich, daß auch das Bundesverfassungsgericht bei der Ermittlung stillschweigender Kompetenzen kraft

---

21 BVerfGE 3, 407 (421); 12, 205 (237); 15, 1 (20 f.)

22 so kritisieren zu Recht: Achterberg, AöR, Bd. 96 (1971), S. 63 ff. (90); Kölble, DÖV 1963, 667

23 sogenannter "unbenannter Sachzusammenhang"

24 BVerfGE 3, 407 (428); 8, 104 (118 f.); 13, 181 (196); 15, 1 (22); 24, 300 (353); 26, 338 (370 f., 381 f.); 28, 119 (145 ff., 147)

25 vgl. die Untersuchung von Bullinger, AöR, Bd. 96 (1971), S. 237 (259)

26 z. B. in BVerfGE 7, 29 (38 f., 43); 12, 205 (238)

27 z.B. in BVerfGE 3, 407 (415); 11, 234 (237); 23, 113 (123 f.); 26, 281 (300); 27, 18 (32)

28 BVerfGE 11, 234 (237); 12, 205 (229); 22, 180 (209 f.); 26, 281 (300)

Sachzusammenhang im Wege der Verfassungsauslegung vorgeht, wenngleich es diesen Terminus nicht benutzt, in mindestens vier Fällen[29] sogar "Auslegung" und "Sachzusammenhang" als Gegensätze aufbaut. Die darauf basierende Formulierung des Gerichtes, es handle sich hier um "ungeschriebene" Kompetenzen, geht damit am Kern vorbei: Die Kompetenz kraft Sachzusammenhangs findet ihre Grundlage im geschriebenen, nicht im überpositiven Recht[30]. Sie läßt sich allerdings nicht unmittelbar aus dem Wortlaut, sondern erst nach intensiver Verfassungsauslegung ermitteln[31]. Um diese Beziehung zu verdeutlichen, wird in der Literatur teilweise die Bezeichnung "stillschweigend mitgeschriebene Kompetenz" verwendet[32]. Es ist nötig, von der Vorstellung abzugehen, die Kompetenz kraft Sachzusammenhang sei eine feste Kategorie, die formelmäßig erfaßbar sei. Die Formel kann höchstens Hilfestellung[33] leisten bei der Ermittlung stillschweigender Kompetenzen, führt aber wegen ihrer Starrheit im Einzelfall leicht in die Irre - dies gesteht durch sein Abgehen von der Formel im Einzelfall ja auch das Bundesverfassungsgericht zu. Notwendig ist immer die sorgfältige und behutsame, den Schutzgedanken der Art. 30, 83 GG berücksichtigende Auslegung des Verfassungstextes, bei der das oben erläuterte "Prinzip der größeren Sachnähe" ein erstes Auslegungskriterium ist.

bb) Kompetenz kraft Natur der Sache

Eine Kompetenz kraft Natur der Sache wird von Rechtsprechung[34] und Literatur[35] dann angenommen, wenn eine im Grundgesetz nicht ausdrücklich zugewiesene Aufgabe (auf dem Gebiet der Verwaltung oder

---

29 BVerfGE 3, 407 (425); 12, 205 (225-237); 15, 1 (9 f., 20 f.); 26, 281 (298 ff., 300)

30 für alle: Bullinger, AöR, Bd. 96 (1971), S. 270 m.w.N., siehe auch oben Fßn. 15

31 für alle: Maunz/Dürig/Herzog, Art. 30 Rdn. 23; siehe im übrigen oben Fßn. 15

32 vgl. Maunz/Dürig/Herzog, Art. 87, Rdn. 19

33 Bullinger, AöR, Bd. 96 (1971), S. 272; Maunz/ Dürig/Herzog, Art. 30, Rdn. 23: "Auslegungsbehelf"; Stern, Bd. II, § 37 II 5 a: "Interpretationsmittel"; ders., Bd. II, § 37 II 5: "Argumentationsfigur"

34 vgl. die Nachweise im folgenden

35 Achterberg, AöR, Bd. 86 (1961), S. 68; ders., JA 1980, 210 (215); Ballweg, 1 ff.; Dreier, 1 ff.; Klein, S. 278 ff.; Küchenhoff, Dissertation, S. 53; ders., DVBl. 1951, 619; weitere Nachweise bei Maunz/Dürig/Herzog, Art. 30 Rdn. 22 m.w.N. (Fßn. 5); Schambeck, 1 ff.

Gesetzgebung) nicht anders als durch den Bund wahrgenommen werden kann. Es handelt sich also um den Fall, daß unüberbrückbare Sachzwänge eine Erledigung durch den Bund erfordern.

Das Bundesverfassungsgericht verwendet bei der Suche nach einer Kompetenz kraft "Natur der Sache" immer wieder die folgende Formel: Sie "ist begründet nach dem ungeschriebenen, mithin einer ausdrücklichen Anerkennung durch die Reichsverfassung nicht bedürftigen Rechtssatz, wonach gewisse Rechtsgebiete, weil sie ihrer Natur nach eigenste, der partikularen Gesetzgebungszuständigkeit a priori entrückte Angelegenheiten des Reiches darstellen, vom Reiche und nur von ihm geregelt werden können"[36]. In die gleiche Richtung geht die Aussage, es gäbe Aufgaben, "die sich unmittelbar aus dem Wesen und der verfassungsmäßigen Organisation des Bundes ergeben (natürliche Bundesaufgaben)"[37]. "Schlußfolgerungen aus der Natur der Sache müssen " - so das Bundesverfassungsgericht - "begriffsnotwendig sein und eine bestimmte Lösung unter Ausschluß anderer Möglichkeiten sachgerechter Lösung zwingend erfordern"[38].

Diese Formeln erwecken wiederum den Eindruck, ähnlich wie bei der Ermittlung der Kompetenz kraft "Sachzusammenhang", es handle sich hier um die Anerkennung überpositiven Rechts. Das tatsächliche Vorgehen des Bundesverfassungsgerichts bei der Suche nach Kompetenzen kraft Natur der Sache läßt sich aber auch hier wieder als Verfassungsauslegung charakterisieren. Das Gericht orientiert sich nämlich in seinen Entscheidungen an Aspekten wie denen, ob

- eine Materie faktisch nicht anders zu ordnen ist als durch den Bund, wobei die Möglichkeit koordinierten Vorgehens der Länder als Alternative prinzipiell gegen eine Bundeskompetenz spreche[39]
- eine Aufgabe als unmittelbar an die eigene Staatsfunktion oder Hoheitsrechte angekettet erscheint (Beispiel: Bestimmung der Bundeshauptstadt, Bundessymbole, Sitz der Bundesregierung)[40]

---

36 E 11, 89 (98 f); ebs. Anschütz, 363 (367)

37 E 3, 407 (421 f)

38 BVerfGE 11, 89 ff.; 12, 205 ff.; 15, 1, ff.; 22, 180 ff.

39 BVerfGE 3, 407 (421 f.); 12, 205 (250 f.); 26, 246 (257)

40 BVerfGE 3, 407 (421 f.)

- eine historische oder teleologische Betrachtung der Verfassung einen Hinweis auf eine Bundeszuständigkeit kraft Natur der Sache gibt[41].

Diese Aspekte werden allerdings vom Bundesverfassungsgericht nicht koordiniert und widerspruchsfrei verwendet. Es wird jedoch deutlich, daß die Ermittlung von stillschweigenden Kompetenzen kraft Natur der Sache, ähnlich wie bei denen kraft Sachzusammenhang, nicht mit einer starren Formel, sondern durch sorgfältige Verfassungsauslegung unter den oben genannten Aspekten zu erfolgen hat[42].

cc) Die Annexkompetenz

Sie läßt sich als Unterfall der Kompetenz kraft Sachzusammenhang begreifen[43]. Sie ist zu bejahen, wenn ein besonders intensiver Zusammenhang besteht zwischen einer kompetenzrechtlich klar erfaßten Maßnahme und der in Frage stehenden Materie. Dies ist der Fall einer so gesteigerten Sachnähe, daß eine ohne die andere Maßnahme nicht zu denken ist[44].

c) Die stillschweigende Bundesverwaltungskompetenz im Bereich des Katastrophenschutzes

Für einige Bereiche des Katastrophenschutzes könnte sich eine stillschweigende Bundeskompetenz ergeben. Zu denken ist, wegen des Zusammenhangs zu der Materie des Art. 89 GG, Bundeswasserstraßen- und Schiffahrtsverwaltung, an Katastrophen, die durch Tankerunfälle ("Ölpest"), Schiffshavarie, Chemikalienunfälle zu Wasser und dergleichen verursacht wurden. Ebenso kommen Katastrophenfälle wie Zugunglücke, Brände von gleistechnischen und postalischen Großanlagen, Gleiskörperüberschwemmungen oder ähnliches in Betracht, da eine sachliche Nähe besteht zu der Materie des Art. 87 Abs. 1, Satz 1 GG, Bundesbahn- und Bundespostverwaltung. In den genannten Fällen könnte der Katastrophenschutz wegen des Sachzusammenhangs zu Ma-

---

41 BVerfGE 3, 407 (421 f.); 11, 89 (98 f.)

42 Bullinger, AöR Bd. 96 (1971), S. 268 ff. m.w.N.

43 Maunz/Dürig/Herzog, Art. 30, Rdn. 25 f.; Bullinger, AöR, Bd. 96 (1971), S. 237

44 Maunz/Dürig/Herzog, Art. 30, Rdn. 25

terien der Bundesverwaltung ebenfalls eine Angelegenheit der Bundesverwaltung sein.

Im folgenden soll überprüft werden, ob für den genannten Ausschnitt denkbarer Not- und Katastrophenfälle tatsächlich eine stillschweigende Verwaltungskompetenz kraft Sachzusammenhanges besteht. Dazu ist eine Auslegung der Art. 87 und 89 GG erforderlich: Umfaßt die Verwaltungskompetenz dieser beiden Artikel auch die Katastrophenfälle, die von Gegenständen ausgehen, deren Verwaltung dem Bund aufgrund dieser Vorschriften eindeutig zukommt? Primärer Gesichtspunkt (im Sinne eines Mindesterfordernisses) bei der Ermittlung einer Bundeskompetenz kraft Sachzusammenhang durch Auslegung ist der Gedanke der größeren Sachnähe[45]. Es muß überlegt werden, ob die im genannten Bereich denkbaren Katastrophenfälle eine größere Sachnähe zu einer Bundes- oder zu einer Landesverwaltungskompetenz aufweisen.

Herausgegriffen sei wahllos zuerst der Ölunfall auf einer Bundeswasserstraße. Bei der Suche nach dem stärkeren Sachzusammenhang gerät einerseits die Verwaltungskompetenz des Bundes für die Wasserstraßen in den Blick, Art. 89 GG, die einen Unfall auf diesen Verkehrswegen prima facie als "seine Sache" erscheinen läßt. Die Wasserstraße ist eben Ausgangspunkt der Gefahr. Andererseits ist das Land aber ursprünglich zuständig für katastrophenbezogene Verwaltung als qualifizierter Aufgabe der allgemeinen Gefahrenabwehr[46] - weshalb auch der Gedanke des Schutzes der Landeskompetenzen gegen eine Bundeskompetenz spricht[47]. Zudem ist ein Ölunfall nicht begrenzbar auf Bundesmaterie, er hat Auswirkungen über die Bundeswasserstraßen hinaus. Grundwasserverseuchung, Feuergefahr, Gefährdung von Menschenleben, Umweltschäden sind sichere Konsequenzen. Der Schutz dieser Rechtsgüter aber ist primär der Landesverwaltung zugewiesen, die für die öffentliche Sicherheit und Ordnung zuständig ist[48]. Somit sind ganz wesentliche Aspekte der Landeskompetenz betroffen, als tragende Gesichtspunkte erweisen sich die Gefahrenabwehr (Schutz

---

45 siehe oben S. 36

46 Götz, Rdn. 442; Drews/Wacke/Vogel/Martens, S. 49, 51

47 vgl. oben

48 Götz, Rdn. 442; siehe oben S. 11 f.

der öffentlichen Sicherheit und Ordnung), der Schutz von Landesgütern. Daß die Gefahr von einem Gegenstand der Bundesverwaltung ausgeht, tritt in den Hintergrund. Es besteht eine größere Sachnähe zur Landesverwaltungskompetenz als zu der des Bundes. Letztere erscheint nur als untergeordnete Nebensache.

Damit ist gezeigt, daß für den Fall eines Ölunfalls die größere Sachnähe zur Landesverwaltung besteht. Die Auslegung des Art. 89 GG ergibt daher, daß er Ölunfälle, auch wenn sie auf Bundeswasserstraßen entstehen, nicht mitumfaßt. Zuständig ist allein das Land, in dessen Grenzen sich die Bundeswasserstraße befindet.

Prinzipiell gleiche Ergebnisse erhielte man, untersuchte man die anderen, zuvor genannten Unfallvarianten, also Unglücke wie Tankerbrand, Zugunglück, Havarie. Entweder handelt es sich nämlich von vornherein um einen begrenzten Unfall, so daß schon kaum eine "Katastrophe" oder ein "Unglücksfall größeren Ausmaßes" vorliegt, oder aber es sind Rechtsgüter betroffen, die einen engeren Zusammenhang zur Landeskompetenz annehmen lassen. So ist als Ergebnis festzuhalten, daß zwischen den im Bereich von Bundespost-, Bundesbahn- und Bundeswasserstraßenverwaltung denkbaren Notfällen und der Bundesverwaltung zwar ein Zusammenhang besteht, daß der Zusammenhang zur Landesverwaltung jedoch wesentlich enger ist und deshalb auch dieser Ausschnitt möglicher Unfälle allein der Landesverwaltung vorbehalten sein muß. Eine kompetenzrechtliche Aufspaltung des Katastrophenschutzes aus dem Gesichtspunkt "Bundeszuständigkeit kraft Sachzusammenhangs" besteht im Jahre 1953 nicht.

Auch eine stillschweigende Kompetenzzuweisung anderer Art liegt ganz offensichtlich nicht vor: Eine Annexkompetenz als Fall einer besonders intensiven Sachnähe[49] ist nach den gerade angestellten Überlegungen erst recht abzulehnen. Eine Kompetenz aus der Natur der Sache[50] kommt ebenso nicht in Betracht; weder ist die in Frage stehende Materie nur durch den Bund wirksam regelbar, noch besteht eine enge Verknüpfung mit bundesstaatlichen Hoheitsrechten, noch legt eine historische Betrachtung eine Bundeskompetenz nahe.

---

49 siehe oben S. 40 f.

50 siehe oben S. 38 f.

Als Gesamtergebnis ist somit festzuhalten, daß sich im Jahre 1953 weder eine ausdrückliche noch eine stillschweigende Bundeskompetenz finden läßt für verwaltende Tätigkeit auf dem Gebiet des Katastrophenschutzes und großer Unglücksfälle. Der Bund und seine Minister waren nicht befugt, auf diesem Gebiet Verwaltungsvorschriften zu erlassen. Der Erlaß des Bundesministers des Inneren zur Errichtung des Technischen Hilfswerkes als nichtrechtsfähige Bundesanstalt des öffentliche Rechts vom 28.08.1953[51] war zum Erlaßzeitpunkt in seiner Gesamtheit rechtswidrig und daher nichtig.

II. Die Rechtslage seit dem Erlaß zur Errichtung eines Bundesamtes für zivilen Luftschutz vom 11.12.1953[52]

Dieser Erlaß ändert nichts an der fehlenden exekutiven und legislativen Zuständigkeit des Bundes für Katastrophenschutzaufgaben. Dies könnte nur eine Änderung des Grundgesetzkataloges der Verwaltungskompetenzen bewirken.

III. Die Rechtslage seit der Grundgesetzänderung vom 26.03.1954[53] mit Wirksamkeit seit dem 05.05.1955[54]

Im Jahre 1955 erhält der Bund durch Änderung des Art. 73 Nr. 1 GG die Gesetzgebungskompetenz auf dem Gebiet der Verteidigung einschließlich des Schutzes der Zivilbevölkerung. Jetzt könnte er ein (Parlaments-) Gesetz für den Bereich des Zivilschutzes (einschließlich des verteidigungsgerichteten Katastrophenschutzes) erlassen. Eine derartige gesetzgeberische Maßnahme erfolgt aber erst 1957 mit dem ZBG[55].

---

51 GMBl. 1953, S. 507

52 GMBl. 1953, S. 576

53 Gesetz zur Änderung des Grundgesetzes, BGBl. I S. 45

54 siehe oben S. 7

55 siehe unten Nr. VI. (S. 44)

IV. Die Rechtslage seit der Grundgesetzänderung vom 19.03.1956[56], *Schaffung des Art. 87 b GG*

Seit der Einführung des Art. 87 b GG besteht für den Bund die Möglichkeit, auf dem Gebiet der Verteidigung bundeseigene Verwaltung mit oder ohne eigenen Unterbau oder Bundesauftragsverwaltung zu errichten. Nötig ist dafür aber ein Bundesgesetz (Art. 87 b GG: "durch Gesetz"). Ein solches wird im Jahre 1956 noch nicht erlassen.

V. Die Rechtslage seit der Errichtung einer Bundesdienststelle für den zivilen Bevölkerungsschutz durch Erlaß vom 06.07. 1957[57]

Ein Erlaß stellt eine Verwaltungsvorschrift dar. In der Normenhierarchie steht er unter dem Gesetz. Ein Gesetz aber und keine Verwaltungsvorschrift wäre nötig, um auf dem Gebiet der Verteidigung bundeseigene Verwaltung zu begründen. Der Erlaß ändert also nichts an der fehlenden exekutiven Zuständigkeit des Bundes für Aufgaben des Katastrophenschutzes.

VI. Die Rechtslage seit Inkrafttreten des Ersten Gesetzes über Maßnahmen zum Schutz der Zivilbevölkerung vom 09.10.1957[58]

Dieses ist das erste verteidigungsgerichtete Gesetz, das aufgrund der Gesetzgebungskompetenz des Bundes gemäß Art. 73 Nr. 1 GG erlassen wird. Sein § 2 macht von der in Art. 87 b Abs. 2 GG eingeräumten Möglichkeit der Errichtung von Bundesauftragsverwaltung Gebrauch, indem es den Bereich des zivilen Luftschutzes den Ländern zur Durchführung im Auftrag des Bundes überantwortet. Auswirkungen auf die festgestellte Rechtswidrigkeit des Errichtungserlasses THW ergeben sich aber nicht, da keine bundeseigene Verwaltung normiert wird. Der Bundesminister des Inneren bleibt unzuständig für Maßnahmen auf dem Gebiet des Katastrophenschutzes.

---

56 Gesetz zur Ergänzung des Grundgesetzes, BGBl. I S. 111

57 Erlaß über die Errichtung einer Bundesdienststelle für zivilen Bevölkerungsschutz vom 06.07.1957, GMBl. 1957, S. 242

58 BGBl. I S. 1696

VII. Die Rechtslage seit Inkrafttreten des Gesetzes zur Errichtung des Bundesamtes für zivilen Bevölkerungsschutz vom 05.12.1958[59]

Das Gesetz zur Errichtung des Bundesamtes für zivilen Bevölkerungsschutz ergeht auf der Kompetenzgrundlage des Art. 73 Nr. 1, 2. Fall GG, der die Gesetzgebungskompetenz des Bundes für die Verteidigung einschließlich des Zivilschutzes normiert. Mit der Zustimmung des Bundesrates[60] überträgt es dem neuerrichteten Bundesamt Aufgaben des Zivilschutzes, begründet also in gemäß Art. 87 b Abs. 1, 2. HS., 2. Alt. GG zulässiger Weise bundeseigene Verwaltung. Hier findet sich die erste bundesgesetzliche Normierung, die auf dem Feld des Zivilschutzes bundeseigene Verwaltung errichtet und in Einklang mit der Kompetenzordnung des Grundgesetzes steht.

Das Bundesamt für zivilen Bevölkerungsschutz stellt gemäß § 1 Errichtungsgesetz BzB eine dem Bundesinnenminister unterstellte Bundesoberbehörde dar. Der Aufgabenkreis des Bundesamtes umfaßt den Teil der "bisher von der Bundesanstalt für zivilen Luftschutz und der Bundesanstalt Technisches Hilfswerk wahrgenommenen Aufgaben"[61], der in § 2 Abs. 1, lit. a - f Errichtungsgesetz BzB enumerativ genannt wird. Ursprünglich sollten hier alle im Errichtungserlaß THW aufgezählten Aufgaben des Technischen Hilfswerkes aufgeführt werden[62]. In der Stellungnahme des Bundesrates zu besagtem Entwurf[63] wurde jedoch darauf hingewiesen, daß eine Gesetzgebungskompetenz des Bundes nur für den verteidigungsgerichteten Katastrophenschutz besteht, nicht aber für den friedensmäßigen Katastrophenschutz oder die Bekämpfung allgemeiner Notstände, zwei weitere dem Technischen Hilfswerk im Errichtungserlaß THW ursprünglich zugedachte Aufgaben[64]. Dieser Hinweis beinhaltet die Erkenntnis, daß nur auf dem Gebiet des verteidi-

---

59 BGBl. I S. 893

60 BGBl. 1958 I S. 893

61 § 2 Abs. 1, 1. HS. Errichtungsgesetz BzB

62 vgl. den "Entwurf eines Gesetzes zur Errichtung des Bundesamtes für zivilen Bevölkerungsschutz", BT-Drucks. III/131, S. 2 (Anlage 1)

63 BT-Drucks. III/131, S. 4 (Anlage 2)

64 Nr. II, Abs. 1, lit. a und c Errichtungserlaß THW

gungsgerichteten Katastrophenschutzes in Art. 87 Abs. 2, Satz 1 GG entsprechender Weise ("durch Bundesgesetz") Bundesverwaltung geschaffen werden konnte. Daraufhin wurde dem Bundesamt allein die frühere THW-Aufgabe "Leistung technischer Dienste im zivilen Luftschutz" überantwortet. Nur für diesen Aspekt, nicht aber für den friedensmäßigen Katastrophenschutz, besteht eine Gesetzgebungskompetenz des Bundes gemäß Art. 73 Nr. 1 GG, die ein für die Schaffung von Bundesverwaltungskompetenz nach Art. 87 b GG erforderliches Bundesgesetz ermöglicht.

In der Verwaltungswirklichkeit findet sich die mit "Technisches Hilfswerk" bezeichnete Bundesverwaltung seit der Schaffung des Bundesamtes für zivilen Bevölkerungsschutz (später umbenannt in "Bundesamt für Zivilschutz") innerhalb dieses Bundesamt wieder. Sie bildet dort die Abteilung IV (sogenannte "Leitung THW") mit einem dieser Abteilung zugeordneten Verwaltungsunterbau auf Landes-, Kreis- und Ortsebene. Das Bundesamt für zivilen Bevölkerungsschutz stellt sich dem Betrachter somit als Bundesoberbehörde mit bundeseigenem Verwaltungsunterbau dar. Diese Konstellation wirft drei Fragen auf. Zunächst die, ob die Bundesoberbehörde "Bundesamt für zivilen Bevölkerungsschutz" überhaupt zur Aufgabenwahrnehmung auf mittlerer und unterer Verwaltungsebene befugt ist (Zulässigkeit von Bundesverwaltung mit eigenem Unterbau; im folgenden 1.). Die zweite Frage, die gestellt werden muß, ist die nach dem Organisationsakt, der den bisher entgegen der Rechtsordnung, also rein faktisch existierenden THW-Apparat dem Bundesamt für zivilen Bevölkerungsschutz zuordnet (im folgenden 2.). Letztlich muß - sofern es sich nach den vorausgehenden Fragen nicht erübrigt - beantwortet werden, was mit den speziell für das "Technische Hilfswerk" erlassenen Normen geschah nach dessen Eingliederung in das Bundesamt für zivilen Bevölkerungsschutz (im folgenden 3.).

1. Das Bundesamt für zivilen Bevölkerungsschutz als Bundesbehörde mit eigenem Verwaltungsunterbau

Die Verwaltungskompetenz steht, wie schon oben behandelt, prinzipiell den Ländern zu, es sei denn, es erfolgt durch die Verfassung oder durch ein auf verfassungsrechtlicher Grundlage erlassenes Gesetz eine Zuweisung an den Bund (Kompetenzvermutung der Art. 30, 83 GG).

Diese Zuweisung kann verschieden intensiv ausfallen. Möglich ist die Bundesverwaltung ohne bundeseigenen Verwaltungsunterbau, mit teilweise eigenem Verwaltungsunterbau und mit (ganz) bundeseigenem Verwaltungsunterbau. Solange sich in der die Bundesverwaltung begründenden Norm keine anderweitigen Anhaltspunkte finden, muß zum Schutz der Landeskompetenz (Gedanke des Föderalismus, Bundesstaatsprinzip) davon ausgegangen werden, daß nur die niedrigste Intensitätsstufe einer Beschneidung der Landeskompetenzen zulässig ist, also Bundesverwaltung ohne bundeseigenen Verwaltungsunterbau, die Errichtung einer reinen Bundesoberbehörde. Will also ein Gesetz zusätzlich einen bundeseigenen Verwaltungsunterbau schaffen, muß es das deutlich machen. Dies läßt sich für den Bereich der Verteidigung schon an der Formulierung des Art. 87 b Abs. 2 GG ablesen. Danach können Bundesgesetze (aber müssen dann auch mindestens) bestimmen, daß sie in bundeseigener Verwaltung mit eigenem Unterbau (oder in Bundesauftragsverwaltung) ausgeführt werden.

Nach den gerade angestellten Überlegungen kann das Bundesamt für zivilen Bevölkerungsschutz nur dann rechtmäßig mit eigenem Unterbau geführt werden, wenn sich in dem Errichtungsgesetz BzB vom 05.12.1958 ein Hinweis auf einen bundeseigenen Unterbau finden läßt.

Der Unterbau könnte seine verfassungsrechtliche Legitimation erhalten durch Art. 87 b Abs. 2, Satz 1 GG in Verbindung mit § 2 Abs. 1 Errichtungsgesetz BzB. Art. 87 b Abs. 2, Satz 1 GG gibt dem Bund die Befugnis, durch Gesetz mit Zustimmung des Bundesrates auf dem Gebiet der Verteidigung (einschließlich des Zivilschutzes) entweder bundeseigene Verwaltung mit eigenem Verwaltungsunterbau oder aber Bundesauftragsverwaltung einzurichten. Für den Bereich des Zivilschutzes findet sich eine verwaltungsaufgabenzuweisende Normierung in § 2 Abs. 1 Errichtungsgesetz BzB. Eindeutig wird dort bundeseigene Verwaltung begründet. Nicht eindeutig ist jedoch, ob die genannten Normen auch einen eigenen Unterbau mitumfassen. Anders als im fünften Entwurf des geplanten neuen Zivilschutzgesetzes[65] (§ 3 des Entwurfes: "Bundesverwaltung mit eigenem Unterbau") wird hier der Unterbau nämlich nicht explizit genannt. Ob eine reine Bundesoberbehörde (ohne eigenen Unterbau) mit Beschränkung auf die einer sol-

65 Stand 7. Februar 1985

chen zukommenden Aufgaben (nur Verwaltung auf oberster Bundesebene in einer Materie, die für das gesamte Bundesgebiet von Bedeutung ist[66]) geschaffen werden sollte oder aber eine Oberbehörde mit eigenem Verwaltungsunterbau, ist nur durch Gesetzesauslegung zu ermitteln.

§ 2 Abs. 1 Errichtungsgesetz BzB lautet in seinem hier relevanten Teil wie folgt: "Dem Bundesamt für zivilen Bevölkerungsschutz obliegen folgende bisher von der Bundesanstalt für zivilen Luftschutz und der Bundesanstalt Technisches Hilfswerk wahrgenommenen Aufgaben: "<...> f) die Leistung technischer Dienste im zivilen Luftschutz." Nun verhält es sich aber so, daß die Leistung technischer Dienste im zivilen Luftschutz nicht anders als durch einen bis auf regionale Ebene gegliederten Unterbau zu erbringen ist. Mittels einer reinen Bundesoberbehörde ohne Unterbau wäre allein eine Beaufsichtigung oder eine zentrale Organisation der Leistung technischer Dienste möglich, nicht die Erbringung solcher Dienste selbst. Wäre eine auf die Beaufsichtigung der Leistung technischer Dienste beschränkte Aufgabenübertragung beabsichtigt gewesen, hätte man eine explizite Nennung dieser Einschränkung im Gesetzestext erwarten dürfen. Statt dessen legt im Gegenteil die Formulierung, das Bundesamt übernehme die bisher vom Technischen Hilfswerk wahrgenommene Aufgabe der Leistung technischer Luftschutzdienste, nahe, daß damit die gesamte vom Technischen Hilfswerk bisher (faktisch) in diesem Teilbereich des Katastrophenschutzes wahrgenommene Aufgabe an das Bundesamt für Zivilschutz übertragen werden soll. Das hat dann aber auch die eigene Ausführung der "technischen Hilfe" bis herunter auf Ortsebene zur Folge. Diese Aufgabe des Technischen Hilfswerkes umfaßte eben bisher auch die Wahrnehmung der Hilfeleistung auf unterster Ebene. Man muß den Wortlaut der Vorschrift also dahin verstehen, daß eine Übertragung der bisherigen "technischen Dienste im zivilen Luftschutz" des Technischen Hilfswerkes an das Bundesamt für zivilen Bevölkerungsschutz stattfand, und zwar in dem gesamten Umfang, in dem diese Dienste bisher faktisch vom Technischen Hilfswerk durchgeführt wurden. Das Gesetz nennt daher unter der "Verschlüsselung" der Übertragung der THW-Aufgabe auch den eigenen Verwaltungsunterbau der neuen Bundesoberbehörde "Bundesamt für zivilen Bevölkerungsschutz".

---

66 Erichsen/Martens, § 57 I 1; Maurer, § 22 Rdn. 41

Dieses Ergebnis wird durch folgende Überlegungen bestätigt. Nach dem Regierungs- "Entwurf eines Gesetzes zur Errichtung des Bundesamtes für zivilen Bevölkerungsschutz" vom 10.01.1958[67] sollten ursprünglich alle im Errichtungserlaß THW genannten Aufgaben auf das Bundesamt für zivilen Bevölkerungsschutz übertragen werden (" <...> gehen die Aufgaben <...> über."). Jedenfalls ist der Entwurf so formuliert und wurde vom Bundesrat in dessen Stellungnahme[68] auch so interpretiert. Der Bundesrat lehnte eine Übertragung in dieser Weite ab und forderte, allein den Aufgabenausschnitt der "Leistung technischer Dienste im zivilen Luftschutz" in das Gesetz aufzunehmen. Es geht jedoch aus der Stellungnahme hervor[69], daß nur an eine Einschränkung bezüglich der Zahl der Aufgabenbereiche gedacht war, nicht daran, daß innerhalb des verbleibenden Aufgabenbereichs "Leistung technischer Dienste im zivilen Luftschutz" eine Schmälerung - verglichen mit der ursprünglichen THW-Aufgabe - stattfinden sollte. Die Bundesregierung hatte sich der Empfehlung des Bundesrates in dieser Form und Begründung angeschlossen. Die Verabschiedung des geänderten Entwurfs durch den Bundesgesetzgeber muß vor diesem historischen Hintergrund gesehen werden. Wenn jener das Gesetz enger ausgelegt sehen wollte, als es zuvor in der Entwurfsphase von Bundesrat und Bundesregierung interpretiert wurde, wäre mit Sicherheit eine Klarstellung erfolgt. So muß angenommen werden - die Beratungsprotokolle (Stenographische Berichte) sind hier unergiebig - , daß auch der Gesetzgeber dem Bundesamt für zivilen Bevölkerungsschutz zwar nur einen Teilbereich der "alten" THW-Aufgaben übertragen wollte (den der Nr. II. lit. b Errichtungserlaß THW, den verteidigungsgerichteten Katastrophenschutz), diesen Teilbereich aber voll und ganz, also auch mit der Aufgabenwahrnehmung in bis auf Ortsebene gestaffelter Organisationsstruktur. Das aber heißt: Bundesverwaltung mit eigenem Unterbau.

Ein letztes, allerdings schwaches Argument sei noch vorgetragen. In Art. 87 b Abs. 2 GG werden die Möglichkeiten der bundeseigenen Verwaltung mit eigenem Verwaltungsunterbau und der Bundesauf-

67 BT-Drucks. III/131, Anlage 1

68 BT-Drucks. III/131, Anlage 2,1

69 BT-Drucks. III/131, Anlage 2,1

tragsverwaltung auf eine Art genannt, die an eine Alternative (im Sinne eines "entweder - oder ") denken lassen könnte, obwohl eine Bundesverwaltung ohne Unterbau als die weniger intensiv in die Länderkompetenzen einschneidende Maßnahme hier ebenso eine Legitimation fände. Wegen dieser Schreibweise und da bei der Errichtung von Bundesverwaltung diejenige mit eigenem Unterbau als Regelfall gedacht ist, mag dem Normgeber der eigene Unterbau hier, insbesondere vor dem historischen Hintergrund[70], als so selbstverständlich erschienen sein, daß ihm eine explizite, unverschlüsselte[71] Nennung nicht in den Sinn kam. Dieses letzte Argument grenzt jedoch an Spekulation. Die vorgenannten Argumente sind aber, wie dargelegt, für sich allein tragfähig, so daß das letztgenannte verzichtbar ist und nur zur Abrundung des Gesamtbildes beizutragen braucht.

Als Ergebnis ist festzuhalten, daß das Errichtungsgesetz BzB dem Bundesamt für zivilen Bevölkerungsschutz gestattet, die Erledigung der Aufgabe der "Leistung technischer Dienste im zivilen Luftschutz" mit einem eigenen Verwaltungsunterbau durchzuführen.

2. Eingliederung des Technischen Hilfswerkes in das Bundesamt für zivilen Bevölkerungsschutz

Der die Eingliederung des bislang contra legem existierenden THW-Apparates in das Bundesamt für zivilen Bevölkerungsschutz vornehmende Organisationsakt könnte sich unmittelbar im Errichtungsgesetz BzB finden lassen. In seinem reinen Wortlaut spricht das Gesetz allerdings nur von einer Übertragung der THW-Aufgaben. Jedoch könnte in der Zuweisung von Aufgaben ausnahmsweise gleichzeitig die Zuweisung von sächlichen und persönlichen Mitteln, also ein Organisationsakt liegen. Für eine dahingehende Interpretation lassen sich hier verschiedene Anhaltspunkte finden. Es war schon während des Gesetzgebungsverfahrens, nämlich spätestens durch die Stellungnahme des Bundesrates[72], offenkundig, daß es sich bei dem Technischen Hilfswerk um eine bisher rechtswidrige, also rein faktisch existierende Organi-

---

70 siehe oben S. 46

71 siehe oben S. 48

72 siehe oben S. 46; BT-Drucks. III, 131, S. 4 (Anlage 2)

sation der Bundesverwaltung handelte und daß nur ein Teil der ihr in ihrem Errichtungserlaß zugewiesenen Aufgaben überhaupt in Bundesverwaltung durchgeführt werden kann. Wenn nun dieser Teil, der verteidigungsgerichtete Katastrophenschutz, durch das Errichtungsgesetz BzB dem Bundesamt für zivilen Bevölkerungsschutz und nicht dem Technischen Hilfswerk zugewiesen wurde, war ebenso offenkundig, daß ein Technisches Hilfswerk außerhalb des Bundesamtes für zivilen Bevölkerungsschutz keine Legitimation haben konnte. Es bliebe dort verfassungswidrig.

Bei dieser Sachlage, daß eine faktische Bundesverwaltung (Technisches Hilfswerk) besteht und eine rechtmäßige Bundesverwaltung mit (insoweit) identischem Aufgabenbereich (Bundesamt für zivilen Bevölkerungsschutz, abteilung IV.) aufzubauen ist, widerspräche es jeder Vernunft und Zweckmäßigkeit, würde man den faktisch errichteten Bundesverwaltungsapparat zerschlagen wollen, statt ihn unter Ausnutzung der bestehenden Verwaltungsstrukturen und seiner sachlichen und persönlichen Mittel in den neu zu schaffenden rechtmäßigen zu überführen. Daher sind in diesem konkreten Fall vernünftigerweise Aufgaben- und Mittelzuweisung nicht zu trennen: Die Zuweisung der THW-Aufgabe "Leistung technischer Dienste im zivilen Luftschutz" an das Bundesamt für zivilen Bevölkerungsschutz durch das Errichtungsgesetz BzB umfaßt die Übertragung der Sachmittel und des Personals des Technischen Hilfswerkes an das Bundesamt. Wegen der Kenntnis des Parlamentsgesetzgebers von den Gesamtumständen ist auch davon auszugehen, daß dies seinem Willen entsprach. Einen ganz eindeutigen und nicht zu übersehenden Anhalt hierfür gibt darüber hinaus die Begründung, die die Bundesregierung ihrem Entwurf des Errichtungsgesetzes anfügte, als sie ihn am 29.11.1957 dem Bundesrat vorlegte. Danach sollte das Gesetz dazu dienen, die vom Bundesinnenminister durch Erlaß vom 06.07.1957[73] geschaffene "Bundesdienststelle für zivilen Bevölkerungsschutz" in eine Bundesoberbehörde umzuwandeln[74]. In diese Bundesdienststelle waren die vier auf dem Gebiet des zivilen Bevölkerungsschutzes tätigen Dienststellen des Bundes unter vorläufi-

---

73 GMBl. S. 242

74 BT-Drucks. III/131, Anlage 1 (S. 3); vgl. ebs. Erläuterungen zum Gesetz zur Errichtung des Bundesamtes für zivilen Bevölkerungsschutz, Einführung S. 5/6, abgedruckt in: Schnitzler/Hey, Bd. 1, Ordnungsnr. 140, S. 5/6

ger[75] Beibehaltung ihrer bisherigen Bezeichnungen eingegliedert worden, darunter auch das Technische Hilfswerk. Wenn nun eine Umwandlung der Bundesdienststelle in das Bundesamt für zivilen Bevölkerungsschutz vorgenommen werden sollte, so sollte folglich auch der Verwaltungsapparat mit der beibehaltenen Bezeichnung "Technisches Hilfswerk" - als Teil der Bundesdienststelle - in das Bundesamt für zivilen Bevölkerungsschutz mit integriert werden.

Abbildung 1

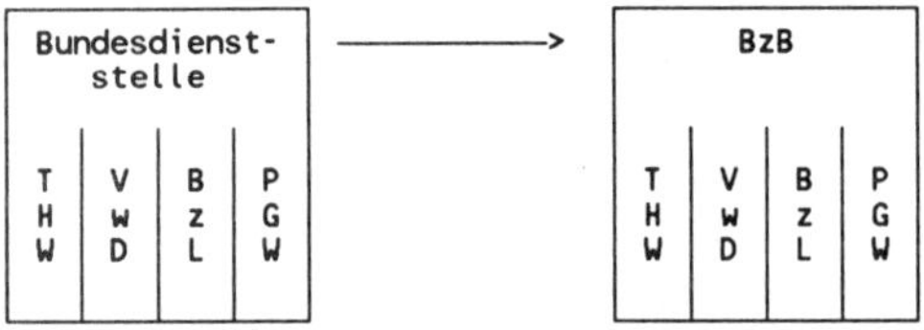

THW = Technisches Hilfswerk
VwD = Versuchswarnamt Düsseldorf
BzL = Bundesamt für zivilen Luftschutz
PGW = Planungsgruppe für die Warnämter

Letztlich zeigt der Bundesgesetzgeber bei der Verabschiedung der Haushaltspläne, daß er das Technische Hilfswerk als einen Teil des Bundesamtes begreift: So wird z.B. im Vorschlag für den Bundeshaushalt 1980, Kap. 3604 formuliert: "Dem Bundesamt untersteht die nichtrechtsfähige Bundesanstalt Technisches Hilfswerk (THW), die mit Erlaß vom 25. August 1953 (GMBl. S. 507) errichtet wurde."

Somit umfaßt die Zuweisung der einzigen rechtmäßig in Bundesverwaltung durchführbaren ursprünglichen THW-Aufgabe "Leistung technischer Dienste im zivilen Luftschutz" auch die Übertragung des außerhalb des Bundesamtes für zivilen Bevölkerungsschutz sonst rechtswidrig und funktionslos bleibenden Verwaltungsapparates an das Bundesamt

75 "bis auf weiteres", vgl. Erlaß über die Errichtung einer Bundesdiensstelle für zivilen Bevölkerungsschutz, GMBl. 1957, S. 242, Satz 4

für zivilen Bevölkerungsschutz durch den Gesetzgeber, stellt also einen Organisationsakt dar.

3. Aufrechterhaltung des Errichtungserlasses THW und des "Technischen Hilfswerkes"

Damit liegt nahe, davon auszugehen, das "Technische Hilfswerk" sei durch seine völlige Integration in das Bundesamt für zivilen Bevölkerungsschutz endgültig untergegangen, eine Entwicklung, der das Bundesamt für zivilen Luftschutz zum Beispiel nach allgemeiner Ansicht unterworfen war[76]. Allerdings wird die Bezeichnung "Technisches Hilfswerk" weiterverwendet für die Abteilung IV des Bundesamtes für zivilen Bevölkerungsschutz; die Eingliederung des Hilfswerkes vollzog sich also unter Beibehaltung des alten Namens. Darüber hinaus aber werden von der Verwaltungspraxis die für das Technische Hilfswerk schon vor dessen Eingliederung erlassenen Verwaltungsvorschriften, insbesondere der Errichtungserlaß THW, angewendet. Dieser Erlaß kann jedoch nur wirksam sein, wenn bzw. soweit er der Rechtsordnung entspricht. Bisher scheiterte die Rechtmäßigkeit des THW-Erlasses - wie oben gezeigt - an der fehlenden Verwaltungskompetenz des Bundes. Der Bundesminister des Inneren war nicht befugt, Regelungen zu treffen für die in Frage stehenden Verwaltungsbereiche, die den Ländern zustanden. An dieser Situation hat sich seit Inkrafttreten des Errichtungsgesetzes BzB insofern etwas geändert, als jetzt für den verteidigungsgerichteten Katastrophenschutz eine Bundesverwaltungskompetenz besteht und der Bundesminister des Inneren hier als zuständiger Ressortminister (§ 1 Errichtungsgesetz BzB) aufgrund seiner Weisungsbefugnis zum Erlaß allgemeiner Verwaltungsvorschriften[77] für die ihm nachgeordneten Behörden befugt ist. Damit könnte der Errichtungserlaß eine Verwaltungsvorschrift des Bundesinnenministers darstellen, die einen Teil des Bundesamtes für zivilen Bevölkerungsschutz (heute Bundesamt für Zivilschutz) organisiert, nämlich dessen Abteilung IV, genannt Technisches Hilfswerk. Voraussetzung dafür ist zunächst, daß

---

76 vgl. Beßlich, A I S. 22

77 zum Erlaß allgemeiner Verwaltungsvorschriften aufgrund Weisungsbefugnis: Maurer, § 24 Rdn. 19

sich eine Heilung des - ursprünglich ja rechtswidrigen - Erlasses annehmen läßt.

a) Heilung des Errichtungserlasses THW

Soweit der Erlaß den Rahmen des verteidigungsgerichteten Katastrophenschutzes nicht verläßt und auch im übrigen der Rechtsordnung entspricht, wäre es bei einem erkennbaren Festhalten des Bundesministers des Inneren an seinem ursprünglichen Erlaß reiner Formalismus und übertriebene Formstrenge, wollte man die Geltung des Erlasses von einem Neuerlaß mit altem Inhalt abhängig machen[78]. Dies insbesondere deshalb, weil eine Verwaltungsvorschrift sonst überhaupt nur in ganz wenigen Fällen Formvorschriften[79] unterworfen ist, der Bundesminister des Inneren also durch eine einfache Willensbekundung den Neuerlaß bewirken könnte.

Der Wille des Bundesinnenministers, an seinem THW-Errichtungserlaß festzuhalten, wird dadurch offenkundig, daß er diesen weiterhin anwendet. Der ursprünglich rechtswidrige Erlaß kann damit als geheilt betrachtet werden, soweit er den Themenbereich des verteidigungsgerichteten Katastrophenschutzes nicht verläßt und auch im übrigen höherrangiges Recht nicht verletzt. Inwieweit dies der Fall ist, soll im folgenden Norm für Norm überprüft werden.

b) Rechtmäßigkeit des THW-Errichtungserlasses

aa) Vorschrift Nr. I. Name, Rechtsform, Sitz.

(1) Das Technische Hilfswerk wird als nicht rechtsfähige Bundesanstalt errichtet. Die Anstalt untersteht dem Bundesminister des Innern.
(2) Der Sitz der Anstalt wird vom Bundesminister des Innern bestimmt.

---

78 so für den insofern gleichgelagerten Fall des Verwaltungsaktes auch: Adami, S. 142 f.; Rasch, S. 161; ES VGH, S. 26, S. 33; ders. NDBZ, S. 21

79 Erichsen/Martens, § 7 IV 5 b; Kirschenmann, JuS 1977, 565 (568); weitere Nachweise bei Ossenbühl, Verwaltungsvorschriften, S. 459 f.

Als Rechtsgrundlage für die Errichtung des Technischen Hilfswerkes ist die Vorschrift Nr. I. Abs. 1, Satz 1 Errichtungserlaß THW, wie oben gezeigt, ungeeignet. Die einzige Bedeutung, die der Nr. I. des Errichtungserlasses THW noch zukommen könnte, wäre, daß diese Vorschrift aus dem in die Behördenhierarchie eingebetteten Verwaltungsapparat des verteidigungsgerichteten Katastrophenschutzes (Abteilung IV. des Bundesamtes für zivilen Bevölkerungsschutz, genannt Technisches Hilfswerk) zusätzlich eine "nichtrechtsfähige Bundesanstalt" macht, ihm also eine Doppelfunktion zuweist. Nur in diesem Rahmen könnte noch sinnvoll von einem "Errichtungs"-Erlaß gesprochen werden.

An dieser Stelle ist zunächst zu klären, worum es sich bei einer nichtrechtsfähigen Bundesanstalt handelt und ob das beschriebene Gebilde - also der Verwaltungsapparat des verteidigungsgerichteten Katastrophenschutzes im Bundesamt - in der Form, in der es vorgefunden wird, eine solche Anstalt darstellen kann.

Die Auffassungen darüber, wie "Anstalt" zu definieren ist, welche festen Merkmale ein Gebilde der Verwaltungswirklichkeit also zu einer Anstalt machen, gehen sehr weit auseinander. Der wohl weiteste Anstaltsbegriff geht auf Otto Mayer zurück. Nach seiner Auffassung handelt es sich um einen "Bestand von Mitteln, sächlichen und persönlichen, welche in der Hand eines Subjektes der öffentlichen Verwaltung einem bestimmten öffentlichen Zweck dauernd zu dienen bestimmt sind"[80]. Damit aber ist der Begriff der Anstalt so weit gefaßt, daß eine jede Behörde gleichzeitig als Anstalt zu bezeichnen wäre[81]. Jede Teilverwaltung des Staates mit eigenen sächlichen und persönlichen Mitteln, ja unter Umständen der Staat selbst[82] wäre "Anstalt" im Sinne der Definition Otto Mayers.

In der Literatur der Folgezeit wurde, zwar eher stillschweigend als ausdrücklich[83], dieser erste Anstaltsbegriff insofern verlassen, als es sich zusätzlich um eine verselbständigte Verwaltungseinheit handeln sollte. Wie weit aber diese Eigenständigkeit ausgeprägt sein muß, darüber

80 Mayer, Verwaltungsrecht, S. 318

81 vgl. § 1 Abs. 4 VwVfG; auch unten S. 80

82 so vertreten von Mayer, Festgabe, S. 55

83 Rüfner, Die Verwaltung 1987, 19 (26)

herrscht bis heute keine Einigkeit. Das Spektrum der Vorstellungen reicht von der bloß räumlich abgegrenzten Einheit[84] über eine rechtlich subjektivierte und institutionalisierte[85] bis zu einer durch Rechtssatz organisatorisch verselbständigten Verwaltungseinheit[86]. In der Literatur, insbesondere in den Lehrbüchern, findet sich eine wirklich tiefer gehende Beschäftigung mit dem Anstaltsbegriff oder eine zusammenhängende Darstellung desselben nur in wenigen Ausnahmefällen[87]. Und diese Darstellungen sind dann oft sogar in sich selbst widersprüchlich[88]. Der Gesetzgeber hat bisher den Begriff der Anstalt nicht geklärt. Er benutzt ihn für die unterschiedlichsten Gebilde des Verwaltungsrechtes, gelegentlich anerkanntermaßen im falschen Zusammenhang, so bei Rentenversicherungsanstalten, die in Wahrheit Körperschaften des öffentlichen Rechts sind. In der Rechtsprechung letztlich spielt die "Anstalt" als Begriff zur Beschreibung einer Organisationsform des öffentlichen Rechtes keine Rolle[89].

Bei der Suche nach dem "richtigen" Anstaltsbegriff ist man damit auf eine Besinnung auf den Zweck und Nutzen eines solchen Begriffes verwiesen. Die "Anstalt", das wurde durch die bisherigen Ausführungen deutlich, ist kein normativ festgeschriebenes Gebilde, sie stellt - bisher jedenfalls - keine rechtliche Kategorie dar. Die Vokabel "Anstalt" kann nur Hilfestellung leisten bei der Einordnung und Beschreibung von Erscheinungen der Verwaltungswirklichkeit. Es geht damit letztlich (nur) um das Problem einer sinnvollen wissenschaftlichen Begriffsbildung. Rechtliche Konsequenzen binden sich an den Anstaltsbegriff selbst nicht: Eine Organisation erhält ihre Rechtsform mitsamt ihrer innen- und außenrechtlichen Beziehungen durch die sie determinierenden Normen, nicht durch die Bezeichnung als "Anstalt".

---

84 Böckenförde, S. 269, 295 f.

85 Wolff/Bachof/Stober, § 98 I 6

86 Rüfner, DÖV 1985, 605 (609); ders., Die Verwaltung 1987, 19 ff.

87 Heymann, 1 ff.; Jecht, Anstalt; Köttgen, Verw Arch 1939, Bd. 44, S. 1 ff.; Lange, VVDStRL 44 (1986), 169 ff.; Nobel, 1 ff.; Rüfner, DÖV 1985, 605 ff.; ders., Die Verwaltung 1984, 19 ff.; Weber, 1 ff.; Wolff/Bachof/Stober, § 98 ff.

88 so zum Beispiel, wenn teils die Selbständigkeit der Anstalt betont wird, dieser Aspekt später aber keinerlei Beachtung mehr findet wie bei Wolff/Bachof/Stober, § 99

89 Rüfner, DÖV 1985, 605 (607 f.)

Bei der Schaffung von Begriffen ist es nun nicht sinnvoll, diese so weit zu fassen, daß sie eine schier grenzenlose Zahl von Erscheinungen aufnehmen können und damit letztlich zur Beschreibung bestimmter Phänomene untauglich werden. Insbesondere ist ein Anstaltsbegriff der Weite, daß eine Identität mit jeder Behörde besteht[90] letztlich inhaltsleer und daher nutzlos[91]: Es würde einem weiten Begriff nur ein noch weiterer hinzugefügt. Der Anstaltsbegriff kann nur Dienste leisten, wenn er eng genug gefaßt ist, daß ein bestimmtes Phänomen der Verwaltungswirklichkeit beschrieben und darunter wiedererkannt werden kann. Es spricht daher alles für einen engen, wenn nicht sogar engsten Anstaltsbegriff, das heißt also dafür, daß nur selbständige Verwaltungseinheiten die Bezeichnung "Anstalt" erhalten sollten.

Kehrt man zurück zur Ausgangsüberlegung, ob das vorgefundene organisatorische Gebilde der "Abteilung IV des Bundesamtes für zivilen Bevölkerungsschutz und sein auf verteidigungsgerichteten Katastrophenschutz gerichteter Unterbau" (genannt Technisches Hilfswerk) eine (nichtrechtsfähige Bundes-) Anstalt sein kann, ergibt sich: Die mit dem verteidigungsgerichteten Katastrophenschutz betraute Verwaltung ist nach augenblicklicher Rechtslage in die Behördenhierarchie voll integriert, besitzt damit keine organisatorische Selbständigkeit. Bei zweckmäßiger Verwendung des Anstaltsbegriffs handelt es sich deshalb bei der beschriebenen verwaltungsorganisatorischen Einheit nicht um eine Anstalt. Was bleibt, ist nur der Name "Technisches Hilfswerk" zur Bezeichnung eines bestimmten Teils von Bundesbehörden, der die dem Technischen Hilfswerk ursprünglich zugedachte Aufgabe des verteidigungsgerichteten Katastrophenschutzes wahrnimmt.

Da es sich aber letztlich bei dem Anstaltsbegriff nicht um eine rechtliche Kategorie handelt, sondern um die Frage einer sinnvollen wissenschaftlichen Begriffsbildung, können rechtliche Konsequenzen aus der beschriebenen (Falsch-) Bezeichnung als "Bundesanstalt Technisches Hilfswerk" nicht gezogen werden. Kurz, die Bezeichnung als "nichtrechtsfähige Bundesanstalt Technisches Hilfswerk" ist unzweckmäßig, aber nicht rechtswidrig.

---

90 so der Begriff Otto Mayers, siehe oben S. 55

91 Rüfner, DÖV 1985, 605 (608 f.); Stern, S. 190

Wenn die Vorschrift Nr. I. Abs. 1, Satz 2 Errichtungserlaß THW die Unterordnung des Technischen Hilfswerkes unter den Bundesminister des Innern ausspricht, so wiederholt sie nur die dem Verwaltungsapparat für verteidigungsgerichteten Katastrophenschutz (also dem Technischen Hilfswerk) ohnehin zukommende Behördenstruktur: In der Behördenhierarchie ist das Bundesamt für zivilen Bevölkerungsschutz als Bundesoberbehörde dem Bundesminister des Innern als oberster Bundesbehörde nachgeordnet, die Mittel- und Unterbehörden des verteidigungsgerichteten Katastrophenschutzes wiederum dem Bundesamt für zivilen Bevölkerungsschutz.

Die Befugnis des Bundesministers des Innern nach Nr. I. Abs. 2 Errichtungserlaß THW den Sitz der sogenannten Anstalt zu bestimmen, ist schon Ausfluß der dem Bundesinnenminister zukommenden Organisationsgewalt. Abs. 2 hat damit nur eine Klarstellungsfunktion, es hätte seiner nicht zwingend bedurft.

Damit ist die Vorschrift Nr. I. des Errichtungserlasses THW insgesamt rechtmäßig.

bb) Vorschrift Nr. II. Aufgaben.

> (1) Das Technische Hilfswerk hat folgenden Aufgaben:
> a) Leistung technischer Hilfe bei Katastrophen- und Unglücksfällen größeren Ausmaßes,
> b) Leistung technischer Hilfe im zivilen Luftschutz,
> c) Leistung technischer Hilfe bei der Beseitigung von öffentlichen Notständen, durch welche die lebenswichtige Versorgung der Bevölkerung, der öffentliche Gesundheitsdienst oder der lebensnotwendige Verkehr gefährdet werden, sofern alle anderen hierfür vorgesehenen Maßnahmen nicht ausreichen (vgl. hierzu auch den Grundsatz der Subsidiarität, Abschnitt IX).
> (2) Hoheitliche Aufgaben werden vom Technischen Hilfswerk nicht wahrgenommen.
> (3) Das Technische Hilfswerk wird an den Anlagen und in den Betrieben der öffentlichen Versorgung nur im Einvernehmen mit den nach dem Energienotgesetz zuständigen Hauptlast- oder Hauptgasverteilern tätig.

Seit dem Inkrafttreten des Errichtungsgesetzes BzB[92] fallen, dies bestimmt sein § 1, die in § 2 Errichtungsgesetz BzB benannten Aufgaben in das Ressort des Bundesinnenministers. Bezüglich des Katastrophenschutzes ist dort nur der verteidigungsgerichtete genannt, die "Leistung technischer Dienste im zivilen Luftschutz"[93]. Die Aufgabe des verteidigungsgerichteten Katastrophenschutzes fällt damit seit dem 05.12.1958 in den Geschäftsbereich des Bundesinnenministers. Soweit im Errichtungserlaß THW der verteidigungsgerichtete Katastrophenschutz angesprochen wird, ist der Bundesinnenminister ressortzuständig[94]. Soweit allerdings der friedensmäßige Katastrophenschutz genannt wird[95], bleibt es bei der seit 1953 bestehenden Beurteilung: Diese Aufgabe liegt außerhalb des Ressorts des Bundesinnenministers, sogar außerhalb der Bundesverwaltungskompetenz. Die in Nr. II. Abs. 1, lit. a, c Errichtungserlaß THW unternommenen Aufgabenzuweisungen des Bundesinnenministers bleiben daher auch seit Inkrafttreten des Errichtungsgesetzes BzB rechtswidrig. Allein der verteidigungsgerichtete Katastrophenschutz der Nr. II. Abs. 1, lit. b Errichtungserlaß THW befindet sich im Zuständigkeitsbereich des Bundesinnenministers. Es handelt sich dabei um genau die Aufgabe, die durch § 2 f. Errichtungsgesetz BzB dem Bundesamt für zivilen Bevölkerungsschutz zugewiesen ist und von der Abteilung IV des Bundesamtes und den für den verteidigungsgerichteten Katastrophenschutz bestehenden Unterbehörden wahrgenommen wird. Die Wiederholung hier im Errichtungserlaß THW und ihre erneute - scheinbar erneute - Zuweisung diesmal an das "Technische Hilfswerk" stellt noch einmal klar, daß eine Identität besteht zwischen dem für den verteidigungsgerichteten Katastrophenschutz bestehenden Verwaltungsapparat des Bundesamtes für zivilen Bevölkerungsschutz und der "Bundesanstalt Technisches Hilfswerk", daß also mit "Technisches Hilfswerk" der Teil der Bundesverwaltung bezeichnet sein soll, der der Aufgabe des verteidigungsgerichteten Katastrophenschutzes nachkommt[96].

---

92 siehe S. 13 ff., 45

93 vgl. § 2 Abs. 1 f Errichtungsgesetz BzB

94 Nr. II, Abs. 1, lit. b Errichtungserlaß THW

95 Nr. II, Abs. 1, lit. a, c Errichtungserlaß THW

96 siehe oben S. 50 ff.

Von den Aufgabenzuweisungen der Nr. II. Abs. 1 hat damit allein lit. b) Bestand, lit. a) und c) sind rechtswidrig.

Nr. II. Abs. 2 Errichtungserlaß THW legt fest, daß das Technische Hilfswerk keine "hoheitlichen Aufgaben" wahrnimmt. Dabei kann der Begriff "hoheitliche Aufgaben" nicht im Sinne von "Aufgaben der öffentlichen Hand" gemeint sein, denn der gesamte Katastrophenschutz stellt eine öffentliche Aufgabe dar. Gemeint ist vielmehr, daß das Technische Hilfswerk keine hoheitlichen Regelungen treffen darf und damit keine Befugnis hat zur einseitigen Regelung von Sachverhalten. Es besitzt keine Hoheitsgewalt und darf damit auch keine Hoheitsakte erlassen[97]. Seine Möglichkeiten sind auf die Vornahme von technischen Diensten und anderen Realakten beschränkt. Mit dieser Vorschrift ändert sich am Charakter des Technischen Hilfswerkes als Behörde im organisatorischen Sinn nichts: Der organisatorische Behördenbegriff setzt nicht die Befugnis zur Vornahme von Hoheitsakten[98] voraus - anders als zum Beispiel der verwaltungsprozessuale Behördenbegriff[99].

Nr. II. Abs. 3 Errichtungserlaß THW spricht eine Einschränkung der Betätigungsmöglichkeit des Technischen Hilfswerkes aus für den technischen Bereich der öffentlichen Versorgung. Rechtliche Bedenken bestehen hier nicht.

---

97 ähnlich Benkler, S. 203

98 Erichsen/Martens, § 56 III 1 b

99 vgl. § 1 Abs. 4 VwVfG

cc) Vorschrift Nr. III. Aufbau

> (1) Das Technische Hilfswerk wird von dem Direktor geleitet.
> (2) Beim Technischen Hilfswerk wird ein Verwaltungsbeirat gebildet.
> (3) Zur Wahrnehmung der Aufgaben des Technischen Hilfswerks, das sich über das gesamte Bundesgebiet und das Land Berlin erstreckt, werden in den Ländern Landesbeauftragte, in den Kreisen Kreisbeauftragte und in den Gemeinden Ortsbeauftragte bestellt.

Gemäß Nr. III. Errichtungserlaß THW wird das Technische Hilfswerk durch einen "Direktor" geleitet. Es handelt sich um einen rechtlich unbedenklichen Akt der Namensgebung für den Leiter der Abteilung IV des Bundesamtes für zivilen Bevölkerungsschutz, der die Spitze darstellt des Verwaltungsapparates für den verteidigungsgerichteten Katastrophenschutz, des Technischen Hilfswerkes. Nähere Bestimmungen zu dem "Direktor THW" finden sich in Vorschrift Nr. IV.

Nr. III. Abs. 2 Errichtungserlaß THW schreibt die Bildung eines "Verwaltungsbeirates" vor, dessen Funktion, Besetzung und Verfahren in Nr. V. festgelegt werden.

Nr. III. Abs. 3 Errichtungserlaß THW bezeichnet die Leiter der auf Landes-, Kreis- und Gemeindeebene bestehenden Verwaltungseinheiten als Landes-, Kreis- und Ortsbeauftragte. Mitausgesprochen wird, daß sich die Aufgabe des Technischen Hilfswerkes auf die gesamte Bundesrepublik einschließlich Westberlins erstrecken soll. Ob in Berlin tatsächlich von der Bundesrepublik Deutschland ein verteidigungsgerichteter Katastrophenschutz durchgeführt werden darf, ist jedoch nicht unstreitig und wird insbesondere von den Alliierten negativ beurteilt. Der Berlinfrage soll aber noch in einem späteren Stadium der vorliegenden Arbeit nachgegangen werden, so daß es an dieser Stelle bei einem Hinweis auf die Problematik bleiben mag. Gegebenenfalls müßte der Hinweis auf Berlin in Nr. III. Abs. 3 Errichtungserlaß THW als rechtswidrig und damit nichtig angesehen werden.

dd) Vorschrift Nr. IV. Berufung und Aufgaben des Direktors

> (1) Der Direktor wird vom Bundesminister des Innern bestellt und entlassen.
> (2) Der Direktor bestellt und entläßt die Landesbeauftragten, die Kreisbeauftragten und die Ortsbeauftragten. Vor der Bestellung der Landesbeauftragten sind die obersten Landesbehörden, vor der Bestellung der Kreis- und Ortsbeauftragten die Kreis- und Gemeindeverwaltungen zu hören.
> (3) Die Anstellung und Entlassung der Angestellten erfolgt durch den Direktor, soweit diese Befugnisse nicht auf die Landes-, Kreis- oder Ortsbeauftragten übertragen werden.
> (4) Der Direktor ist dem Bundesminister des Innern für den Aufbau des Technischen Hilfswerks und die Durchführung der Aufgaben sowie für die ordnungsmäßige Verwendung der Haushaltsmittel verantwortlich.

Nr. IV. Abs. 1 Errichtungserlaß THW enthält eine Organisationsvorschrift, die eine von der üblichen Verteilung der Organisationsgewalt innerhalb einer Behördenhierarchie abweichende Regelung enthält. Der Bundesinnenminister hat prinzipiell die Organisationsgewalt innerhalb des Bundesamtes für zivilen Bevölkerungsschutz[100]. So kann er für einen Teil des Bundesamtes, hier den Bereich des Technischen Hilfswerkes (Abteilung IV des Bundesamtes für zivilen Bevölkerungssschutz und ihr Unterbau), auch eine vom Rahmen des Üblichen abweichende Weiterübertragung der inneren Organisationsgewalt vornehmen, insbesondere die Bestellung und Entlassung des Leiters ("Direktors") einer bestimmten Abteilung des Bundesamtes sich selbst vorbehalten[101], die Bestellung und Entlassung der Leiter der Behörden des Unterbaus (Landes-, Kreis-, Ortsbeauftragte) von diesem "Direktor" vornehmen lassen[102] und letztlich diesen "Direktor" auch zuständig erklären für die Einstellung und Entlassung der Angestellten des Technischen Hilfswerkes, wobei jenem allerdings die Abgabe dieser Aufgaben an die Landes-, Kreis- oder Ortsbeauftragten möglich ist[103]. Dem Leiter der Bundesbehörde, also dem Präsidenten des Bundesamtes für zivilen Bevölkerungsschutz, stehen aufgrund dieser Regelung hier keine Befugnisse zu.

---

100 siehe S. 73

101 Nr. IV Abs. 1 Errichtungserlaß THW

102 Nr. IV. Abs. 2 Errichtungserlaß THW

103 Nr. IV. Abs. 3 Errichtungserlaß THW

In Nr. IV. Abs. 4 Errichtungserlaß THW wird die haushaltsrechtliche und durchführungstechnische Verantwortlichkeit des Leiters der Abteilung IV, des Direktors, ausgesprochen, eine Norm, die die logische Konsequenz ist der diesem überantworteten umfassenden Aufgabe.

Die Vorschrift Nr. IV., Berufung und Aufgaben des Direktors, ist rechtmäßig.

ee) Vorschrift Nr. V., Verwaltungsbeirat.

> (1) Der Bundesminister des Innern beruft den Verwaltungsbeirat, der aus Vertretern der beteiligten Ministerien, der deutschen Bundesbahn, der Länder, der Bundesvereinigung der Kommunalen Spitzenverbände und der Spitzenorganisationen der Unternehmer und der Arbeitnehmer bestehen soll.
> (2) Der Verwaltungsbeirat hat die Aufgabe, die Zusammenarbeit aller am Technischen Hilfswerk beteiligten Behörden und Verbände zu fördern, das Technische Hilfswerk in allen wichtigen Fragen zu beraten und bei der Durchführung seiner Aufgaben zu unterstützen. Er ist vor der Bestellung des Direktors, der Landesbeauftragten sowie der Anstellung aller hauptamtlichen Angestellten von der Gruppe TOA II an aufwärts zu hören. Der Verwaltungsbeirat nimmt zu dem vom Direktor des Technischen Hilfswerks aufgestellten Haushaltsvorschlag des Technischen Hilfswerks sowie zu dem Jahresbericht Stellung.
> (3) Den Vorsitz im Verwaltungsbeirat führt der Vertreter des Bundesministers des Innern. Der Direktor des Technischen Hilfswerks nimmt an den Sitzungen des Verwaltungsbeirats mit beratender Stimme teil.
> (4) Der Verwaltungsbeirat beschließt mit einfacher Stimmenmehrheit. Bei Stimmengleichheit entscheidet die Stimme des Vorsitzenden.

Die Aufgabe des Verwaltungsbeirates wird in Nr. V Abs. 2, Satz 1 damit umrissen, daß er das Technische Hilfswerk beraten und bei seiner Aufgabenerledigung unterstützen sowie die Zusammenarbeit der am Katastrophenschutz beteiligten Behörden stärken soll. Die Zusammensetzung des Beirates ist an diesen Aufgaben orientiert: Nahezu alle sachkundigen und betroffenen Behörden und Verbände sind im Beirat vertreten (Nr. V Abs. 1). Es finden sich letztlich Bestimmungen zu innerer Organisation (Nr. V Abs. 3) und Verfaßtheit (Nr. V Abs. 4) sowie die Einräumung von Anhörungs- und Stellungnahmerechten (Nr. V

Abs. 2, Satz 2 und Satz 3). Der Verwaltungsbeirat ist damit nach Aufgabe und Kompetenz ein informelles Gremium. Rechtliche Bedenken gegen die Hinzuziehung eines solchen Gremiums bestehen nicht. Es ist vielmehr aus verwaltungspraktischen Überlegungen zu begrüßen, daß einem Sachverständigengremium beratender Einfluß eingeräumt wird, das zudem wegen personeller Überschneidungen mit kooperierenden Behörden und Verbänden eine Zusammenarbeit effektuieren kann.

ff) Vorschrift Nr. VI. Helfer.

> Das Technische Hilfswerk bedient sich bei der Durchführung seiner Aufgaben freiwilliger, ehrenamtlich tätiger Helfer, vornehmlich aus technischen Berufen, die sich hierzu verpflichtet haben. Nur Personen, die für eine demokratische Einstellung Gewähr bieten, können ihm angehören.

Neben den hauptamtlichen Mitarbeitern[104] kennt das Technische Hilfswerk freiwillig und ehrenamtlich Tätige, die Helfer. Der Rückgriff auf freiwillig und ehrenamtlich Tätige bei der Erfüllung von Verwaltungsaufgaben ist nicht unproblematisch. Prinzipiell ist er zwar sicherlich zulässig, je nach dem Umfang der überantworteten Aufgaben kann es aber geboten sein, verwaltende Tätigkeit den dem Staat besonders verpflichteten Personen wie den Beamten vorzubehalten. Ob dies bei der Helferschaft des Technischen Hilfswerkes der Fall ist, insbesondere, welche Art von Aufgaben ihr in der Praxis zugewiesen sind und wie sich ihr Dienstverhältnis beschreiben und rechtlich qualifizieren läßt, ist Gegenstand des sich später anschließenden statusrechtlichen Teils der Untersuchung. Zur Klärung der Frage, ob Nr. VI Errichtungserlaß THW rechtmäßig ist, genügt an dieser Stelle jedoch die Feststellung, daß prinzipiell gegen den Einsatz freiwilliger und ehrenamtlicher Helfer nichts einzuwenden ist. Allein die Zuweisung zu umfangreicher Aufgaben könnte rechtswidrig sein. Eine dahingehende Bestimmung trifft Nr. VI selbst aber nicht. Deshalb ist Nr. VI Errichtungserlaß THW rechtmäßig.

---

104 z.B. angesprochen in Nr. III, IV Abs. 3, V Abs. 2, Satz 2 Errichtungserlaß THW

gg) *Vorschrift Nr. VII. Katastrophenschutz und Luftschutz*

(1) Bei Katastrophen sowie bei Unglücksfällen größeren Ausmaßes kann jede für die Hilfeleistung zuständige Verwaltungsbehörde die Unterstützung des Technischen Hilfswerks in Anspruch nehmen. Um die rechtzeitige Hilfeleistung sicherzustellen, hat das Technische Hilfswerk mit den zuständigen Behörden ständig Fühlung zu halten. Bei Gefahr in Verzuge kann das Technische Hilfswerk auch ohne behördliche Anordnung tätig werden. Es unterrichtet die örtlich zuständige Behörde unverzüglich über die von ihm getroffenen Maßnahmen. Die zuständige Behörde entscheidet über die weitere Hilfeleistung.
(2) Bei der Leistung technischer Dienste im zivilen Luftschutz ist das Technische Hilfswerk an die hier geltenden besonderen Bestimmungen gebunden.

Nr. VII Abs. 1 Errichtungserlaß THW trifft eine Regelung für eine Aufgabe des friedensmäßigen Katastrophenschutzes. Für diesen Bereich hat der Bund jedoch keine Verwaltungskompetenz. An dieser Situation hat sich seit 1953 nichts geändert[105], der Bundesinnenminister ist unzuständig für den Erlaß einer Regelung für den friedensmäßigen Katastrophenschutz. Ein Tätigwerden des Technischen Hilfswerks bei Katastrophen in Friedenszeiten ist nur nach den allgemeinen Grundsätzen im Rahmen der Amtshilfe gemäß Art. 35 GG möglich.

Während Satz 1 und 2 der Nr. VII Abs. 1 Errichtungserlaß THW noch als überflüssiger Hinweis auf die Möglichkeit anderer Behörden verstanden werden könnte, das Technische Hilfswerk im Wege der Amtshilfe zuzuziehen, gehen Satz 3 bis 5 mit der Gewährung des Eingriffsrechtes für Fälle des Gefahrenverzugs über den Hinweis auf die Amtshilfe hinaus und sind damit zweifellos rechtswidrig. Der unmittelbare und untrennbare Zusammenhang der Sätze 1 bis 5 spricht dafür, daß Satz 1 mehr als die bloße Bezugnahme auf die reine Amtshilfe darstellt. Nr. VII Abs. 1 Errichtungserlaß THW ist daher als Ganzes rechtswidrig.

Die Vorschrift Nr. VII Abs. 2 Errichtungserlaß THW betrifft den zivilen Luftschutz, also den verteidigungsgerichteten Katastrophenschutz, eine in der Verwaltungskompetenz des Bundes und dem Ressort des

---

105 siehe oben S. 59, Nr. II Abs. 1, lit. a, c Errichtungserlaß THW

Bundesinnenministers befindliche Aufgabe[106]. Es wird klargestellt, daß alle für den verteidigungsgerichteten Katastrophenschutz existierenden Bestimmungen auch Geltung haben für das Technische Hilfswerk.

hh) Vorschrift Nr. VIII. Hilfeleistung bei öffentlichen Notständen.

> (1) Bei öffentlichen Notständen, die den Bereich nur eines Landes berühren, steht das Technische Hilfswerk den Ländern, den Landkreisen und Gemeinden auf Anforderung der obersten Landesbehörde zur Verfügung. Über die Hilfeleistung entscheidet die oberste Landesbehörde im Benehmen mit dem Bundesminister des Innern.
>
> (2) Bei öffentlichen Notständen, die über den Bereich eines Landes hinausgehen oder hinauszugehen drohen, ordnet die Bundesregierung, bei Gefahr in Verzuge der Bundesminister des Innern im Einvernehmen mit den beteiligten Bundesministern und nach Anhörung der obersten Landesbehörden und der Sozialpartner die Hilfeleistung an.
>
> (3) Bei öffentlichen Notständen im Bereich von bundeseigenen Verwaltungen ordnet die Bundesregierung, bei Gefahr in Verzuge der Bundesminister des Innern im Einvernehmen mit dem zuständigen Fachminister des Bundes die Hilfeleistung an.

Nr. VIII des Errichtungserlasses THW will für öffentliche Notstände eine nach Umfang und Ausmaß des Notfalls gestaffelte Regelung treffen. Die Beseitigung öffentlicher Notstände, eine Aufgabe des friedensmäßigen Katastrophenschutzes, liegt jedoch außerhalb der Ressortkompetenz des Bundesinnenministers und entzieht sich daher seiner Regelung. Die Bestimmung der Nr. VIII ist somit in vollem Umfang rechtswidrig.

---

106 siehe oben S. 45, 53

ii) Vorschrift Nr. IX. Subsidiarität der Hilfeleistung bei öffentlichen Notständen.

> Das Technische Hilfswerk leistet erst dann Hilfe, wenn die Sozialpartner, die Gemeinden, die Landkreise oder das Land nicht in der Lage sind, die lebenswichtige Versorgung aufrechtzuerhalten.

Eine Regelung für den Bereich öffentlicher Notstände liegt außerhalb der Kompetenz des Bundesministers des Innern. Die Vorschrift der Nr. IX ist rechtswidrig.

kk) Fazit

Bei einer Zusammenschau aller (rechtswidrigen und rechtmäßigen) Vorschriften des Errichtungserlasses THW ergibt sich das folgende Bild: Rechtswidrig sind die Nr. II Abs. 1, lit. a und c; Nr. VII Abs. 1; Nr. VIII; Nr. IX. Aus der Rechtswidrigkeit dieser Normen folgt ihre Nichtigkeit. Rechtmäßig sind prinzipiell alle übrigen Vorschriften des Errichtungserlasses. Allerdings könnte die Nichtigkeit der rechtswidrigen Vorschriften die rechtmäßigen ergreifen, so daß die Gesamtnormierung "Errichtungserlaß THW" nichtig wäre. Ein solcher übergreifender Effekt tritt ein bei einem untrennbaren Zusammenhang zwischen den rechtswidrigen und den - für sich gesehen - rechtmäßigen Vorschriften. Ein untrennbarer Zusammenhang besteht insbesondere, wenn bei Entfernung der nichtigen Normen keine sinnvolle Regelung zurückbliebe.

Bei dem Errichtungserlaß THW verhält es sich so, daß alle Normen, die rechtswidrig und daher nichtig sind, Aufgaben des friedensmäßigen Katastrophenschutzes betreffen. Als rechtmäßig stellen sich dagegen alle Vorschriften dar, die sich auf den erweiterten Katastrophenschutz beziehen. Es handelt sich also um zwei unterschiedliche Materien, die auch unabhängig voneinander jeweils ein in sich geschlossenes Normensystem bilden. Die rechtmäßigen Vorschriften des verteidigungsgerichteten Katastrophenschutzes bleiben damit auch ohne die rechtswidrigen des friedensmäßigen Schutzes eine für sich genommen sinnvolle Regelung. Auch sonst ist kein so enger Zusammenhang zwischen dem rechtswidrigen und dem rechtmäßigen Teil der Gesamtnormierung ersichtlich, daß die Nichtigkeit des rechtswidrigen Teiles den rechtmäßigen ergreifen würde. Damit bleibt die Gesamtnormierung "Errichtungserlaß THW" in ihren rechtmäßigen Vorschriften bestehen, die nichtigen entfallen, ohne daß deren Nichtigkeit die rechtmäßigen Vorschriften erfaßt.

Der Errichtungserlaß THW schrumpft somit nach bereinigender Korrektur auf folgende Normen zusammen:
Nr. I, Name, Rechtsform, Sitz; Nr. II Abs. 1, lit. b, Aufgabe der Leistung technischer Hilfe im zivilen Luftschutz; Nr. II Abs. 2 und 3, Aufgabenbeschränkungen; Nr. III, Aufbau; Nr. IV, Berufung und Aufgaben des Direktors; Nr. V, Verwaltungsbeirat; Nr. VI, Helfer; Nr. VII Abs. 2, Geltung besonderer Luftschutzbestimmungen.

4. Zusammenfassung

Damit stellt sich zusammenfassend die Rechtslage zur Zeit des Inkrafttretens des Errichtungsgesetzes BzB am 05.12.1958 folgendermaßen dar. Es besteht ein in die Behördenhierarchie integrierter Verwaltungsapparat zur Bekämpfung von Katastrophen im Verteidigungsfall, der aus der Abteilung IV des Bundesamtes für zivilen Bevölkerungsschutz und den ihnen nachgeordneten Bundesbehörden auf Landes-, Kreis- und Ortsebene gebildet wird. Der Erlaß des Bundesinnenministers vom 25.08.1953, der erkennbar aufrechterhalten wird, bezeichnet diesen Apparat als "Bundesanstalt Technisches Hilfswerk" und stellt insoweit eine zwar unzweckmäßige, aber nicht rechtswidrige Maßnahme dar. Auch alle übrigen den verteidigungsgerichteten Katastrophenschutz betreffenden Vorschriften des Errichtungserlasses THW beanspruchen Geltung für diesen zur Leistung technischer Dienste im zivilen Luftschutz eingerichteten Verwaltungsapparat, das Technische Hilfswerk. Für die Ausgangsfrage nach der Rechtmäßigkeit bzw. Verfassungsmäßigkeit des "Technischen Hilfswerkes" bedeutet dies, daß mit Inkrafttreten des Errichtungsgesetzes BzB das für die Leistung technischer Dienste im zivilen Luftschutz bis daher nur faktisch bestehende Technische Hilfswerk in der dargestellten Form eine der Rechtsordnung entsprechende Organisation bildet.

Bei diesem Urteil kann jedoch nicht stehengeblieben werden, die Untersuchung der Einflüsse der späteren Zivilschutzgesetzgebung muß sich anschließen, um Funktion, Bedeutung und Rechtmäßigkeit des Technischen Hilfswerks unter der heutigen Rechtslage von 1991 beurteilen zu können. Insbesondere die dem Errichtungsgesetz BzB folgende Normierung, das Katastrophenschutzgesetz mit der grundlegenden Änderung der Katastrophenschutzkonzeption[107] könnte entscheidende Einflüsse auf das Technische Hilfswerk gehabt haben.

VIII. Die Rechtslage seit dem Inkrafttreten des Katastrophenschutzgesetzes[108] am 09.07.1968

Mit dem Katastrophenschutzgesetz kam es zu einer umfassenden Neukonzipierung des verteidigungsgerichteten Katastrophenschutzes, die schon ausführlich vorgestellt wurde[109]. An dieser Stelle geht es um die Frage, welche Bedeutung das Katastrophenschutzgesetz für das Technische Hilfswerk hat, wie sich dieses eingliedert in die Katastrophenschutzplanung nach dem neuen Gesetz.

1. Prüfung einer Vereinbarkeit des "Technischen Hilfswerkes" mit der Neukonzeption des Katastrophenschutzes

Die Vorschrift des Katastrophenschutzgesetzes, die maßgeblich ist für die Frage, welche Organisationen, besser sogar, welche Teile welcher Organisationen dem verteidigungsgerichteten Katastrophenschutz angehören und hier tätig werden dürfen, ist § 1 Abs. 1 KatSG. Er lautet:

> § 1 Erweiterung des Katastrophenschutzes.
>
> (1) Die Einheiten und Einrichtungen des Katastrophenschutzes nehmen ihre Aufgaben auch hinsichtlich der besonderen Gefahren wahr, die im Verteidigungsfall drohen. Sie werden zu diesem Zweck verstärkt, ergänzt sowie zusätzlich ausgerüstet und ausgebildet.

---

107 siehe oben S. 173 ff.

108 Gesetz über die Erweiterung des Katastrophenschutzes (KatSG), BGBl. I S. 776

109 siehe S. 17 ff.

Die Formulierung des ersten Satzes, insbesondere die Verwendung des Wortes "auch", läßt darauf schließen, daß dieses Gesetz, was den erweiterten Katastrophenschutz angeht, allein von der Einbeziehung von Einheiten und Einrichtungen des friedensmäßigen Katastrophenschutzes ausgeht. Hierauf deutet auch Satz 2 des § 1 Abs. 1 KatSG hin, der von einer Verstärkung, Ergänzung etc. der (friedensmäßigen) Einheiten und Einrichtungen zu Verteidigungszwecken spricht, ebenso die Verwendung des Begriffs "Erweiterung" des Katastrophenschutzes in der Überschrift: Erweiterung von einem friedenmäßigen zu dem verteidigungsgerichteten Schutz. Das Katastrophenschutzgesetz scheint nach seinem Wortlaut daher nur Organisationen einzubeziehen, die (jedenfalls auch) für den friedensmäßigen Katastrophenschutz bestehen.

Nachdem oben festgestellt wurde, daß das Technische Hilfswerk nur im Bereich des verteidigungsgerichteten Katastrophenschutzes rechtmäßig ist, also keine Organisation des friedensmäßigen Schutzes darstellt, muß bezweifelt werden, ob es dem Katastrophenschutzgesetz unterfällt, bzw., ob es überhaupt noch in oder neben die vom Katastrophenschutzgesetz entworfene Konzeption des Katastrophenschutzes paßt[110].

Aufschluß kann da, neben dem eben herangezogenen Wortlaut, der Sinn und Zweck der Kodifizierung geben. Erklärter Sinn und Zweck des Katastrophenschutzgesetzes[111] sollte es sein, Mängel zu beseitigen, die bei bisheriger Rechtslage unter dem ZBG[112] aufgetreten waren durch die sogenannte Doppelspurigkeit des Katastrophenschutzes. Die Doppelspurigkeit bestand in dem Nebeneinander des allein für den verteidigungsgerichteten Katastrophenschutz geschaffenen Luftschutzhilfsdienstes, einer neuen Organisation mit eigener Führung und Aus-

---

110 Bahro (§ 13) bezeichnet es als Widerspruch zur Konzeption des Katastrophenschutzgesetzes, wenn Einheiten fortbestehen, deren alleiniger Zweck die erweiterte Aufgabe ist. Ausnahme: Regieeinheiten nach § 1 Abs. 3 KatSG

111 BT-Drucks. V/2585

112 Erstes Gesetz über Maßnahmen zum Schutz der Zivilbevölkerung (ZBG), BGBl. I S. 1696

rüstung, und den zu diesem Zeitpunkt bereits bestehenden Katastrophenschutzorganisationen[113 114].

Diese Mängel lagen hauptsächlich in folgenden vier Punkten begründet. Es konnte immer nur ein Teil der gesamten Katastrophenschutzkräfte eingesetzt werden: Die des friedensmäßigen Schutzes nur für Friedenskatastrophen und die des verteidigungsgerichteten Schutzes nur im Verteidigungsfall. Diese einseitige Verwendbarkeit hatte zur Folge, daß große Kapazitäten an Personal, Sachmitteln, Erfahrungen und Organisationspotential brachlagen. Wertvolle Einsatzerfahrungen blieben für die Helferschaft des allein verteidigungsgerichteten Katastrophenschutzes aus, da sie bei friedensmäßigen Notfällen nicht heranzuziehen war. Der fehlende (Friedens-) Einsatz verursachte bei diesen Helfern größte Motivationsprobleme, denn wer trainiert schon gerne für einen Ernstfall, von dem er sich weit entfernt glaubt (und hofft!). Bei Erlaß des ZBG war man davon ausgegangen, daß ein Erschließen eines ganz neuen Helferkreises neben dem der bisher bestehenden Organisationen möglich sei. Es zeigte sich jedoch, daß die Zahl der Freiwilligen, die zu einer Mitarbeit im Katastrophenschutz bereit sind, begrenzt ist und schon nahezu identisch ist mit dem in "alteingesessenen" Organisationen aktiven Kreis. Das bedeutet, daß sowohl der friedensmäßige als auch der verteidigungsgerichtete Katastrophenschutz aus einem Helferpotential schöpft. Bestehen nun getrennte Organisationsformen für beide Spielarten des Katastrophenschutzes, schmälern sie sich zwangsläufig entweder gegenseitig das Helferpotential, oder es kommt zu Doppelmitgliedschaften. Beide Entwicklungen hatten die Katastrophenschutzorganisationen unter dem ZBG als ungut erfahren[115]. Mit der Schaffung eines einheitlichen Instruments der Katastrophenabwehr, dem erweiterten Katastrophenschutz, versprach man sich die Beseitigung dieser Mängel und damit eine größere Schlagkraft des Katastrophenschutzes in Friedens- und in Kriegszeiten.

---

113 BT-Drucks. V/2585 nennt hier: Freiwillige Feuerwehr, Technisches Hilfswerk, Deutsches-Rotes-Kreuz, Malteser-Hilfsdienst, Johanniter-Unfallhilfe, Arbeiter-Samariter-Bund

114 siehe auch schon oben S. 11, 17

115 vgl. oben S. 12: "Ungleichbehandlung der Helferschaft"

Somit ist die Konzeption des Katastrophenschutzgesetzes deutlich. Sie kann verkürzt werden auf die Formel, daß die "Doppelspurigkeit" des Katastrophenschutzes beendet werden sollte. Ebenso deutlich wird damit, daß das Technische Hilfswerk diesem Entwurf des Katastrophenschutzgesetzes nicht entspricht: Es stellt eine Organisation dar, die mit ihren Helfern allein dem verteidigungsgerichteten Katastrophenschutz nachkommen darf, die keinen Einsatz in Friedenszeiten erlebt (Ausnahme: Amtshilfe im Sinne des Art. 35 GG) und deshalb ebenso auf wertvolle Erfahrungen verzichten muß wie sie Motivationsprobleme mit ihren Helfern hat, die also kurz mit allen Mängeln behaftet ist, die am bisherigen Zustand unter dem ZBG beklagt wurden und die durch das neue Katastrophenschutzgesetz abgeschafft werden sollten.

An diesem Urteil ändert sich nichts dadurch, daß der Gesetzgeber bei der Schaffung des Katastrophenschutzgesetzes ganz offensichtlich[116] von einer Weiterexistenz des Technischen Hilfswerkes ausging. Er befand sich noch im Glauben, das Technische Hilfswerk dürfe dem verteidigungsgerichteten und dem friedensmäßigen Katastrophenschutz nachkommen[117]. Sein primärer Wille, die Doppelgleisigkeit des Katastrophenschutzes zu beseitigen und damit ein Grundübel des Katastrophenschutzes nach dem ZBG auszuräumen, ist höher zu bewerten. Auch das Gegenargument, eine gewisse Doppelspurigkeit sei im Katastrophenschutzgesetz sowieso angelegt, da es rein friedensmäßige Organisationen kennt[118], kann nicht greifen. Es handelt sich dort um private Organisationen, die entweder nicht bereit oder nicht geeignet sind zur Mitarbeit im erweiterten Katastrophenschutz. In beiden Fällen muß man notwendigerweise auf sie verzichten, sie stellen kein Kräftepotential dar, das für den verteidigungsgerichteten Katastrophenschutz von Interesse wäre. Hier muß eine gewisse Doppelspurigkeit in Kauf genommen werden, sie ist unvermeidbar. Ganz anders liegt die Situation bei dem "Technischen Hilfswerk", bei dem sich als öffentlichrechtlicher Organisation die Frage nach der Bereitschaft zur Mitwirkung nicht stellt und bei dem die Eignung - hier: zum friedensmäßigen Katastrophenschutz! - durch seine Eignung zum verteidigungsgerichteten schon impliziert ist und nicht bezweifelt werden kann. Ein

---

116 BT-Drucks. V/2585

117 siehe auch unten S. 75

118 § 1 Abs. 2 KatSG

Sachzwang zu einer Doppelspurigkeit wie bei privaten Organisationen, die ungeeignet oder unwillig sind, Aufgaben des verteidigungsgerichteten Katastrophenschutzes wahrzunehmen, ist bei dem Technischen Hilfswerk damit nicht gegeben. Zudem stellt diese Organisation schon wegen ihrer Größe und ihres Ausbildungsstandes einen bedeutenden Faktor des Katastrophenschutzes dar. Ein Verzicht der öffentlichen Hand auf diese Kapazität zu Friedenszeiten ist jedenfalls spürbar, wenn nicht schmerzhaft.

Auch der Verweis auf eine Inanspruchnahme des "Technischen Hilfswerks" im Wege der Amtshilfe zwingt zu keiner anderen Beurteilung. Denn auch hierdurch wird das Technische Hilfswerk nicht zu einer Organisation des friedensmäßigen Katastrophenschutzes; es bleibt bei einer Doppelgleisigkeit des Katastrophenschutzes wie unter dem ZBG. Zudem wird wegen der Sorge der Länder vor der Kostenerstattung an den Bund nach einem Einsatz für Landeszwecke ein solches Begehren auch weiterhin solange unterbleiben, wie das Land hoffen darf, dem Notfall mit eigenen Mitteln Herr werden zu können.

Nach allem bleibt nur noch ein letztes Mal festzuhalten, daß das "Technische Hilfswerk" als rein für den verteidigungsgerichteten Katastrophenschutz bestehende Organisation nicht in die - ursprüngliche[119] - Konzeption des Katastrophenschutzgesetzes paßt.

2. Konsequenz

Damit stellt sich die Frage nach der Schlußfolgerung aus dem Dargelegten. Das Katastrophenschutzgesetz will nach Grammatik und Teleologie restlos aufräumen mit der Zweispurigkeit des Katastrophenschutzes, erfaßt also jede Art von Katastrophenschutz und jede Art von Katastrophenschutzorganisation. Eine Existenz des "Technischen Hilfswerkes" neben dem Katastrophenschutzgesetz (in seiner Fassung vom 9. Juli 1968) ist nicht denkbar.

---

119 dies soll sich mit dem Gesetz zur Ergänzung des Katastrophenschutzgesetzes vom 22. Januar 1990 (BGBl. I S. 120) ändern

Eine andere Beurteilung wird sich später mit Erlaß des THW-Helferrechtsgesetzes und des Katastrophenschutzergänzungsgesetzes ergeben. An dieser Stelle wird jedoch - gemäß der Intention der Arbeit, die Rechtmäßigkeit der Bundesanstalt Technisches Hilfswerk im Wandel der Zeit zu prüfen - zunächst die Rechtslage zwischen der Schaffung des Katastrophenschutzgesetzes und den späteren Änderungen untersucht.

Nach der sich aus der ursprünglichen Fassung des Katastrophenschutzgesetzes ergebenden, gerade angeführten Beurteilung liegt der Schluß nahe, das "Technische Hilfswerk" sei, da es eine Organisationsform darstellt, die vom Katastrophenschutzgesetz (prinzipiell[120]) nicht vorgesehen ist, ja sogar abgeschafft sein soll, ohne weiteres rechtswidrig. Doch das Katastrophenschutzgesetz selbst gibt Anhaltspunkte dafür, wie mit einer öffentlich-rechtlichen, allein dem verteidigungsgerichteten Katastrophenschutz zur Verfügung stehenden Organisation zu verfahren ist.

a) § 13 KatSG

In § 13 KatSG wird die Einordnung der Einheiten und Einrichtungen des Luftschutzhilfsdienstes (und des Selbstschutzes) in den Katastrophenschutz der kreisfreien Städte und Landkreise vorgeschrieben. Art und Weise der Eingliederung sind der näheren Bestimmung des Bundesministers des Innern überlassen[121]. Gemäß § 18 Abs. 3, Satz 2 KatSG gelten die für die bestehenden Einheiten und Einrichtungen des Luftschutzhilfsdienstes geltenden Vorschriften weiter bis zu ihrer Einordnung in den Katastrophenschutz. Diese Vorschriften könnten analoge Anwendung finden für das "Technische Hilfswerk". Jedenfalls geben sie aber Hinweise für die Behandlung einer schon vor Geltung des Katastrophenschutzgesetzes arbeitenden, öffentlich-rechtlichen und rein verteidigungsgerichteten Organisation.

---

120 Ausnahme: Regieeinheiten gemäß § 1 Abs. 3 KatSG

121 § 13 Abs. 1 Satz 3 KatSG; erfolgt durch:
- Runderlaß des Bundesamtes für zivilen Bevölkerungschutz vom 22.08.1969 (GMBl. S. 501) und die
- Weisung des Bundesministers des Innern zur Einordnung des Luftschutzhilfsdienstes in den Katastrophenschutz vom 27. Februar 1972 (GMBl. S. 196)

b) § 13 KatSG analog

Voraussetzung für eine Analogie ist das Vorliegen einer planwidrigen Regelungslücke und ein in Bezug auf den geregelten Fall vergleichbarer Sachverhalt. Im Katastrophenschutzgesetz findet sich keine explizite Regelung für die Behandlung anderer öffentlich-rechtlicher, allein dem Verteidigungsfall verpflichteten Organisationen als die für den Luftschutzhilfsdienst, obwohl deutlich wird, daß jede allein verteidigungsgerichtete Organisation nicht fortgeführt werden soll. Eine Ausnahme stellen nur die Regieeinheiten dar, die unter engsten Voraussetzungen, insbesondere Gesichtspunkten des Sachzwangs[122], geschaffen werden können. Eine Regelungslücke besteht. Diese Lücke muß auch als planwidrig bezeichnet werden. Der Fall des "Technischen Hilfswerks" wurde nicht bedacht, da man noch glaubte, es dürfe sich gemäß seines Errichtungserlasses im Rahmen des verteidigungsgerichteten und des friedensmäßigen Schutzes betätigen. Daß auch das "Technische Hilfswerk" eine allein für die Verteidigung bestehende Organisation bildet, wurde nicht gesehen; diese Problematik machte erst das OVG Hamburg im Jahre 1981 wirklich bekannt[123]. Wäre man sich zur Zeit der Schaffung des Katastrophenschutzgesetzes dieser Tatsache bewußt gewesen, hätte man eine Regelung vorgenommen aus den gleichen Gründen, die zu der Regelung für den Luftschutzhilfsdienst führten. Ein so großes Potential an Helfern und Sachmitteln hätte man als prinzipiell erhaltenswert erachtet und den Sachverhalt damit als regelungsbedürftig angesehen. Letztlich handelt es sich bei den Fällen des Luftschutzhilfsdienstes und des "Technischen Hilfswerks" auch um vergleichbare Sachverhalte. Beide stellen öffentlich-rechtliche Organisationen dar, dienen allein der verteidigungsgerichteten Aufgabenwahrnehmung und passen damit nicht in die neue Katastrophenschutzkonzeption des Gesetzes und besitzen ein großes Potential an Personal- und Sachmitteln, das als erhaltungswürdig eingestuft werden muß. Damit können die bezüglich des Luftschutzhilfsdienstes bestehenden Vorschriften des Katastrophenschutzgesetzes - mit aller nötigen Vorsicht -

122 vgl. § 1 Abs. 3 KatSG

123 OVG Hamburg NJW 1981, 48 ff.

analoge Anwendung finden für das "Technische Hilfswerk". Es handelt sich um die §§ 13, 18 Abs. 3 KatSG.

§ 13 KatSG schreibt für den Luftschutzhilfsdienst die Einordnung in den Katastrophenschutz der kreisfreien Städte und Landkreise vor; nur Einheiten, die 75 % ihres Aufstellungssolls nicht erreichen, können aufgelöst werden. Die näheren Umstände sind durch Weisung des Bundesinnenministers zu regeln[124]. Eine analoge Anwendung des § 13 KatSG für das "Hilfswerk" führt damit zu der Verpflichtung, die Organisation in den Katastrophenschutz der Kreise und kreisfreien Städte überzuleiten. Insbesondere ist der Bundesminister des Innern gemäß § 13 Abs. 1, Satz 5 KatSG analog dazu aufgerufen, die näheren Umstände der Überleitung unter Hinzuziehung der Länder festzulegen.

aa) Art der Überleitung

Im folgenden seien verschiedene denkbare Möglichkeiten einer Überleitung vorgestellt. Vorstellbar ist zunächst die Einordnung in bestehende private Organisationen wie das Deutsche-Rote-Kreuz, die Johanniter-Unfallhilfe, den Arbeiter-Samariter-Bund etc. Dies ist übrigens nach den Verwaltungsvorschriften für die Überleitung der Luftschutzhilfsdiensteinheiten als Idealfall anzustreben[125]. Für das "Technische Hilfswerk" würde sich eine derartige Überleitung jedoch als problematisch erweisen. Seine Einheiten sind vornehmlich im Rahmen der Fachdienste "Bergung" und "Instandsetzung" ausgebildet und ausgerüstet. Dagegen leisten die privaten Organisationen zwar auch technische Dienste im Katastrophenfall, doch liegt der Schwerpunkt ihrer Tätigkeit eher bei der Leistung von Sanitätsdiensten. Das schwere Räumgerät und das bergungsspezifische Wissen der "THW"-Einheiten

124 erfolgt in
- Runderlaß des Bundesamtes für zivilen Bevölkerungschutz vom 22.08.1969 (GMBl. S. 501) und
- Weisung des Bundesministers des Innern zur Einordnung des Luftschutzhilfsdienstes in den Katastrophenschutz vom 27. Februar 1972 (GMBl. S. 196)

125 Nr. 4.1 der Weisung des Bundesministers des Innern zur Einordnung des Luftschutzhilfsdienstes in den Katastrophenschutz vom 27. Februar 1972 (GMBl. S. 196)

wird bei ihnen nicht, jedenfalls nicht in dem Ausmaß, benötigt; eine sinnvolle Eingliederung erforderte schon eine Umstrukturierung der aufnehmenden privaten Organisationen, zu der diese sicher nur schwerlich bereit sein werden.

Eine weitere Möglichkeit der Überleitung bestünde darin, die Einheiten und Einrichtungen des "Technischen Hilfswerkes" in Regieeinheiten gemäß § 1 Abs. 3 KatSG umzuwandeln. Dies ist nach den Verwaltungsvorschriften für den Luftschutzhilfsdienst vorgesehen, wenn die Mehrzahl der Helfer die Trägerschaft durch eine bestehende Katastrophenschutzorganisation ablehnen. Diese Einheiten stünden dann unter der Leitung der gemäß § 2 Abs. 1, Satz 2 und 3 KatSG zuständigen Behörde, also der Kreise und kreisfreien Städte bzw. der für sie handelnden Hauptverwaltungsbeamten. Sie könnten als Regieeinheiten auf Anforderung der zuständigen Behörde auch im friedensmäßigen Katastrophenschutz eingesetzt werden; dies ergibt sich nicht nur aus der Gesamtkonzeption des Katastrophenschutzgesetzes, sondern läßt sich unmittelbar auch aus § 14 Abs. 3 KatSG, der Kostenregelung ablesen[126]. Zwar hat die Aufstellung von Regieeinheiten Subsidiaritätscharakter (vgl. § 1 Abs. 3 KatSG), sie ist nur zulässig, wenn vorhandene Organisationen die anstehenden Aufgaben nicht abzudecken vermögen. Doch ist zu bedenken, daß die Bereiche der "schweren Bergung" und der "Instandsetzung" bei einem Fortfall eines "Technischen Hilfswerkes" eine empfindliche Schwächung erführen, da es in diesen Diensten dominant ist. Ohne das "Technische Hilfswerk" wäre eine beträchtliche Lücke in die Katastrophenvorsorge gerissen, in der es bisher seinen festen Platz hatte. In Anbetracht dieses Umstandes müssen die engen Ausnahmekriterien des § 1 Abs. 3 KatSG, die vor die Errichtung von Regieeinheiten gesetzt sind, als erfüllt angesehen werden. Die Einheiten und Einrichtungen des "Technischen Hilfswerkes" könnten also in Regieeinheiten unter Leitung des Hauptverwaltungsbeamten umgewandelt werden.

Letztlich könnte die Überleitung geschehen, indem aus dem "Technischen Hilfswerk" eine neue, privatrechtliche Organisation gebildet würde, deren Satzung dann den friedensmäßigen und verteidigungsgerichteten Katastrophenschutz erlauben müßte. Der große Vorteil einer

---

126 Bahro, § 1, Rdn. 47

solchen Umwandlung bestünde darin, daß der gesamte Verwaltungsüberbau erhalten bleiben könnte, indem er in die neue privatrechtliche Organisation mit übernommen würde, eine Möglichkeit, die bei einer Überleitung in Regieeinheiten nicht gegeben wäre. Und auch bei einer Eingliederung der Einheiten und Einrichtungen in bestehende private Organisationen müßte ihr Überbau ungenutzt aufgelöst werden oder könnte nur unter großen Schwierigkeiten so verändert werden, daß er den privaten Organisationen bei der für diese aufgrund der Eingliederung nötigen Erweiterung ihrer Verwaltungskapazitäten von Nutzen sein könnte.

Diese drei Möglichkeiten der Überleitung der Einheiten und Einrichtungen des "Technischen Hilfswerks" sind also denkbar.

bb) Zeitpunkt der Überleitung

Eine Auskunft darüber, bis wann eine Überleitung stattzufinden hat, findet sich im Katastrophenschutzgesetz nicht. Für den Luftschutzhilfsdienst gibt die Einordnungsanweisung des Bundesinnenministers vom 27.02.1972[127] an, daß die Überleitung bis zum 31.12.1972 durchzuführen sei. Diese Weisung kann aber nicht auf das "Technische Hilfswerk" übertragen werden, hier findet die Analogie ihre Grenze: Solange nicht erkannt war, daß auch das "Hilfswerk" überzuleiten ist, kann die Überleitungsfrist nicht zu laufen beginnen. Es kann der Weisung nur in aller Vorsicht entnommen werden, in welchem Zeitraum man sich die Überleitung vorzustellen hätte. Zudem sind auch weder im Katastrophenschutzgesetz noch in der Weisung Konsequenzen einer Nichteinhaltung der Frist genannt. Damit ist der Bundesinnenminister gefordert, neue Überleitungsvorschriften zu erlassen, dieses Mal für das "Technische Hilfswerk". Unterläßt er dies weiterhin, muß der Gesetzgeber dafür sorgen, daß der augenblickliche Zustand, der in Widerspruch zu den Zielen des Katastrophenschutzgesetzes steht, beseitigt wird.

---

127 - Runderlaß des Bundesamtes für zivilen Bevölkerungschutz vom 22.08.1969 (GMBl. S. 501) und die
- Weisung des Bundesministers des Innern zur Einordnung des Luftschutzhilfsdienstes in den Katastrophenschutz vom 27. Februar 1972 (GMBl. S. 196)

3. § 18 Abs. 3 KatSG analog

Die Rechtslage bis zur Überleitung gestaltet sich für den Luftschutzhilfsdienst nach § 18 Abs. 3 KatSG so, daß die alten, bis zum Inkrafttreten des Katastrophenschutzgesetzes gültigen Vorschriften neben denen des Katastrophenschutzgesetzes Geltung behalten. Übertragen auf die Organisation des "Technischen Hilfswerks" bedeutet das, daß § 6 Errichtungsgesetz BzB bis zur endgültigen Überleitung in Kraft bleibt, ebenso wie der Errichtungserlaß "THW" (soweit er rechtmäßig ist) und alle übrigen, das "Technische Hilfswerk" betreffenden Verwaltungsvorschriften. Bis zur Einordnung in den Katastrophenschutz der Kreise und kreisfreien Städte behält die Organisation also ihre Rechtsgrundlage. Im übrigen gilt das Katastrophenschutzgesetz für das "Technische Hilfswerk" ebenso wie für alle Organisationen des erweiterten Katastrophenschutzes.

Diese Geltung des Katastrophenschutzgesetzes bedeutet für die überzuleitende Organisation "Technisches Hilfswerk" ganz konkret folgendes: In Anwendung von § 1 Abs. 1 KatSG werden in den erweiterten Katastrophenschutz nur die "Einheiten und Einrichtungen" des Technischen Hilfswerkes einbezogen, nicht die gesamte Trägerorganisation[128]. Diese Einheiten und Einrichtungen stehen gemäß § 7 Abs. 1 KatSG i.V.m. § 2 Abs. 1 KatSG unter der Aufsicht des jeweilig zuständigen Hauptverwaltungsbeamten, der insbesondere Ausbildung, Aufstellung und Ausrüstung überwacht. Sobald der Verteidigungsfall eintritt oder wenn Übungen oder Ausbildungsveranstaltungen abgehalten werden, unterstehen die Einheiten und Einrichtungen des Technischen Hilfswerkes den Weisungen des Hauptverwaltungsbeamten. Gleiches gilt für Wartung und Pflege der Ausrüstungsgegenstände. Das heißt also, daß bei jedem für das "Technische Hilfswerk" denkbaren Ernstfall, ja sogar bei der Übung und Ausbildung von Einheiten, der "THW"-Verwaltungsüberbau ab der Ebene der Ortsbeauftragten (einschließlich) funktionslos wird, jedenfalls seine Weisungsbefugnisse verliert (deshalb ist das Blaulicht am Dienstwagen der Landesbeauftragten eigentlich überflüssig: Eingeschaltet werden darf ein Blaulicht nur im Ernstfall, in dem der Landesbeauftragte aber seiner Funktion enthoben ist). Nur die

---

128 siehe oben S. 19, 22

eigentlichen Funktionsträger des Katastrophenschutzes im "Technischen Hilfswerk", die Einheiten und Einrichtungen, also die einzelnen Züge mit ihren Helfern, behalten im Ernstfall ihre Bedeutung, anders als der gesamte organisatorische Überbau, die Führungs-, Koordinierungs- und Verwaltungsstellen. Der Hauptverwaltungsbeamte wird zwar im Regelfall die Koordinierung und Leitung des Einsatzes der Züge aus praktischen Erwägungen dem Ortsverband überlassen und sich bei Bedarf bestehender Verwaltungsstrukturen bedienen, sein Weisungsrecht erlaubt ihm jedoch ein "Hineinregieren"[129], das heißt gegebenenfalls den Zugführern Direktiven zu erteilen. Konsequenz des Katastrophenschutzgesetzes ist damit, daß der Bund in der Phase der Überleitung das "Technische Hilfswerk" weiterhin ausrüsten und unterhalten darf, daß aber jeder Einsatz, gelte er dem Verteidigungsfall oder Übungs- und Ausbildungszwecken, nach §§ 2, 7 KatSG in Bundesauftragsverwaltung durch den Hauptverwaltungsbeamten mit den Einheiten und Einrichtungen des Technischen Hilfswerkes (und der anderen Organisationen) durchgeführt wird.

Auch alle übrigen Vorschriften des Katastrophenschutzgesetzes gelten für das sich im Übergangsstadium befindliche "Technische Hilfswerk". Hingewiesen sei ausdrücklich noch einmal auf Vorschriften wie § 3 KatSG, völkerrechtliche Stellung; § 8 Abs. 1 und 2 KatSG, Dienst der Helfer im Katastrophenschutz; § 9 KatSG, Rechtsverhältnis der Helfer; § 14 KatSG, Kostentragung. Diesen Vorschriften wird im statusrechtlichen Teil der vorliegenden Arbeit noch besondere Bedeutung zukommen.

IX. Die Rechtslage seit dem Inkrafttreten des Ersten Gesetzes über Maßnahmen zum Schutz der Zivilbevölkerung (ZSG) vom 02.08.1976[130]

Eine Änderung der Rechtslage für den Bereich des Katastrophenschutzes erfolgt durch dieses Gesetz nicht. Gemäß § 1 Abs. 4 ZSG ist das Katastrophenschutzgesetz eine zum Zivilschutzgesetz speziellere Regelung. Nur für das "Bundesamt für zivilen Bevölkerungsschutz" ergibt

---

129 Bahro, § 7 Rdn. 4

130 BGBl. I S. 2046

sich eine Namensänderung in "Bundesamt für Zivilschutz" durch § 6 ZSG.

X. Die Rechtslage seit Erlaß des Gesetzes zur Verbesserung der Wehrgerechtigkeit und Verlängerung der Dauer des Grundwehrdienstes vom 13.06.1986[131]

Durch dieses Gesetz ändert sich die rechtliche Situation des Technischen Hilfswerkes nicht. Es werden allein Freistellungsvoraussetzungen für Helfer geändert.

XI. Die Rechtslage seit Schaffung des Gesetzes zur Regelung der Rechtsverhältnisse der Helfer der Bundesanstalt Technisches Hilfswerk (THW-Helferrechtsgesetz - THW-HelfRG) vom 22.01.1990[132]

Das THW-Helferrechtsgesetz hat einige entscheidende Neuerungen sowohl für das Organisations- als auch für das Helferrecht des Technischen Hilfswerkes gebracht.

Am bedeutsamsten ist, daß nunmehr eine Entscheidung des Gesetzgebers dahingehend vorliegt, daß die Bundesanstalt Technisches Hilfswerk weiterexistieren soll.
Somit wurde die zuvor im Katastrophenschutzgesetz vorgenomene Wertung gegen die Zweispurigkeit des Katastrophenschutzes und für eine Überleitung von Organisationen, die in nur in einem Bereich des Katastrophenschutzes tätig werden, für die Organisation "Technisches Hilfswerk" aufgehoben.

Gemäß § 1 Abs. 2, Satz 1 THW-HelfRG ist das Technische Hilfswerk eine nicht rechtsfähige Bundesanstalt mit eigenem Verwaltungsunterbau. Damit ist nunmehr ausdrücklich normiert, was bisher schon nach dem Gesetz zur Errichtung des Bundesamtes für zivilen Bevölkerungsschutz galt (siehe oben Seite 45 ff.).

---

131 BGBl. I S. 873

132 BGBl. I S. 118

Das THW-Helferrechtsgesetz verdrängt in seinem Geltungsbereich als das speziellere Recht alle gleichrangigen Normen (z.B. § 9 KatSG, hierzu noch unten im statusrechtlichen Teil) und als das höherrangige Recht alle untergesetzlichen Regelungen, die zu ihm in Widerspruch stehen. Letzteres gilt insbesondere für Teile des Errichtungserlasses THW. Von diesem Erlaß behalten daher nur Gültigkeit die Nr. I., Nr. II. Abs. 3, Nr. III. Abs. 1, Abs. 3, Nr. IV., Nr. VI., Nr. VIII., Nr. IX..

Mit dem THW-Helferrechtsgesetz ist das Rechtsverhältnis des Helfers im Technischen Hilfswerk in einem wesentlich größeren Umfang als bisher durch formelles Gesetz geregelt. Dies hat Auswirkungen auf die Beurteilung der Rechtmäßigkeit einiger bisher untergesetzlich normierter Rechte und Pflichten der Helfer. So ist insbesondere die Frage des Ausschlusses des Helfers aus dem Technischen Hilfswerk unter neuen Gesichtspunkten zu beurteilen, seit sie in § 2 Abs. 3 THW-HelfRG eine gesetzliche Regelung erfuhr (hierzu noch unten im Statusrecht).

Nichts geändert hat das THW-Helferrechtsgesetz daran, daß das Technische Hilfswerk keine originäre Zuständigkeit besitzt für Maßnahmen auf dem Gebiet des friedensmäßigen Katastrophenschutzes. Zwar nennt das Gesetz in seinem § 1 Abs. 2, Satz 2, Nr. 3 als Aufgabe des Technischen Hilfserkes die "technische Hilfe bei der Bekämpfung von Katastrophen, öffentlichen Notständen und Unglücksfällen größeren Ausmaßes", jedoch hat sich an der verfassungsrechtlichen Lage, nach der der Bund unzuständig ist für den friedensmäßigen Katastrophenschutz, nichts geändert. § 1 Abs. 2, Satz 2, Nr. 3 THW-HelfRG ist daher - ebenso wie bisher Nr. II. Abs. 1 Errichtungserlaß THW - als bloßer Hinweis auf die Möglichkeit der Amtshilfe zu verstehen.

XII. Die Rechtslage seit dem Inkrafttreten des Gesetzes zur Ergänzung des Katastrophenschutzgesetzes und anderer Vorschriften (Katastrophenschutzergänzungsgesetz - KatSErgG) vom 23.01.1990[133]

In seiner neuen Fassung nennt das Katastrophenschutzgesetz das Technische Hilfswerk ausdrücklich als eine Organisation, die bei der Erfüllung der Aufgaben nach diesem Gesetz mitzuwirken hat (§ 7 a Abs. 1

133 BGBl. I S. 120

KatSG), deren Einheiten und Einrichtungen ihre Ausstattung unmittelbar vom Bund erhalten (§ 5 Abs. 1, Satz 2 KatSG n.F.) und deren Helfervereinigung bei der Vorbereitung allgemeiner Verwaltungsvorschriften im Bereich des erweiterten Katastrophenschutzes ein Anhörungsrecht zusteht (§ 7 b Abs. 2 KatSG).

XIII. Die Rechtslage seit Erlaß des Gesetzes zur Regelung der Dauer des Grundwehrdienstes und des Zivildienstes vom 26. 11.1990[134]

Gleichzeitig mit der Verkürzung der Dauer des Wehrdienstes auf 12 Monate und des Zivildienstes auf 15 Monate wurde im Gesetz zur Regelung der Dauer des Grundwehrdienstes und des Zivildienstes die Mindestverpflichtungszeit der Helfer im Katastrophenschutz, die den Grundwehrdienst bzw. Zivildienst substituiert, von zehn auf acht Jahre herabgesetzt. Auch die Altersgrenze, bis zu der eine Verpflichtung zun Dienst im Katastrophenschutz möglich ist, wurde heraufgesetzt (siehe hierzu noch unten im statusrechtlichen Teil).

134 BGBl. I S. 2520

Teil 3
Das Rechtsverhältnis des Helfers im erweiterten Katastrophenschutz, insbesondere des THW-Helfers

Die vorliegende Arbeit orientiert sich bei der Darstellung und rechtlichen Untersuchung des Helferrechtsverhältnisses an der Reihenfolge, in der sich die Rechtsfragen dem Helfer zwischen seiner Bewerbung und seinem Ausscheiden aus dem Technischen Hilfswerk stellen. So wird begonnen mit dem Zustandekommen des Dienstverhältnisses, es folgen dessen rechtliche Qualifizierung und Überlegungen zu seiner Zulässigkeit, schließlich die konkrete inhaltliche Ausgestaltung des Helferrechtsverhältnisses.

A. Zustandekommen des Dienstverhältnisses eines "Helfers im erweiterten Katastrophenschutz"

I. Die Verpflichtung zum erweiterten Katastrophenschutz gem. § 8 Abs. 1, Satz 1 KatSG

Die maßgebliche Vorschrift für die Entstehung der Verpflichtung zur Leistung von Diensten im erweiterten Katastrophenschutz stellt § 8 Abs. 1, Satz 1 KatSG dar. Er lautet:

> "Die Helfer können sich gegenüber ihrer Organisation für eine bestimmte oder unbestimmte Zeit zum Dienst im Katastrophenschutz verpflichten."

Nach dem Wortlaut des § 8 Abs. 1, Satz 1 KatSG können sich nur Personen zum Katastrophenschutz verpflichten, die schon *Helfer* sind. Dieser scheinbare Widerspruch klärt sich auf, bedenkt man, daß § 8 Abs. 1, Satz 1 KatSG - wie das ganze Katastrophenschutzgesetz[1] - nur vom erweiterten, also *verteidigungsgerichteten* Katastrophenschutz spricht und daß weiterhin die Formulierung der Norm auf privatrechtliche Organisationen, also solche des friedensmäßigen Katastrophen-

1 vgl. § 1 KatSG

schutzes, zugeschnitten ist. Dann wird deutlich, daß § 8 Abs. 1, Satz 1 KatSG sagen will, daß sich die Helfer des *friedensmäßigen* Katastrophenschutzes gegenüber ihrer Organisation zum Dienst im *erweiterten* Katastrophenschutz verpflichten können. Personen, die in einem *ersten Schritt* Mitglied in einer privaten Organisation geworden sind und sich so dem friedensmäßigen Katastrophenschutz verschrieben haben, können sich in einem *zweiten Schritt* zusätzlich dem verteidigungsgerichteten verpflichten. Dem einen Rechtsverhältnis *(Mitgliedschaft)* folgt also gegebenenfalls - wenn die zweite Verpflichtung vorgenommen wird - ein zweites, das *Dienstverhältnis im erweiterten Katastrophenschutz*. Es sind somit in den friedensmäßigen Organisationen, die auch im erweiterten Katastrophenschutz mitwirken, zwei Arten von Organisationszugehörigen anzutreffen: Nur-Mitglieder, die sich allein dem friedensmäßigen Katastrophenschutz verschrieben haben und solche Mitglieder, die darüber hinaus dem erweiterten Katastrophenschutz verpflichtet sind.

Eine solche Trennung von Organisationszugehörigkeit und Verpflichtung zum erweiterten Katastrophenschutz ist allerdings nur bei den privatrechtlichen Organisationen, nicht aber bei den bestehenden öffentlich-rechtlichen möglich. Dies findet seinen Grund in der Tatsache, daß die öffentlich-rechtlichen *nur erweiterten* Katastrophenschutz betreiben[2] bzw. betreiben dürfen[3]. Damit hat, wer sich der öffentlich-rechtlichen Organisation verpflichtet, (nur) Dienst im erweiterten Katastrophenschutz zu leisten. Organisationszugehörigkeit und Verpflichtung zum erweiterten Katastrophenschutz sind hier eins. Eine darüber hinausgehende Aufgabe, die eine vom verteidigungsgerichteten Katastrophenschutz losgelöste Organisationszugehörigkeit ermöglichte, steht den öffentlich-rechtlichen Organisationen nicht zu. Der Bewerber wird durch seine Verpflichtung gegenüber der öffentlich-rechtlichen Organisation gleichzeitig Organisationszugehöriger und Helfer im erweiterten Katastrophenschutz. Eine dem Akt der Verpflichtung vorausgehende Organisations*mitgliedschaft* wie bei den privatrechtlichen Verbänden[4],

2 Regieeinheiten gemäß *§ 1 a Abs. 2* KatSG, mit Ausnahmemöglichkeit, siehe oben S. 19, 77

3 Technisches Hilfswerk, siehe oben VII. (S. 45 ff.)

4 vgl. z.B. Satzung des Deutschen-Roten-Kreuzes, der Johanniter-Unfallhilfe etc.

die womöglich nach Vereinsrecht zu beurteilen wäre, existiert bei den öffentlich-rechtlichen Organisationen nicht.

Dies hindert die Organisationsangehörigen zwar nicht, eigene Vereine zu gründen und diesen beizutreten. So wurde, zur besseren Durchführbarkeit von Helferfesten und zur Ermöglichung einer Einbindung von Althelfern nach der Verpflichtungszeit, ein sogenannter *THW-Helferverein* gegründet. Eine Mitgliedschaft in diesem Verein ist aber unabhängig von der Zugehörigkeit zum Technischen Hilfswerk, also vom THW-Helferstatus. Laut Satzung kann jeder am Technischen Hilfswerk Interessierte Mitglied werden. Es handelt sich von vornherein um zwei rechtlich voneinander unabhängige Organisationen.

Wenn § 8 Abs. 1, Satz 1 KatSG seinem Wortlaut nach bestimmt, daß sich die Helfer friedensmäßiger Organisationen zum verteidigungsgerichteten Katastrophenschutz verpflichten können, so heißt dies jedoch nicht, daß die Mitgliedschaft im friedensmäßigen Katastrophenschutz zwingende Voraussetzung sein soll für einen Dienst im verteidigungsgerichteten Katastrophenschutz; denn das Katastrophenschutzgesetz selbst kennt mit den Regieeinheiten eine öffentlich-rechtliche Organisation des rein verteidigungsgerichteten Katastrophenschutzes. Die Helfer dieser Einheiten leisten Dienst im erweiterten Katastrophenschutz, ohne Helfer des friedensmäßigen zu sein. Allerdings belegt die Tatsache, daß die Norm des § 8 Abs. 1, Satz 1 KatSG von einer Trennung von Organisationszugehörigkeit und Verpflichtung zum erweiterten Katastrophenschutz ausgeht, welche nur bei Organisationen möglich ist, die verteidigungsgerichteten *und* friedensmäßigen Katastrophenschutz durchführen, erneut[5], daß das Katastrophenschutzgesetz nicht zugeschnitten ist auf Organisationen, die allein dem verteidigungsgerichteten Katastrophenschutz dienen. Diese haben deshalb die Ausnahme zu bilden[6] bzw. müssen sogar übergeleitet werden[7].

Festzuhalten bleibt, daß der Verpflichtung zum Katastrophenschutzdienst bei einer öffentlich-rechtlichen Organisation keine Organisa-

---

5 siehe schon oben S. 69 ff., 84; § 1 KatSG

6 z.B. Regieeinheiten, *§ 1 a Abs. 2* KatSG; Technisches Hilfswerk, § 7 a Abs. 1, Satz 1, Nr. 2, Satz 2 THW-HelfRG

7 in der Vergangenheit schon: Luftschutzhilfsdienst

tionsmitgliedschaft vorausgeht, auch wenn der Wortlaut des § 8 Abs. 1, Satz 1 KatSG erkennen läßt, daß dies nicht als Normalfall gedacht war. Durch die Verpflichtung zur Leistung von Diensten im Katastrophenschutz gegenüber einer öffentlich-rechtlichen Organisation wird der Bewerber uno actu Angehöriger der Organisation *und* Helfer des erweiterten Katastrophenschutzes im Sinne des § 8 Abs. 1, Satz 1 KatSG. Eine auf den ersten Blick ähnliche Situation kann bei privaten Organisationen eintreten, wenn ein Bewerber um die Mitgliedschaft gleichzeitig der Organisation beitritt und seine Verpflichtung zur Mitwirkung im erweiterten Katastrophenschutz erklärt. Dennoch bleiben es in diesen Fällen zwei Akte, die rechtlich zu scheiden sind, selbst wenn sie zusammen vorgenommen werden. Die vielbemühte juristische Sekunde trennt sie.

Eine auf die öffentlich-rechtliche Organisation wie das Technische Hilfswerk zugeschnittene Formulierung des § 8 Abs. 1, Satz 1 KatSG müßte daher von "Bewerbern" und nicht von "Helfern" sprechen. Denn "Helfer" werden die Bewerber erst mit ihrer Verpflichtung gegenüber der Organisation. Das Rechtsverhältnis des THW-Helfers als eines Helfers im erweiterten Katastrophenschutz entsteht also allein mit seiner Verpflichtung zum Dienst im erweiterten Katastrophenschutz gegenüber dem Technischen Hilfswerk.

Über diese Verpflichtung bestimmt das Katastrophenschutzgesetz nur, daß sie gegenüber der jeweiligen Trägerorganisation zu erfolgen hat. Dazu, wie der Verpflichtungsakt im einzelnen vonstatten geht, insbesondere aus welchen Elementen er besteht und wie diese rechtlich zu qualifizieren sind, gibt das Katastrophenschutzgesetz unmittelbar keine Auskunft. Die rechtliche Beurteilung dieses Verpflichtungsaktes fällt in Literatur und Rechtsprechung unterschiedlich aus.

II. Verpflichtungsakt

1. Einseitiger oder zweiseitiger Verpflichtungsakt

Teils[8] wird, allerdings ohne die Nennung von Gründen, davon ausgegangen, der gesamte Verpflichtungsakt erschöpfe sich in der Abgabe einer einseitigen empfangsbedürftigen Willenserklärung durch die Person, die sich dem erweiterten Katastrophenschutz verpflichten möchte. Die *Selbstverpflichtung* soll nur insoweit unmöglich sein, als die in Nr. 42 KatSG-Organisations-VwV[9] geforderten Mindestvoraussetzungen (Mindestalter/Höchstalter; erforderliche körperliche Eignung) nicht erfüllt sind. Nach dieser Ansicht kann sich der (friedensmäßige) Helfer, also das Nur-Mitglied einer privatrechtlichen Katastrophenschutzorganisation, die gemäß § 7 a KatSG auch erweiterten Katastrophenschutz betreibt, gegebenenfalls *auch gegen den Willen* seiner Organisation in die Einheiten des erweiterten Katastrophenschutzes hineindrängen[10]. Für die öffentlich-rechtliche Organisation hätte dieses Prinzip der Selbstverpflichtung sogar zur Folge, daß der Bewerber durch eine einseitige empfangsbedürftige Willenserklärung unmittelbar Organisationszugehöriger würde. Hier könnten sich also sogar Außenstehende in die Gesamtorganisation hineindrängen.

Nicht nur, daß diese Ansicht von der Verpflichtung mittels einseitiger empfangsbedürftiger Willenserklärung kein Argument nennt zur Stärkung ihrer These, es sprechen auch gewichtige Gesichtspunkte gegen sie. Innerhalb von Organisationen wie denen des Katastrophenschutzes, die gegliedert sind in Funktionsgruppen, welchen wiederum bestimmte Helfer mit einer jeweils funktionsspezifischen Ausbildung zugewiesen sind, kann ein Helfer nicht *willkürlich* seinen Platz innerhalb der Organisation wechseln, sondern muß prinzipiell auf dem Posten verbleiben, für den er von der Organisation vorgesehen und ausgebildet ist. Hiervon hängt die Einsatzfähigkeit der Organisation und ihrer Funktionsgruppen entscheidend ab, auch eine sinnvolle Personalplanung

8 BVerwG NJW 1970, 676 ff.; Bahro, § 8 Rdn. 9; Roeber/Goeckel, § 8 Rdn. 4 (in offensichtlicher Anlehnung an Bahro)

9 Allgemeine Verwaltungsvorschrift über die Organisation des Katastrophenschutzes vom 27.02.1972 (GMBl. 1972, S. 181)

10 hiervon geht ausdrücklich aus: Bahro, § 8 Rdn. 9 a.E.

würde unmöglich. Gestände man nun Mitgliedern privater Organisationen, die nur für den Dienst in Einheiten mit allein organisationsbezogenen Aufgaben wie Sanitätsdiensten und Krankentransporten in Friedenszeiten, nicht aber auch für den erweiterten Katastrophenschutz aufgenommen wurden, zu, durch bloße Erklärung der Selbstverpflichtung zum erweiterten Katastrophenschutz aus ihrer allein friedensmäßig eingesetzten Einheit in eine solche des erweiterten Katastrophenschutzes wechseln zu können, ergäbe sich aber gerade die Möglichkeit eines willkürlichen Wechsels von einer Funktionseinheit zur anderen.

Auch darf jede Organisation nur eine gewisse *Zahl* von Helfern aufnehmen und im erweiterten Katastrophenschutz beschäftigen[11] [12]. Neben dieser rechtlichen Grenze ist der Organisation aber auch eine tatsächliche gesetzt für die Zahl der im erweiterten Katastrophenschutz tätigen Helfer. Sie verfügt über die beschränkte Anzahl von Helferplätzen hinaus über keine persönliche Ausstattung für die Helfer, insbesondere keine Ausrüstung, die speziell auf den erweiterten Katastrophenschutz zugeschnitten ist (wie Gasmasken, ABC-Ausrüstung etc.). Da dem Helfer das Recht zugebilligt werden muß, eine dem Einsatz entsprechende persönliche Ausstattung zu erhalten, ginge mit der Anerkennung einer Selbstverpflichtungsmöglichkeit der Zwang einher, weitere Sachmittel zu beschaffen, selbst wenn die Gesamtsituation des Katastrophenschutzes zusätzliche Kräfte nicht erforderte oder die Finanzsituation ein solches Vorgehen nicht erlaubte. Die Organisation muß daher aus rechtlichen und tatsächlichen Gründen die Zahl der Helfer kontrollieren und steuern können, um die erlaubte und zuträgliche Grenze nicht zu überschreiten.

Besonders aber bei den *öffentlich-rechtlichen* Organisationen führte die Selbstverpflichtung zu geradezu unerträglichen Ergebnissen. Man kennt hier keine der Verpflichtung vorausgehende Mitgliedschaft, bei deren Zustandekommen eine gewisse Selektion der Bewerber im Vorfeld der Verpflichtung zum erweiterten Katastrophenschutz möglich wäre, so

---

11 so wendet zu Recht ein: Roewer, Rdn. 69 (S. 38)

12 Stärkenachweisung gemäß § 4 Abs. 2 KatSG n.F. in Verbindung mit Nr. 11 KatS-Organisations-VwV in Verbindung mit dem Erlaß des Bundesinnenministers über die Festlegung der Stärke des Katastrophenschutzes -Stärkeerlaß KatS - BMI - vom 4. April 1972, abgedruckt bei: Kolb, KS 11

wie bei den privaten Organisationen. Damit könnte jeder, der die in Nr. 42 KatSG-Organisations-VwV festgeschriebenen Voraussetzungen erfüllt, Aufnahme in z. B. das Technische Hilfswerk finden, ohne daß eine Möglichkeit bestünde, einen unerwünschten Bewerber abzuweisen. Und Gründe dafür, einen Bewerber nicht annehmen zu wollen, lassen sich neben denen der Nr. 42 KatSG-Organisations-VwV sehr wohl denken, so zum Beispiel das Persönlichkeitsbild, das Auftreten, mangelnde praktische Eignung, Berücksichtigung einer möglichst breiten und verwendungsspezifischen beruflichen Streuung im Kreis der Helfer. Zudem sind die öffentlich-rechtlichen Organisationen ebenso wie die privatrechtlichen rechtlich und faktisch an bestimmte Maximalzahlen von Helfern gebunden; für mehr haben sie keine Verwendung, keine persönliche Ausrüstung und keine Ausbildungsmöglichkeiten.

Daher ist die *These von der Selbstverpflichtung* durch eine einseitige empfangsbedürftige Willenserklärung *nicht haltbar.* Neben der Erklärung des Bewerbers zur Bereitschaft zur Mitarbeit im erweiterten Katastrophenschutz ist eine *Form der Annahme* durch die Organisation erforderlich. Dieses Ergebnis entspricht übrigens der in § 9 Abs. 1 Satz 2 ZSG getroffenen Regelung, die allerdings wegen der in § 1 Abs. 4 b ZSG normierten Spezialität des Katastrophenschutzgesetzes keine Anwendung findet. Um THW-Helfer zu werden, muß der Bewerber also zunächst eine Verpflichtungserklärung abgeben. Sodann muß eine Annahme durch das Technische Hilfswerk (Abteilung IV des Bundesamtes für Zivilschutz) erfolgen. Von diesem Erfordernis von Verpflichtungserklärung und Annahme der Verpflichtung gehen auch die vom Bundesamt für Zivilschutz an seine Abteilung IV erlassenen dienstlichen Weisungen aus. Nr. 2 THW-Helferstatut besagt, daß die Verpflichtung gegenüber der Bundesanstalt Technisches Hilfswerk erfolgt[13], der Schriftform auf Formblatt bedarf[14], bei Minderjährigen die Zustimmung des gesetzlichen Vertreters erforderlich wird[15] und die Verpflichtung (es hätte zur Vermeidung einer Verwechslungsgefahr besser geheißen: die Verpflichtungs*erklärung*) erst mit der Annahme durch die Bundesanstalt Technisches Hilfswerk Verbindlichkeit erlangt[16]. Aus-

13 Nr. 2.1 THW-Helferstatut

14 Nr. 2.2, Satz 1 THW-Helferstatut

15 Nr. 2.2, Satz 2 THW-Helferstatut

16 Nr. 2.3, Satz 1 THW-Helferstatut

drücklich betont wird letztlich, daß kein Anspruch auf Annahme besteht[17]. Der Leitfaden über die Mitwirkung in der Bundesanstalt Technisches Hilfswerk[18] trifft in seiner Nr. I noch detailliertere, vorwiegend verwaltungstechnische Bestimmungen zur "Verpflichtungserklärung"[19] und zur "Annahme der Verpflichtungserklärung"[20].

2. Rechtliche Einordnung des Verpflichtungsaktes

a) Verpflichtungserklärung

Die Verpflichtungserklärung des Bewerbers läßt sich noch klar und eindeutig qualifizieren. Es handelt sich um eine empfangsbedürftige Willenserklärung[21], die den allgemeinen Vorschriften des BGB folgt. Insbesondere kann sie nach den Irrtumsregeln der §§ 119 ff. BGB angefochten und unter einer Bedingung abgegeben werden (z.B. der der Freistellung vom Wehrdienst[22]) zur Vermeidung einer doppelten Verpflichtung[23]. Das Katastrophenschutzgesetz selbst fordert keine besondere Form der Erklärung, gemäß § 9 Abs. 1 KatSG ist eine diesbezügliche Regelung den Organisationen überlassen. Deren Handhabung sieht eine schriftliche Erklärung als Voraussetzung vor[24]. Aus Gründen der Klarheit und Rechtssicherheit ist dies zu begrüßen.

---

17 Nr. 2.3, Satz 2 THW-Helferstatut

18 Stand 01. April 1982

19 Leitfaden THW I, Nr.2

20 Leitfaden THW I, Nr. 8

21 ebenso: BVerwG NJW 1970, 676 ff.; BVerwG NJW 1969, 2060; Bahro, § 8, Rdn. 9 (allerdings einseitige empfangsbedürftige Willenserklärung); Kreutzer, NJW 1969, 2060 ff.; Kriebel, DÖV 1962, 766 ff.; Roeber/ Goeckel, § 8 Rdn. 4; Roewer, Rdn. 66 (S. 37)

22 hierzu noch unten S. 173 ff.

23 Roewer, Rdn. 66 (S. 37); a.A. Bahro, § 8 Rdn. 9, der allerdings von einer einseitigen empfangsbedürftigen Willenserklärung ausgeht

24 keine Ausnahme bekannt; für das Technische Hilfswerk geregelt in: Leitfaden THW Nr. 2

b) Annahme der Verpflichtungserklärung

Mehr Schwierigkeiten bei der rechtlichen Einordnung bereitet die Annahme der Verpflichtungserklärung. Es muß getrennt werden zwischen den öffentlich-rechtlichen und den privatrechtlichen Organisationen.

aa) Die öffentlich-rechtlichen Organisationen

Bei den öffentlich-rechtlichen Organisationen könnte es sich bei der Annahme um die Willenserklärung der Organisation zum Abschluß eines privat- oder öffentlich-rechtlichen Vertrages handeln oder aber um den Erlaß eines Verwaltungsaktes als Reaktion auf die einen Antrag darstellende Verpflichtungserklärung des Bewerbers, einen sogenannten "Verwaltungsakt auf Unterwerfung"[25] als Unterfall des zustimmungsbedürftigen Verwaltungsaktes: Hier setzt der rechtmäßige Erlaß des Verwaltungsaktes einen Antrag voraus[26]. Ob zwischen Bürger und Behörde ein Vertrag geschlossen oder ob das Rechtsverhältnis durch einen zustimmungsbedürftigen Verwaltungsakt geregelt wird, richtet sich nach dem *Willen der Beteiligten*[27], soweit keine gesetzliche Vorschrift eine der Formen zwingend vorschreibt. Eine derartige Norm existiert im Bereich des Katastrophenschutzes jedoch nicht. Worauf der Wille der Beteiligten gerichtet war, ob auf einen Vertragsabschluß oder auf eine Regelung durch Verwaltungsakt, muß aus den abgegebenen Erklärungen und dem Gesamtzusammenhang ermittelt werden. Als wichtiges Indiz kommt zunächst prinzipiell die *Bezeichnung* des Vorganges durch die Beteiligten in Betracht. Nennen sie den Rechtsakt Vertrag oder Verwaltungsakt bzw. benutzen sie Synonyme? Im Fall der Verpflichtung zum Dienst im Technischen Hilfswerk findet sich jedoch - ebensowenig wie bei den Regieeinheiten - keine ausdrückliche oder sinngemäße Verwendung der Vokabeln "Vertrag" oder "Verwaltungsakt". Als Indizien für den Willen der Beteiligten können daher nur die *Charakteristika* von Vertrag und (zustimmungsbedürftigem) Verwaltungsakt herangezogen werden. Typisch für den Vertrag ist der Einfluß beider Seiten bei der Aushandlung des Vertragsinhaltes, die Vertrags-

25 nach Otto Mayer, Verwaltungsrecht I, S. 98; ders., Verwaltungsrecht II, S. 151

26 für alle: Erichsen/Martens, § 12 IV

27 für alle: Maurer, § 14 Rdn. 19

verhandlung. Ihr Zweck liegt regelmäßig darin, den Bürger mitentscheidend in den Regelungsvorgang einzubeziehen[28]. Der Verwaltungsakt dagegen stellt eine Maßnahme einer Behörde dar zur Regelung eines Einzelfalls auf dem Gebiet des öffentlichen Rechtes[29]. Es handelt sich also um eine einseitige Regelung bzw. Ausgestaltung des Rechtsverhältnisses durch die Behörde. Bei dem zustimmungsbedürftigen Verwaltungsakt[30] hat der Bürger allerdings die Möglichkeit, über das "Ob" des Verwaltungsaktes zu bestimmen. Die Rechtmäßigkeit des Verwaltungsaktes ist hier abhängig von der nachträglichen oder vorhergehenden Zustimmung. Letzteres wird "Antrag" genannt, der Verwaltungsakt auch als "Verwaltungsakt auf Unterwerfung"[31] bezeichnet. Auf das "Wie", die inhaltliche Ausgestaltung des vom Verwaltungsakt abhängigen Rechtsverhältnisses kann der Bürger jedoch keinen Einfluß nehmen. Zweck des zustimmungsbedürftigen Verwaltungsaktes ist der Schutz des Bürgers davor, einen Verwaltungsakt aufgedrängt zu bekommen[32].

Betrachtet man, wie in der Praxis der öffentlich-rechtlichen Organisationen, speziell bei dem Technischen Hilfswerk, das Verpflichtungsverfahren abgewickelt wird, bietet sich folgendes Bild: Zunächst unterschreibt der Bewerber ein in seinem Wortlaut feststehendes Formular, betitelt mit "Verpflichtungserklärung". Er kann mit seinem Antrag zwar Einfluß nehmen auf die Dauer der endgültigen Verpflichtung[33], nicht aber auf ihren eigentlichen Inhalt. Der Verpflichtungserklärung folgt eine probeweise Aufnahme[34], die durch Mitteilung an den Bewerber

---

28 Maurer, § 14 Rdn. 18 f., § 9 Rdn. 25

29 für alle: Erichsen/Martens, § 11

30 vgl. hierzu Erichsen/Martens, § 11 IV; Maurer, § 14 Rdn. 19, § 9 Rdn. 25

31 BVerwG DVBl. 1969, 665; Erichsen/Martens, § 12 IV; Mayer, Verwaltungsrecht, S. 98, 151; Wolff/Bachof, § 48 III

32 Maurer, § 14 Rdn. 19

33 "<...> auf unbestimmte Zeit, für die Dauer von ... Jahren, für die Dauer von mindestens 8 Jahren (§ 8 Abs. 2 KatSG/§ 14 Abs. 1 ZDG).", so Satz 1 des Verpflichtungsformulars, Formblatt F-1, Anhang des Leitfadens über die Mitwirkung in der Bundesanstalt Technisches Hilfswerk, Stand 01. April 1982

34 I Nr. 5 Leitfaden über die Mitwirkung in der Bundesanstalt Technisches Hilfswerk, Stand 01. April 1982, Nr. 5

mittels Formblatt F-2[35] erfolgt. Die Mitteilung spricht neben der probeweisen Aufnahme die Ankündigung aus, nach Ablauf der sechsmonatigen Probezeit werde über die Annahme der Verpflichtungserklärung des Bewerbers und damit über die endgültige Aufnahme durch das Technische Hilfswerk entschieden. Es entstehe zudem durch die Ableistung der Probezeit kein Anspruch auf Annahme. Nach Ablauf der Probezeit wird zunächst eine organisationsinterne Stellungnahme des Einheitsführers und des Helfersprechers eingeholt[36], dann entscheidet der Ortsbeauftragte über die Annahme bzw. Nicht-Annahme der Verpflichtungserklärung des Bewerbers (probeweisen Helfers). Diese Annahme wird dem Bewerber mittels Formblatt F-5[37] erklärt.

Nach allem zeigt sich, daß der Bewerber über die Erklärung der Bereitschaft zur Mitwirkung im Katastrophenschutz hinaus *keine Beteiligung erfährt* an der Ausgestaltung und dem Zustandekommen des Helferverhältnisses. Das Technische Hilfswerk verhandelt nicht mit dem Bewerber, es bescheidet seinen Antrag. Diese einseitige Regelungsart durch eine Behörde nach einer Erklärung des Bewerbers ist der typische Fall des zustimmungsbedürftigen Verwaltungsaktes. An einen Vertrag, an das Aushandeln also des Inhaltes des Rechtsverhältnisses, erinnert bei dem beschriebenen Vorgehen nichts. Die Indizien sprechen damit eindeutig dafür, daß das Rechtsverhältnis zwischen den Beteiligten durch einen zustimmungsbedürftigen Verwaltungsakt zustandekommt und dieses auch ihrem übereinstimmenden Willen entspricht. Die "Annahme" der Verpflichtungserklärung (Antrag) des Bewerbers erfolgt bei den öffentlich-rechtlichen Organisationen wie dem Technischen Hilfswerk durch den Erlaß eines Verwaltungsaktes[38].

---

35 Anhang des Leitfaden über die Mitwirkung in der Bundesanstalt Technisches Hilfswerk, Stand 01. April 1982

36 Formblatt F-4, Anhang des Leitfaden über die Mitwirkung in der Bundesanstalt Technisches Hilfswerk, Stand 01. April 1982

37 Anhang des Leitfaden über die Mitwirkung in der Bundesanstalt Technisches Hilfswerk, Stand 01. April 1982

38 ebenso: Kreutzer, NJW 1969, 2060 (2061); Roewer, Rdn. 69 (S. 39); a.A. Kriebel, DÖV 1962, 766 (770 f.): öffentlich-rechtliches Auftragsverhältnis; ihn widerlegend: Klein, DVBl. 1968, 129 (133 f.)

bb) Die privatrechtlichen Organisationen

Auch wenn Gegenstand der vorliegenden Untersuchung die öffentlich-rechtliche Organisation "Technisches Hilfswerk" ist, so sei trotzdem noch ein Seitenblick geworfen auf das Verpflichtungsverfahren der privaten Organisationen. An Möglichkeiten der Art und Weise der Annahme der Verpflichtungserklärung zur Leistung auch erweiterten Katastrophenschutzdienstes ist bei den privatrechtlichen Organisationen zwar *prinzipiell* das gleiche Spektrum vorhanden wie bei den öffentlich-rechtlichen. Sie könnten mittels einer Willenserklärung einen privat- oder öffentlich-rechtlichen Vertrag schließen oder aber einen Verwaltungsakt gegenüber dem Helfer (bisheriges Nur-Mitglied) erlassen. Allerdings wäre Voraussetzung sowohl eines Verwaltungsaktes[39] als auch eines öffentlich-rechtlichen Vertrages[40], daß die private Organisation *"Behörde"* wäre im Sinne des Verwaltungsverfahrensgesetzes. Gemäß § 1 Abs. 4 i.V.m. § 9 VwVfG ist "Behörde" jede Stelle, die Aufgaben der öffentlichen Verwaltung nach außen wahrnimmt. Private können die Behördeneigenschaft mit der Übertragung von Verwaltungsaufgaben zur eigenständigen Wahrnehmung (sogenannte Beleihung) erlangen. Ein derartiger Beleihungsakt ist bei den privatrechtlichen Organisationen des erweiterten Katastrophenschutzes jedoch nicht erfolgt. Gemäß § 7 a Abs. 1 Nr. 3, Abs. 2 KatSG *wirken* zwar privatrechtliche Organisationen bei der Erfüllung der Aufgaben nach dem Katastrophenschutzgesetz *mit*. Damit ist ihnen aber gerade nicht die *eigenständige* Wahrnehmung öffentlicher Aufgaben überantwortet, vielmehr sind sie der Katastrophenschutzbehörde gemäß § 7 KatSG unterstellt. Die Katastrophenschutzbehörde "leitet und koordiniert alle Hilfsmaßnahmen in ihrem Bereich und trifft die hierfür erforderlichen Vorbereitungen" (§ 7 Abs. 1, Satz 1 KatSG). Bei Einsätzen und angeordneten Übungen - also bei der Wahrnehmung der Aufgabe des erweiterten Katastrophenschutzes - unterstehen der Katastrophenschutzbehörde die Einheiten und Einrichtungen der Organisationen unmittelbar - eine "Zwischenschaltung" der Organisationen selbst besteht nicht. Eine solche Einschaltung der Organisation widerspräche auch dem Konzept des Katastrophenschutzgesetzes, die Leitung des erweiterten Katastro-

39 Maßnahme einer *Behörde* zur Regelung eines Einzelfalls auf dem Gebiet des öffentlichen Rechts, vgl. § 35 Satz 1 VwVfG

40 vgl. § 54 VwVfG i.V.m. § 9 VwVfG: "Behörde"

phenschutzes im Einsatzfall wegen des räumlich überschaubaren Umfangs auf der Kreisebene beim Hauptverwaltungsbeamten zu konzentrieren[41]. Die Organisationen, denen gegenüber - und nicht, wie in der Regierungsvorlage des Katastrophenschutzgesetzes vom 9. Juli 1968 ursprünglich vorgesehen[42], gegenüber der zuständigen Behörde (Hauptverwaltungsbeamter) - gemäß § 8 Abs. 1, Satz 1 KatSG die Verpflichtungserklärungen zum Dienst im erweiterten Katastrophenschutz abzugeben sind, stellen damit wegen der fehlenden Übertragung von Verwaltungsaufgaben keine Behörden dar im Sinne des Verwaltungsverfahrensgesetzes[43], die Möglichkeit einer Annahme der Verpflichtungserklärung durch Verwaltungsakt und die Ausgestaltung des Rechtsverhältnisses durch öffentlich-rechtlichen Vertrag (Verwaltungsvertrag) scheiden also aus. Die privaten Organisationen des Katastrophenschutzes können die Annahme der Verpflichtungserklärung des Helfers (bisheriges Nur-Mitglied) damit nur mit einer privatrechtlichen empfangsbedürftigen Willenserklärung durchführen, es kommt ein privatrechtlicher Vertrag zwischen Mitglied und Organisation zustande[44]. Welche Auswirkungen dies auf die rechtliche Beurteilung des Dienstverhältnisses des Katastrophenschutzhelfers einer privatrechtlichen Organisation hat, wird im folgenden Abschnitt noch angesprochen werden.

---

41 § *2 Abs. 1 Satz 2 KatSG i.V.m. Landeskatastrophenschutzgesetzen,* vgl. auch die obigen Ausführungen S. 29 f. *zu § 7 KatSG a.F.*

42 vgl. BT-Drucks. V/2585

43 vgl. auch Steiner, S. 230, Fßn. 142: kein Beleihungsverhältnis zwischen Staat und Organisation

44 so auch Roewer, Rdn. 69; unausgesprochen auch Steiner, S. 231, Fßn. 148

B. Qualifizierung des entstandenen Rechtsverhältnisses als öffentlich-rechtliches Dienstverhältnis besonderer Art

I. Das öffentlich-rechtliche Dienstverhältnis besonderer Art

Das Rechtsverhältnis zwischen Helfer und Technischem Hilfswerk wird, ebenso wie überhaupt das Rechtsverhältnis des Katastrophenschutzhelfers, allgemein als "öffentlich-rechtliches Dienstverhältnis besonderer Art" bezeichnet[45], ohne daß allerdings präzisiert wird, welche Kriterien nun genau ein solches Dienstverhältnis ausmachen. Daß es sich um ein *Dienstverhältnis* handelt, um ein Rechtsverhältnis also, das zur Leistung von Diensten verpflichtet, ist geradezu offensichtlich und wird sowohl von § 1 Abs. 3 Satz 2 THW-HelfRG als auch von § 8 Abs. 1, Satz 1 KatSG ausgesprochen[46]. Was aber macht das "*öffentlich-rechtliche*" Dienstverhältnis aus, dazu eines "*besonderer Art*"? Ausgangspunkt bei der Suche nach einer Antwort auf diese Frage soll im folgenden der Begriff des "öffentlichen Dienstes" sein, wie er in Gesetzgebung, Rechtsprechung und Literatur Verwendung findet.

Der Begriff des "*öffentlichen Dienstes*" ist nicht fest umrissen oder allgemeingültig gesetzlich definiert. So findet sich z. B. in *§ 15 des Arbeitsplatzschutzgesetzes*[47] eine ausdrücklich auf dieses Gesetz beschränkte Legaldefinition. Danach ist öffentlicher Dienst "die Tätigkeit im Dienste des Bundes, eines Landes, einer Gemeinde, eines Gemeindeverbandes oder einer anderen Körperschaft, Anstalt oder Stiftung des öffentlichen Rechts oder Verbänden von solchen; ausgenommen ist

---

45 Bay VGH, Urteil vom 03.05.1984 (3 B 83 A. 1267), nicht veröffentlicht, S. 4 des amtlichen Ausdrucks; Bay VGH, Urteil vom 18.10.1984 (3 B 84 A. 1637), nicht veröffentlicht, S. 7 des amtlichen Ausdrucks; VG Ansbach, Urteil vom 29.03.1984 (16 K 83 A. 1394), nicht veröffentlicht, S. 8 f. des amtlichen Ausdrucks; OVG Hamburg, DVBl. 1981, 48 ff.; OVG Hamburg, Beschluß vom 13.07.1979 (Bf. II 8 C/77), nicht veröffentlicht, S. 5 des amtlichen Ausdrucks; VG Karlsruhe, Urteil vom 12.02.1981 (5 K 298/80), nicht veröffentlicht, S. 8 f. des amtlichen Ausdrucks; VG Aachen, Urteil vom 15.12.1983 (1 K 1808/83), nicht veröffentlicht, S. 8 des amtlichen Ausdrucks; Bahro, § 8 Rdn. 13; Roeber/Göckel, § 8 Rdn. 1; Roewer, Rdn.70 (S. 40); Steiner, S. 235; S. 236, Fßn. 170 m.w.N.; Wolff/Bachof, § 82 I, a, 3.

46 "Dienst"

47 in der Fassung vom 21.05.1968

die Tätigkeit bei Religionsgemeinschaften oder ihren Verbänden". *§ 4 Bundespersonalvertretungsgesetz*[48] definiert als öffentlichen Dienst im Sinne dieses Gesetzes "die Beamten, Angestellten und Arbeiter einschließlich der zu ihrer Berufsausbildung Beschäftigten sowie Richter, die an eine der in § 1 genannten Verwaltungen oder zur Wahrnehmung einer nichtrichterlichen Tätigkeit an ein Gericht des Bundes abgeordnet sind".

Der Begriff "öffentlicher Dienst" kann also in verschiedenen Zusammenhängen unterschiedliche Bedeutung haben[49]. Es läßt sich jedoch prinzipiell ein Verständnis des öffentlichen Dienstes im weiten Sinne von einem im engen Sinne scheiden. In einem *weiten Sinne* ist Angehöriger des öffentlichen Dienstes, wer bei einer juristischen Person des öffentlichen Rechts in Diensten steht, wer also aufgrund eines zwischen ihm und dem Staat bestehenden Rechtsverhältnisses zu Dienstleistungen verpflichtet ist. Dies entspricht der ganz herrschenden Ansicht[50]. Dagegen ist die Bestimmung des öffentlichen Dienstes mit dem Kriterium der "Tätigkeit öffentlich-rechtlicher Art"[51] wegen der äußeren Neutralität zahlreicher Tätigkeiten (z.B.: Krankenpflege: öffentlich-rechtlich/privatrechtlich?) unbrauchbar[52] und daher lange aufgegeben[53]. Auch das Kriterium der Ausgestaltung des Dienstverhältnisses durch öffentlich-rechtliche Normen (im Gegensatz zu privatrechtlichen Individualvereinbarungen[54]) ist ungeeignet[55] zur Charakterisierung ei-

---

48 vom 15. März 1974, BGBl. III S. 2035-4

49 so auch: BVerwGE 9, 314 (316); BVerfGE 15, 46; E 55, 207 (227); Ebert, Ordnungsnr. 140, S. 1; Fischbach, DÖV 1955, 709; von Münch, Besonderes Verwaltungsrecht, S. 7; Wolff/Bachof/Stober, § 105 I 3, Rdn. 3

50 Rechtsform der Anstellungskörperschaft entscheidet:
BVerfGE 6, 246 (250); E 6, 257 (267 f.); BAGE 8, 84 (87); BVerwGE 30, 84; BGH Verw Rspr 19, 720; Denecke, RdA 1955, S. 401 ff.; Dietz, Abgrenzung, S. 148; Huedz/Nipperdey, S. 72; Jung, S. 28 (m.w.N.); Kümmel, RiA 1954, S. 64; Mayer, Gutachten, S. 586; von Münch, Besonderes Verwaltungsrecht, S. 8; Pfennig, S. 40 ff. m. w. N.; Staudinger, dritter Teil Vorbemerkung 256 vor § 611 BGB; Wolff/Bachof/Stober, § 105 I 1, Rdn. 1; § 105 II 1, Rdn. 4

51 so BAG E 3, 124; Gröbing, AuR 1959, 225

52 Pfennig, S. 30 ff. (36) m.w.N.

53 BAG E 8, 84

54 so: OVG Lüneburg DVBl. 1958, 801 f.; Fischbach, BBG, Einleitung S. 12, Fßn. 9; ders. DÖV 1955, 712; Wacke, Grundlagen, S. 18 ff. m.w.N.

nes "öffentlichen Dienstes". Denn weder sind die privatrechtlichen Dienstverhältnisse normfrei (vgl. z. B. § 611 ff. BGB, Mutterschutzgesetz, Kündigungsschutzgesetz), noch verbieten die Tarifverträge für den öffentlichen Dienst den Abschluß von Individualvereinbarungen. *In einem weiten Sinne läßt sich daher jede Tätigkeit als öffentlicher Dienst begreifen, die aufgrund eines Rechtsverhältnisses zwischen Staat und Bürger bei einer juristischen Person des öffentlichen Rechtes erbracht wird.* Wenn allerdings Gesetzgebung, Rechtsprechung und Literatur ohne weiteren Zusatz von "öffentlichem Dienst" sprechen, meinen sie den öffentlichen Dienst *im engen Sinne*, zu dem neben dem oben genannten Hauptmerkmal des öffentlichen Dienstes im weiten Sinne, nämlich der Tätigkeit bei einer juristischen Person des öffentlichen Rechts, noch weitere Charakteristika gehören. Dies ist zunächst das *dauernde, berufsmäßige Tätigwerden* des Dienstnehmers[56]. Damit scheiden aus dem Begriff des "öffentlichen Dienstes" (im engen Sinne) z. B. die Wehr- und Ersatzdienstpflichtigen aus, die Lehrbeauftragten und alle ehrenamtlich Tätigen. Das weitere Merkmal des öffentlichen Dienstes (im engen Sinne) ist die *Eingliederung* des Tätigen in die Organisation des Dienstherrn[57]. Beliehene, denen eine organisationsrechtlich selbständige Teilhabe an den öffentlichen Verwaltungsfunktionen zukommt[58], unterfallen daher nicht dem öffentlichen Dienst (im engen Sinne. Nach diesem engen Verständnis von öffentlichem Dienst umfaßt der Begriff nur die Richter, Berufssoldaten, freiwilligen Soldaten auf Zeit und - im Verwaltungsbereich - die Beamten und die Angestellten und Arbeiter, die auf Dauer bei einer juristischen Person des öffentlichen Rechtes beschäftigt und in deren Organisation eingebunden sind (sogenannte "Angestellte und Arbeiter des öffentlichen Dienstes"). Dabei stellt der öffentliche Dienst i.e.S. statistisch und bedeutungsmäßig den Regelfall dar.

Vor diesem Hintergrund wird deutlich, was der Begriff "*öffentliches* Dienstverhältnis *besonderer Art*" (noch nicht: *öffentlich-rechtliches*

---

55 Dietz, S. 131; Pfennig, S. 37 f.

56 OVG Lüneburg DVBl. 1958, 801 f.; Ebert, Ordnungsnr. 140 (S. 1); Fischbach, DÖV 1955, 709; ders., BBG, § 2, Fßn. 4; § 2, Anmerkung 2; Pfennig, S. 50 ff.; Wiese, S. 63 ff.

57 Fischbach, BBG, S. 74; Ebert, Ordnungsnr. 140 (S. 1); Pfennig, S. 53 ff.

58 Steiner, S. 233

Dienstverhältnis) meint: Das Dienstverhältnis des öffentlichen Dienstes *im engen Sinne* stellt das *typische* "öffentliche Dienstverhältnis" dar. Jedes andere öffentliche Dienstverhältnis (im weiten Sinne) muß als "besonderes", *untypisches* Dienstverhältnis erscheinen. Unter einem "öffentlichen Dienstverhältnis besonderer Art" hat man daher ein Rechtsverhältnis zwischen Bürger und Staat zu verstehen, das den Bürger zur Tätigkeit für den Staat verpflichtet, ohne daß eine dauernde, berufsmäßige Tätigkeit vorliegt und/oder eine Eingliederung in die Organisation des Dienstherrn erfolgte.

Versucht man, einen weiteren Schritt zu vollziehen und das *öffentlich-rechtliche* Dienstverhältnis näher zu bestimmen, muß man sich vor Augen halten, daß das öffentliche Dienstverhältnis der oben beschriebenen Art (und dort sowohl das im engen als auch das im weiten Sinne) auf verschiedener *Rechtsgrundlage* beruhen kann. Die Tätigkeit kann auf öffentlich-rechtlicher Grundlage erbracht werden (typisch: Beamtenverhältnis[59], der Dienstnehmer kann aber auch aufgrund privatrechtlicher Verpflichtung tätig werden (typisch: Angestellte und Arbeiter des öffentlichen Dienstes). Beide Male handelt es sich um öffentliche Dienstverhältnisse im erläuterten Sinne; im ersten Fall spricht man von einem *öffentlich-rechtlichen* Dienstverhältnis[60], im zweiten handelt es sich um ein privatrechtliches Dienstverhältnis oder besser eigentlich um ein öffentliches Dienstverhältnis auf privatrechtlicher Grundlage. Damit ist auch der Begriff des "öffentlich-rechtlichen Dienstverhältnisses *besonderer Art*" geklärt. Es ist ein öffentliches Dienstverhältnis besonderer Art[61], das auf öffentlich-rechtlicher Grundlage erbracht wird.

(vgl. Abbildung 2)

---

59 Seibert, DVBl. 1972, 304 (306)

60 Seibert DVBl. 1972, 304 (305, 307); Wacke, Grundlagen, S. 13; ders., Recht, S. 6

61 siehe oben

Abbildung 2

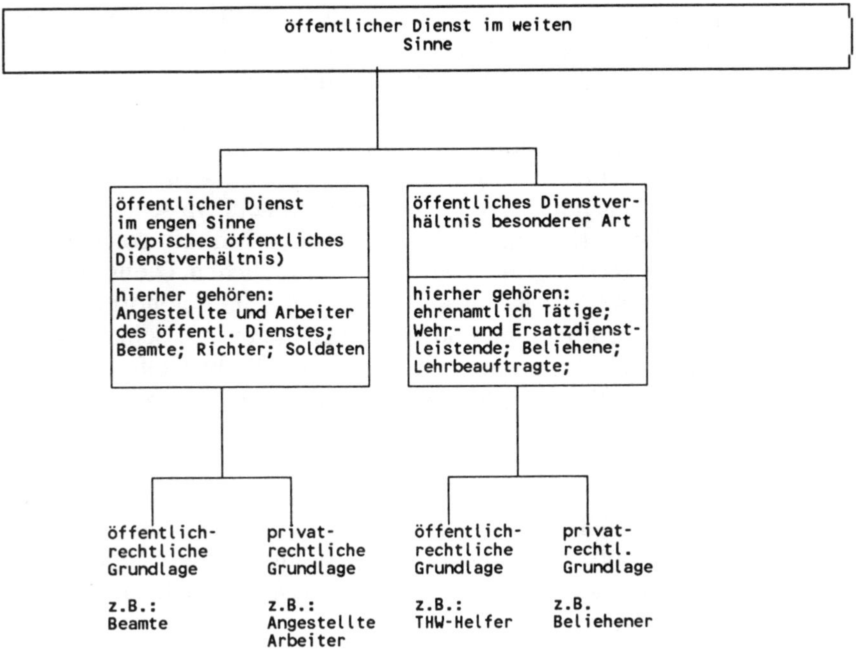

II. Das Rechtsverhältnis des THW-Helfers als öffentlich-rechtliches Dienstverhältnis besonderer Art

Legt man die ermittelten Maßstäbe an das Rechtsverhältnis des THW-Helfers als eines Helfers im erweiterten Katastrophenschutz an, läßt sich folgendes feststellen. Gemäß § 8 Abs. 1, Satz 1 KatSG verpflichtet sich der Bewerber gegenüber dem Technischen Hilfswerk (und nicht gegenüber der zuständigen Katastrophenschutzbehörde, dem Hauptverwaltungsbeamten der kreisfreien Stadt bzw. des Landkreises[62]) zur Leistung von *Diensten* im erweiterten Katastrophenschutz. Das Technische Hilfswerk ist, wie oben in Teil 2 der vorliegenden Untersuchung

62 wie in der Regierungsvorlage des Katastrophenschutzgesetzes vom 9. Juli 1968 ursprünglich vorgesehen, vgl. BT-Drucks. V/2585, siehe oben S. 95 f.

aufgezeigt, Teil des Bundesamtes für Zivilschutz, einer Bundesbehörde. Die Verpflichtung entsteht also zwischen einem Privaten, dem Bewerber und späteren THW-Helfer, und einer Bundesbehörde[63]. Damit besteht nach Vornahme der Verpflichtung ein Dienstverhältnis zwischen einem Privaten und einer juristischen Person des öffentlichen Rechtes, also ein *öffentliches Dienstverhältnis*. Da die Tätigkeit zwar unter Eingliederung in die Organisation des Dienstberechtigten erfolgt, nicht aber berufsmäßig erbracht wird, handelt es sich bei dem ehrenamtlichen Helferverhältnis des THW-Helfers nicht um ein typisches öffentliches Dienstverhältnis (im engen Sinne)[64], sondern um ein solches "*besonderer Art*". Die Rechtsgrundlage dieses "öffentlichen Dienstverhältnisses besonderer Art" ist § 8 Abs. 1, Satz 1 KatSG. Er normiert die Möglichkeit der Verpflichtung und trifft, zusammen mit seiner Folgenorm § 9 Abs. 1 KatSG in Verbindung mit dem THW-Helferrechtsgesetz und den öffentlich-rechtlich zu beurteilenden Organisationsvorschriften des Technischen Hilfswerkes[65] weitere Bestimmungen bezüglich Form, Art und Voraussetzungen der Verpflichtung und Inhalt des Dienstverhältnisses; die In-Dienst-Nahme des Helfers erfolgt durch Verwaltungsakt. Die Tätigkeit des Helfers im Technischen Hilfswerk beruht somit auf öffentlich-rechtlicher Grundlage, sein "*öffentliches Dienstverhältnis besonderer Art*" ist ein "*öffentlich-rechtliches* Dienstverhältnis"[66] (besonderer Art)[67].

---

63 Technisches Hilfswerk im Bundesamt für Zivilschutz

64 siehe oben S. 137

65 THW-Helferstatut, Errichtungserlaß, Leitfaden THW über die Mitwirkung, etc.

66 im oben näher beschriebenen Sinne

67 so auch ausdrücklich zum THW-Helferverhältnis:
§ 1 Abs. 3, Satz 2 THW-HelfRG; Nr. 4.1 THW-Helferstatut; ebenso: Bay VGH, Urteil vom 03.05.1984 (3 B 83 A. 1267), nicht veröffentlicht, S. 4 des amtlichen Ausdrucks; Bay VGH, Urteil vom 18.10.1984 (3 B 84 A. 1637), nicht veröffentlicht, S. 7 des amtlichen Ausdrucks; VG Ansbach, Urteil vom 29.03.1984 (16 K 83 A. 1394), nicht veröffentlicht, S. 8 f. des amtlichen Ausdrucks; OVG Hamburg, DVBl. 1981, 48 ff.; OVG Hamburg, Beschluß vom 13.07.1979 (Bf. II 8 C/77), nicht veröffentlicht, S. 5 des amtlichen Ausdrucks; VG Karlsruhe, Urteil vom 12.02.1981 (5 K 298/80), nicht veröffentlicht, S. 8 f. des amtlichen Ausdrucks; VG Aachen, Urteil vom 15.12.1983 (1 K 1808/83), nicht veröffentlicht, S. 8 des amtlichen Ausdrucks; Bahro, § 8 Rdn. 13; Roeber/Göckel, § 8 Rdn. 1; Roewer, Rdn.70 (S. 40); Steiner, S. 235; S. 236, Fßn. 170 m.w.N.; Wolff/Bachof, § 82 I, a, 3.

Bei den privaten Organisationen erweist sich die rechtliche Qualifizierung des Dienstverhältnisses als wesentlich schwieriger als bei den öffentlich-rechtlichen Organisationen. Es wird zwar regelmäßig mit dem der Helfer der öffentlich-rechtlichen Organisationen gleichgesetzt und ein "öffentlich-rechtliches Dienstverhältnis besonderer Art" genannt[68], eine genaue Untersuchung bringt jedoch einige Ungereimtheiten an den Tag und läßt Zweifel aufkommen. Der Helfer verpflichtet sich nämlich nach dem eindeutigen Wortlaut des § 8 Abs. 1, Satz 1 KatSG unmittelbar (nur) *gegenüber seiner Organisation* zur Leistung von Diensten des erweiterten Katastrophenschutzes. Eine Verpflichtung gegenüber dem *Staat*, vertreten durch die Organisationen oder eine ähnliche rechtliche Konstruktion kommt somit nicht in Betracht. Das Verpflichtungsverhältnis entsteht unmittelbar *nur zwischen Privaten*, nämlich dem Helfer und seiner Organisation, nicht zwischen Staat und Bürger.

Ein unmittelbares Rechtsverhältnis zwischen Staat und Helfer ergibt sich auch nicht aus dem Gesichtspunkt der Beleihung. Zwar stehen die *Einheiten und Einrichtungen* der privaten Organisationen gemäß §§ 1 a, 7 Abs. 1, Satz 2 und 4 KatSG in einem Auftragsverhältnis zum Staat, das ein Beleihungsverhältnis darstellt[69]. Eine Beleihung bringt jedoch nur den Beliehenen selbst, nicht aber dessen Bedienstete in eine unmittelbare Rechtsbeziehung zu dem Hoheitsträger, der die Beleihung vornahm[70]. Dies belegen für den Katastrophenschutz im übrigen die Vorschriften der §§ 1 a, 7 KatSG, denenzufolge nur die Einheiten und Einrichtungen der Organisationen dem Hauptverwaltungsbeamten im Ernstfall weisungsunterworfen sind (Rechtsverhältnis), nicht dagegen die einzelnen Helfer (wenngleich dies wegen der Gefahr von Übermittlungsverlusten wünschenswert wäre - und deshalb von Kommentatoren gern in § 7 KatSG hineingelesen wird[71]).

---

68 so z.B. Bahro, § 8 Rdn. 1

69 Bahro, § 1 Rdn. 34; Steiner, S. 230

70 Steiner, S. 231

71 so z.B. Bahro, § 7 Rdn. 4

Der Helfer ist also allein durch *privatrechtlichen* Vertrag und unmittelbar nur seiner Organisation zur Dienstleistung für den Staat verpflichtet, nur mittelbar[72] dem Staat selbst. Eine Konstellation, die an einen unechten Vertrag zugunsten Dritter denken läßt, unecht deshalb, da dem Staat kein eigenes Recht gegenüber dem Bürger eingeräumt wird; dies schreiben § 8 Abs. 1, Satz 1 und § 7 Abs. 1 , Satz 2 und 4 i.V.m. § 1 a Abs. 1 KatSG ausdrücklich vor.

Abbildung 3

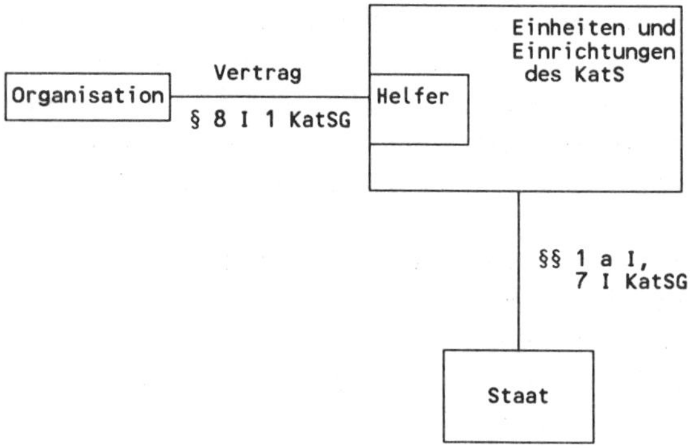

Damit scheint es, als könne sich der Helfer im erweiterten Katastrophenschutz einer privaten Organisation nicht in einem "öffentlich-rechtlichen Dienstverhältnis besonderer Art" befinden. Er steht *nicht* unmittelbar *im Dienst einer juristischen Person des öffentlichen Rechtes*, ebenso erfolgt die *Begründung* der Verpflichtung privatrechtlich. Letztlich richtet sich auch der *Inhalt* seines Dienstverhältnisses *nicht ausschließlich nach öffentlichem Recht*. Zwar gelten die §§ 8, 9 KatSG und bestimmen einen Teil des Rechtsverhältnisses, doch bleibt der wesentliche Teil der Regelung den Organisationen überlassen[73].

72 dies schreibt § 8 Abs. 1, Satz 1 KatSG ausdrücklich vor

73 nach § 9 Abs. 1 KatSG

An dieser Beurteilung ändert auch die Tatsache nichts, daß die in § 14 a Abs. 2 Nr. 1 KatSG ausgesprochene Sanktionierbarkeit der Dienstpflichtverletzung als Ordnungswidrigkeit in gewisser Weise auf das Bestehen eines öffentlich-rechtlichen Dienstverhältnisses hindeuten mag[74]. Es ist zwar ungewöhnlich, die Durchsetzung eines rein privatrechtlichen (arbeits-) vertraglichen Anspruchs nicht allein dem Zivilrecht zu überlassen, sondern zusätzlich mittels eines Ordnungswidrigkeitenverfahrens die Erfüllung sicherzustellen, doch sollte hier wegen der Wichtigkeit der Dienstpflicht und des an ihr bestehenden öffentlichen Interesses das Risiko einer mangelnden Erfüllungsbereitschaft soweit wie möglich ausgeschlossen werden. Wesentlich ungewöhnlicher wäre im übrigen die Annahme der Begründbarkeit eines öffentlich-rechtlichen Dienstverhältnisses durch einen Privaten.

Ein weiteres, vertiefendes Eingehen auf die Problematik der privaten Organisationen muß im Rahmen der vorliegenden Arbeit unterbleiben. Dennoch läßt sich nach dem Dargestellten die Aussage wagen, daß bei den privatrechtlichen Organisationen das Dienstverhältnis des Helfers im erweiterten Katastrophenschutz *kein öffentlich-rechtliches* Dienstverhältnis besonderer Art darstellt. Dies ließe sich nur bejahen, wenn das Katastrophenschutzgesetz eine Verpflichtung gegenüber der zuständigen Katastrophenschutzbehörde einführte, wie ursprünglich vorgesehen.

C. Die Zulässigkeit des öffentlich-rechtlichen Dienstverhältnisses besonderer Art

I. Absoluter Funktionsvorbehalt zugunsten der Beamten, Angestellten und Arbeiter des öffentlichen Dienstes?

Vereinzelt wird die Auffassung vertreten, ein öffentlich-rechtliches Dienstverhältnis besonderer Art sei in jedem Fall unzulässig. Jede staatliche Verwaltungstätigkeit könne nur von Beamten oder von Angestellten und Arbeitern des öffentlichen Dienstes wahrgenommen wer-

74 Roeber/Goeckel, § 8 Rdn. 1 (noch zur alten Rechtslage, als die Ordnungswidrigkeit in § 9 Abs. 3 KatSG a.F. normiert war)

den. Zugunsten dieser drei Dienstgruppen bestehe also ein *absoluter Funktionsvorbehalt*[75], weitere öffentliche Dienstverhältnisse, gleich ob privat- oder öffentlich-rechtlicher Natur, seien nicht zulässig. Als Begründung wird Art. 33 Abs. 4 GG angeführt[76]. Art. 33 Abs. 4 GG weist die ständige Wahrnehmung hoheitsrechtlicher Befugnisse für den Regelfall einem besonderen Personenkreis zu. Die Norm spricht von "Angehörigen des öffentlichen Dienstes, die in einem öffentlich-rechtlichen Dienst- und Treueverhältnis stehen". Diese Bezeichnung ist nach heute unbestrittener Ansicht[77] ein Synonym für "die Beamten". Die Richtigkeit dieser Auslegung des Art. 33 Abs. 4 GG beweisen Entstehungsgeschichte[78] und Sinn und Zweck der Vorschrift[79]. Damit erklärt Art. 33 Abs. 4 GG unstreitig jedenfalls einen *relativen Funktionsvorbehalt*[80] *zugunsten der Beamten*. Relativ deswegen, weil er nur die *hoheitsrechtliche* Befugnisausübung erfaßt, die *ständig*, also nicht nur temporär ausgeübt wird, und weil letztlich selbst bei ständiger hoheitsrechtlicher Tätigkeit in Ausnahmefällen ("in der Regel") Nicht-Beamte zugelassen werden. Die Norm enthält also eine dreifache Einschränkung. Über diese anerkannte Ansicht hinaus, daß Art. 33 Abs. 4 GG einen relativen Funktionsvorbehalt für bestimmte staatliche Aufgaben zugunsten Beamter normiert und dort nur ausnahmsweise Nicht-Beamte duldet, geht die anfangs genannte Auffassung davon aus, Art. 33 Abs. 4 GG verstehe unter Nicht-Beamten allein die Angestellten und Arbeiter des öffentlichen Dienstes. Wäre diese Ansicht richtig, ergäbe sich ein Funktionsvorbehalt zugunsten der Angestellten und Arbeiter der Art, daß ihnen die Wahrnehmung des gesamten nicht den Beamten vorbehalteten Ver-

---

75 so: BAGE 13, 211 (213 ff.); BAG, AP Nr. 8 zu § 611 BGB; Wacke, Recht, S. 7, S. 43; ders., Grundlagen, S. 17 f.; ders., AöR 76 (1950/51), 385 (388); ders., ZBR 1955, 231; Denecke, AP Nr. 1 zu § 611 BGB, S. 538; Wertenbruch, AP Nr. 10 zu § 611 BGB, S. 944; Schröcker, DVBl. 1957, 661 (663)

76 Wacke, DÖV 1958, 278

77 VG Kassel, DVBl.1972, 345 ff.; Stern, I, § 11 III 4 f; Isensee, 1170 f.(IV 1 a); AK, Art. 33 Abs. 4, 5, Rdn. 6 ff.; Thieme, Dienst, S. 31; Pfennig, S. 71 f.; Seibert, DVBl. 1972, 304 (306); Wacke, DÖV 1958, 278 (280)

78 Entstehungsgeschichte der Artikel des Grundgesetzes, JöR N.F. 1 (1951), S. 305 ff.; Wacke, Entstehungsgeschichte, S. 152 ff.; Thieme, Aufgabenbereich, 1 ff.

79 vgl. im einzelnen die Begründungen der oben genannten unbestrittenen Ansicht (Fßn. 77)

80 auch "Prinzip der quantitativen Beschränkung", so: Huber, S. 543; Benkler, S. 21; Steiner, S. 273

waltungsbereichs zukäme und damit ein absoluter Funktionsvorbehalt zugunsten des öffentlichen Dienstes (im engen Sinne) bestünde.

Ohne Zweifel ist Gegenstand des Art. 33 Abs. 4 GG jedoch allein der Beamte. Die Norm läßt zwar erkennen, daß sie mit der Existenz von Nicht-Beamten rechnet. Eine Aussage über Art, Inhalt oder Form dieses Nicht-Beamtenverhältnisses trifft sie jedoch nicht. Damit läßt Art. 33 Abs. 4 GG keine Schlußfolgerung zu bezüglich des Nicht-Beamten - außer, daß es ihn geben muß[81]. Auch in anderen Vorschriften des Grundgesetzes findet sich kein Anhaltspunkt für eine nähere Beschreibung des Nicht-Beamtenverhältnisses.

Der Schluß aus Art. 33 Abs. 4 GG oder dem Gesamtzusammmenhang des Grundgesetzes dahin, es gebe im Verwaltungsbereich eine auf das Rechtsverhältnis des Beamten, Angestellten oder Arbeiters des öffentliches Dienstes beschränkte Zahl von öffentlichen Dienstverhältnissen ist somit nicht begründet. Diese These bleibt eine Behauptung, die an Richtigkeit nicht gewinnt, hält man sich vor Augen, daß bei einem so weitreichenden Funktionsvorbehalt zugunsten der Angestellten und Arbeiter des öffentlichen Dienstes eine ausdrückliche Regelung im Grundgesetz hätte erwartet werden dürfen - wie sie für die Beamten ja getroffen ist[82]. Auch aus einem weiteren Grund ist die Behauptung der genannten Auffassung ausgesprochen fragwürdig. Selbst wenn man sich nämlich einen Funktionsvorbehalt zugunsten des gesamten öffentlichen Dienstes (i.e.S.) vorstellte, wäre es verwunderlich, würde für den Aufgabenbereich der Angestellten und Arbeiter nicht eine Ausnahmeregelung getroffen wie sie bei den Beamten in Art. 33 Abs. 4 GG in dem den Bürger besonders intensiv berührenden Bereich der hoheitlichen Verwaltung erfolgte. Wenn sogar für den hoheitlichen Bereich Ausnahmen möglich sind, so müßte dies erst recht für den nicht-hoheitlichen gelten. Ein absoluter Funktionsvorbehalt zugunsten der Beamten, Angestellten und Arbeiter ohne Möglichkeit einer Ausnahme wäre daher unlogisch. Als weiteres Gegenargument erweist sich, daß die These von dem geschlossenen Kreis von Dienstverhältnissen (Beamte, Angestellte und Arbeiter des öffentlichen Dienstes im Verwaltungs-

81 BVerwG NJW 1976, 437 (438); Benkler, S. 13; im Ergebnis ebenso: BVerwG DÖV 1970, 823; Schmidt DDB 1962, 187 (188); Thieme, Dienst, S. 56

82 Benkler, S. 13

bereich) nur vertretbar sein kann, wenn innerhalb dieser Dienstverhältnisse alle in Betracht kommenden öffentlichen Aufgaben sachgerecht erfüllt werden könnten. Doch es gibt zahlreiche Verwaltungsangelegenheiten, denen aus in der Natur der Sache liegenden Gründen nicht anders nachgekommen werden kann als durch Personen, die weder Beamte noch Angestellte oder Arbeiter des öffentlichen Dienstes sind. Dies kann seinen Grund finden in fehlender spezifischer Sachkompetenz[83] oder auch einfach an einer mangelnden Finanzierbarkeit[84]. Ein weiteres Argument für die Zulässigkeit öffentlicher Dienstverhältnisse neben denen der Beamten, Angestellten und Arbeiter und somit gegen die oben genannte Auffassung findet sich in den Motiven des Grundgesetzes. In den Begründungen zu Art. 96 Abs. 4 GG[85] nimmt der Verfassungsgeber Bezug auf die zuvor durch das Zivilschutzkorpsgesetz (§ 47) und das ZDG (§ 66) geschaffenen "öffentlich-rechtlichen Dienstver-hältnisse" und bezeichnet sie - in mit den beiden Gesetzen einheitlicher Diktion - als solche "besonderer Art". Er sieht durch den Vorgang der Neuschaffung das Bedürfnis entstanden, die Regelung des Art. 96 Abs. 4 GG auszudehnen auf alle Dienstverhältnisse, auch die öffentlich-rechtlichen Dienstverhältnisse besonderer Art. Der Verfassungsgeber selbst geht damit von der Existenz "öffentlich-rechtlicher Dienstverhältnisse" *neben* dem Beamtenverhältnis aus und billigt sie offensichtlich[86]. Sonst hielte er es nicht für erforderlich, speziell für diese eine neue Regelung zu treffen.

Somit hat sich gezeigt, daß die Ansicht, die einen geschlossenen Kreis von öffentlichen Dienstverhältnissen annehmen will, keine Stütze findet, sondern nur Gegenargumenten ausgesetzt ist. Als Ergebnis ist daher festzuhalten, daß neben dem Beamtenverhältnis und den Dienstverhältnissen der Angestellten und Arbeiter des öffentlichen Dienstes

---

83 BVerfGE 29, 169 f.; Seibert DVBl. 1972, 304 (306)

84 Schülerlotsen, Helfer des Katastrophenschutzes etc.

85 in der Fassung vom 22. Änderungsgesetz vom 12.05.1969, BGBl. I S. 363

86 so auch BVerfG NJW 1975, 1641 (1648) (Rechtsreferendare); E 18, 288 (297 f) (dienstrechtliches Verhältnis, das nicht in das Rechtsverhältnis der Beamten, Angestellten und Arbeiter des öffentlichen Dienstes einzuordnen ist); Benkler, Fßn. 71

prinzipiell weitere öffentliche Dienstverhältnisse, also solche "besonderer Art", möglich sind[87].

II. Zulässigkeitsvoraussetzungen

Fraglich ist jedoch, ob solche besonderen öffentlichen Dienstverhältnisse ohne weiteres und in unbeschränkter Zahl geschaffen werden dürfen. Bedenken ergeben sich gerade aus ihrem besonderen Charakter, aus ihrer Abweichung zu den typischen öffentlichen Dienstverhältnissen. Hier ist zunächst die fehlende Hauptamtlichkeit zu nennen, dann die fehlende Eingliederung in die Organisation des Dienstherrn.

1. Nicht-Hauptamtlichkeit

Die *nicht-hauptamtliche* (also: neben- oder ehrenamtliche) Tätigkeit stellt sich als eine solche dar, die entweder nur zeitlich vorübergehend oder zwar für eine längere Spanne, doch unter jeweils zeitlich geringen Belastungen durchgeführt wird und damit eine nur geringfügige Integration in den Verwaltungsapparat des Dienstherrn mit sich bringt, nie aber die volle, intensive Einbindung wie bei einer Hauptamtlichkeit. Typisch ist die Wahrnehmung von Teilfunktionen bei zeitlich und örtlich begrenztem Einsatz unmittelbarer oder mittelbarer staatlicher Stellen wie im Bereich der Nothilfe und des Katastrophenschutzes[88]. Wegen der schwächeren Einbindung im Vergleich zur hauptamtlichen Tätigkeit hat die nicht-hauptamtliche regelmäßig ein *geringeres Zugehörigkeitsgefühl* des Dienstnehmers zur Folge, er befindet sich weniger "innen" als vielmehr "außen". Er genießt zudem eine größere *Unabhängigkeit* als der Hauptamtliche, dem sein Dienst Lebensgrundlage ist. Der Neben- oder Ehrenamtliche wird daher keine so ausgeprägte Ver-

---

87 BGH, AP Nr. 1 zu § 611 BGB (Fleischbeschauer); Hess VGH DVBl. 1953, 337 f. = ES VGH 2, 42; BGHZ 22, 246 = NJW 1957, 261; BVerwGE 29, 166; BSGE 6, 171 (177 f.); Bad.-Württ. VGH VerwRspr 9, 685; Bay VGHE (N.F.) 7, 71 (74); VGH Bebenhausen VerwRspr 9, 166; VG Kassel DVBl. 1972, 345 ff.; Leinemann/Seibert, JZ 71, 638 (642); Pieck, DÖV 1966, 217 (218 f.); Seibert, DVBl. 1972, 304; Steiner, S. 237 ff., 242 f.; Stern, I 11 III 4 f alpha; Wilhelm, DÖV 1966, 221 (222)

88 Steiner, S. 241

pflichtung auf die Ziele des Dienstherrn spüren wie der berufsmäßig Beschäftigte und im Zweifel in einem Konfliktfall andere Interessen höher bewerten. Dies muß negative Auswirkungen haben auf die Motivation, das Pflichtbewußtsein und die Verläßlichkeit des Tätigen. Somit ist bei einer Aufgabenerfüllung durch Nicht-Hauptamtliche die Wahrnehmung der Staatsfunktionen prinzipiell in geringerem Maße sichergestellt als bei der Erfüllung durch Hauptamtliche - solange kein Ausgleich durch besondere Vorschriften geschaffen wird.

2. Fehlende Eingliederung in die Organisation des Dienstherrn

Vorweg sei bemerkt, daß dieses zweite Kriterium, durch das ein öffentliches Dienstverhältnis zu einem solchen besonderer Art werden kann, für die Helfer des Technischen Hilfswerkes keine Relevanz besitzt, da diese in den Verwaltungsapparat des Staates integriert sind. Dieser Punkt kann daher keinen Schwerpunkt der vorliegenden Arbeit darstellen. Auch wenn dieser Aspekt hier also von untergeordnetem Interesse ist, soll er dennoch nicht unerwähnt bleiben und erhält im folgenden eine kurze Besprechung.

Die Übertragung von Aufgaben an selbständig tätige, *nicht in die Organisation des Dienstherrn eingegliederte Personen* (z.B. Beliehene) bringt bestimmte Risiken mit sich. Zunächst besteht eine geringere Kontrollmöglichkeit seitens des Dienstherrn, er ist gezwungen, Überwachungs- und andere Sicherstellungsmechanismen (wie z.B. die Schaffung eines Eigeninteresses des Dienstnehmers durch eine Risikobeteiligung etc.) einzurichten. Auch ist ein Verlust an Staatlichkeit insofern zu befürchten, als bei der Überlassung staatlicher Aufgaben an Selbständige zwangsläufig eine private Motivierung des Staatshandelns eintritt. Dogmatisch bleibt die Tätigkeit zwar Staatsfunktion, doch wird sie aufgrund einer individuellen Rechtsbeziehung erbracht und hat in der Regel ein geringeres Staatlichkeitsdenken, eine geringere Ausrichtung auf das öffentliche Interesse seitens des außerhalb der Verwaltung stehenden Privaten zur Folge[89].

---

89 Steiner, S. 263

Letztlich bedeutet die fehlende Eingliederung ein potentielles rechtstaatliches Minus, geht man davon aus, daß die behördlich institutionalisierte Verwaltung die angemessene Organisationsform zur Verwirklichung der formellen und materiellen Rechtsstaatlichkeit ist[90]. Schon diese Andeutungen (bei denen es aus den oben[91] genannten Gründen bleiben soll) lassen die Nachteile deutlich werden, die mit einer Aufgabenwahrnehmung durch Personen verbunden sind, die nicht in die Organisation des Dienstherrn eingegliedert sind.

3. Konsequenz

Damit ist die Aufgabenerreichung bei einer Wahrnehmung durch Personen in *besonderen* öffentlichen Dienstverhältnissen stärker in Frage gestellt als bei einer Erfüllung durch hauptamtliche und/oder in den Verwaltungsapparat unmittelbar integrierte Kräfte. Die öffentlichen Dienstverhältnisse besonderer Art tragen verstärkt die Gefahr eines rechtsstaatlichen Minus in sich. Der Staat ist aber verpflichtet, den ihm durch Gesetz und Verfassung aufgetragenen Aufgaben nachzukommen[92]; dabei ist er prinzipiell frei in der Art und Weise der Erfüllung, solange die Wahrnehmung und ordnungsgemäße Erledigung innerhalb der durch die Rechtsordnung gezogenen Grenzen sichergestellt sind. Der Gedanke der Sicherstellung der Staatsfunktionen gewinnt um so größere Bedeutung, je weiter die Aufgaben in den Bereich der sozial unentbehrlichen Funktionen hineinreichen[93]. Die beste Gewähr für eine ordnungsmäßige, sorgfältige und qualitativ gleichbleibende Aufgabenerfüllung bietet nach dem oben Dargelegten[94] unbestreitbar die Durchführung durch hauptamtliche, in die Staatsorganisation unmittelbar integrierte Kräfte, also im Bereich der Verwaltung durch die Beamten und die Angestellten und Arbeiter des öffentlichen Dienstes. Im Interesse der optimalen Sicherstellung der Staatsfunktionen muß diese Durchführungsart die Regel darstellen, die Wahrnehmung von Aufga-

---

90 so Steiner, S. 270

91 siehe S. 110

92 Rechtsstaatsprinzip

93 Steiner, S. 270, S. 280

94 siehe Seiten zuvor

ben innerhalb öffentlicher Dienstverhältnisse besonderer Art dagegen die Ausnahme.

Die Heranziehung von Privaten (in öffentlichen Dienstverhältnissen besonderer Art, also die Beleihung) und von nicht-hauptamtlich Tätigen für staatliche Aufgaben muß somit *jedenfalls statistisch und bedeutungsmäßig* die *Ausnahme* bleiben[95]. Aber auch im *Einzelfall* ist das Vorliegen eines Ausnahmetatbestandes nötig, um die Schaffung bzw. den Fortbestand eines "öffentlichen Dienstverhältnisses besonderer Art" zu legitimieren[96]. Es müssen Gründe ersichtlich sein, deretwegen dem "besonderen" Dienstverhältnis gegenüber dem "typischen" ausnahmsweise der Vorzug zu geben ist. Diese Gründe können nur durch eine einzelfallbezogene Abwägung der Vor- und Nachteile ermittelt werden, die einerseits die Aufgabenerfüllung durch Hauptamtliche, andererseits die Wahrnehmung von Aufgaben durch Personen in öffentlichen Dienstverhältnissen besonderer Art mit sich bringen. Ergebnis der Abwägung muß sein, daß eine sachliche Notwendigkeit in dem Sinne besteht, daß keine gleichwertige organisatorische Alternative zum besonderen öffentlichen Dienstverhältnis besteht. Gegen dieses Erfordernis, für jeden Einzelfall auf der Basis einer Abwägung den Nachweis einer sachlichen Notwendigkeit des öffentlichen Dienstverhältnisses besonderer Art führen zu müssen, wird in der Literatur vorgebracht, es werde so in der Verwaltungspraxis eine nicht hinnehmbare Verunsicherung darüber entstehen, welches besondere öffentliche Dienstverhältnis denn nun rechtmäßig sei und welches nicht[97]. Es ge-

---

95 Steiner, S. 261 m.w.N., S. 262 (für die Übertragung an Private); Benkler, S. 19 ff., der dieses Ergebnis mit einem etwas zweifelhaften Schluß erhält. Aus der Erwähnung der Angestellten in Art. 137 Abs. 1 GG und der hierin vorkommenden Beschränkung der Wählbarkeit schließt er darauf, den Angestellten seien bedeutende Funktionen zugedacht, jenen komme somit eine Sonderstellung zu und deshalb müßten andere Nicht-Beamtenverhältnisse die Ausnahme bleiben. Einen ähnlichen Gedankengang stellt er für die Arbeiter an, deren Existenz in Art. 131 GG indirekt bezeugt wird. Zulässig wäre gewesen, aus der Erwähnung im Grundgesetz darauf zu schließen, daß der Verfassungsgeber mit dem Einsatz von Angestellten und Arbeitern neben den Beamten rechnet. Weitergehend auf ein Regel-Ausnahme-Prinzip zugunsten der Arbeiter und Angestellten im Bereich der nicht den Beamten vorbehaltenen Tätigkeit zu folgern, geht nicht an.

96 hier a.A.: Steiner, S. 274

97 Steiner, S. 274

nüge, wenn das öffentliche Dienstverhältnis besonderer Art *statistisch und bedeutungsmäßig* die Ausnahme bleibe. Die genannte Ansicht überzeugt jedoch aus zwei Gründen nicht. Zunächst ist nicht zu erkennen, wie man anders als über den Einzelfall dem (statistischen und bedeutungsmäßigen) Überhandnehmen besonderer Dienstverhältnisse wehren sollte. Dann leuchtet aber auch das Verunsicherungsargument wenig ein. Zwar kann es bei einer Abwägung von Vor- und Nachteilen, die zwangsläufig mit einer Wertungsfrage verbunden ist, in einzelnen Fällen schwierig sein, zu einem allgemein anerkannten Ergebnis zu kommen. Doch diese Schwierigkeit darf nicht durch einen Verzicht auf jede Kontrolle des Einzelfalls gelöst werden. Sonst ginge man zu Lasten des Bürgers das Risiko einer minderwertigen Aufgabenerledigung ein. Darüber hinaus erweist sich der Einwand einer Verunsicherung der Verwaltungspraxis sogar als Scheinargument. Denn in der Regel, so wurde oben gezeigt, stellt der öffentliche Dienst (im engen Sinne) die ordnungsgemäße Aufgabenwahrnehmung am besten sicher. Nach dem Regel-Ausnahme-Prinzip braucht das Abweichen von der Regel eine Begründung; im Zweifel muß *gegen* die Zulässigkeit eines öffentlichen Dienstverhältnisses besonderer Art entschieden werden. Nur durch eine solche Entscheidung wird ein Sicherheitsrisiko für die ordnungsgemäße Aufgabenerfüllung vermieden. Damit hat sich die Verwaltungspraxis im Fall eigener Unsicherheit *gegen* die Zulässigkeit eines besonderen öffentlichen Dienstverhältnisses zu entscheiden. Eine Verunsicherung der Verwaltung bezüglich der Zulässigkeit öffentlicher Dienstverhältnisse besonderer Art ergibt sich daher - trotz möglicher Unsicherheiten über das Vorliegen eines Ausnahmetatbestandes - nicht. Wo die Abwägung der Vor- und Nachteile nicht eindeutig und nachvollziehbar zugunsten des besonderen öffentlichen Dienstverhältnisses ausfällt, dort hat diese Ausnahme aufgrund rechtsstaatlicher Überlegungen zu unterbleiben. Lassen es dagegen besondere Gründe bei der Abwägung als sachlich notwendig oder sinnvoll erscheinen[98], ein öffentliches Dienstverhältnis *besonderer* Art zu schaffen, so ist dies zulässig und damit rechtmäßig, solange kein spezielles Verbot durch Verfassung oder Gesetz erfolgt[99].

---

98 im oben dargelegten Sinne, S. 112

99 siehe oben

Das *Ergebnis* der Betrachtung öffentlicher Dienstverhältnisse besonderer Art lautet damit, daß sie nur bei Vorliegen von Ausnahmetatbeständen neben die Dienstverhältnisse des öffentlichen Dienstes (im engen Sinne) treten dürfen. Es besteht insofern also ein *relativer Funktionsvorbehalt* zugunsten der Beamten und der Arbeiter und Angestellten des öffentlichen Dienstes, was staatliche Tätigkeit anbelangt.

Ruft man sich nun noch in Erinnerung, daß für die Ausübung ständiger hoheitsrechtlicher Tätigkeit ein relativer Funktionsvorbehalt zugunsten der Beamten (gegenüber allen öffentlichen Dienstverhältnissen, auch denen der Arbeiter und Angestellten) besteht, wird für diesen Bereich folgendes Stufenverhältnis deutlich: Wenn bei *jeder staatlichen Tätigkeit* das öffentliche Dienstverhältnis besonderer Art die Ausnahme darstellt zum Dienstverhältnis der Beamten, Angestellten und Arbeiter, also dem öffentlichen Dienst im engen Sinne[100] und bei *ständiger hoheitsrechtlicher* Tätigkeit die Arbeiter und Angestellten des öffentlichen Dienstes die Ausnahme bilden zu den Beamten[101], dann stellt hier das öffentliche Dienstverhältnis besonderer Art gleichsam die Ausnahme der Ausnahme dar. Oder anders formuliert: Die ständige hoheitsrechtliche Tätigkeit ist in der Regel den Beamten vorbehalten[102]; wenn eine (begründete) Ausnahme gemacht wird, dann in der Regel zugunsten der Angestellten und Arbeiter des öffentlichen Dienstes und nur in Ausnahmefällen zugunsten eines öffentlichen Dienstverhältnisses besonderer Art.

(vgl. Abbildung 4)

---

100 siehe oben: relativer Funktionsvorbehalt zugunsten der Beamten, Arbeiter und Angestellten

101 siehe oben: relativer Funktionsvorbehalt zugunsten der Beamten für ständige hoheitliche Tätigkeit

102 gem. Art. 33 Abs. 4 GG

Abbildung 4

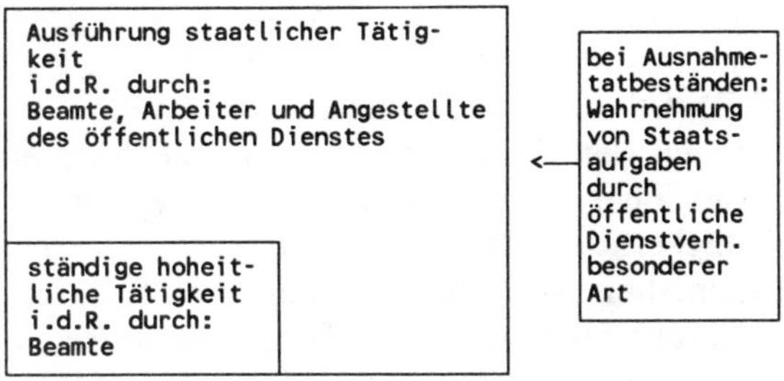

Dies zeigt, daß im Bereich der ständigen hoheitsrechtlichen Tätigkeit bei der Suche nach den Gründen für die Zulässigkeit eines öffentlichen Dienstverhältnisses besonderer Art besonders strenge Maßstäbe angelegt werden müssen. Der relative Funktionsvorbehalt zugunsten der Beamten, Angestellten und Arbeiter gegenüber öffentlichen Dienstverhältnissen besonderer Art bei staatlicher Aufgabenwahrnehmung gilt also verschärft bei hoheitlicher Tätigkeit.

III. Pflicht zur Schaffung öffentlicher Dienstverhältnisse besonderer Art, insbesondere des Dienstverhältnisses des Helfers im Katastrophenschutz

Im Einzelfall kann sich das *Recht* zur Schaffung besonderer Dienstverhältnisse zu einer *Pflicht* verdichten. Es handelt sich um Fälle, in denen aus besonderen Gründen eine Wahrnehmung staatlicher Aufgaben nicht in der Form des öffentlichen Dienstes (im engen Sinne) möglich ist[103], der Staat aber zur Aufgabenerfüllung verpflichtet ist. Ihm bleibt hier gar nichts anderes übrig, als auf *öffentliche Dienstverhältnisse besonderer Art* zurückzugreifen.

---

103 vgl. auch Steiner, S. 255: "Der Aufbau eines eigenen staatlichen <Katastrophenschutz-> Apparates kann in Notstands- und in Normalzeiten für den Staat gleichermaßen unmöglich oder unzweckmäßig sein."; vgl. auch Beispiele bei Maunz/Dürig/Herzog, Art. 33 GG, Rdn. 42 (insbesondere **Katastrophen** und ähnliches); BVerwGE 29, 169 f.; Seibert, DVBl. 1972, 304 (306); erkennt der Gesetzgeber an in § 47 ZSKG

Einer dieser Fälle ist der Zivil- und Katastrophenschutz[104]. Die Vorsorge für den Schutz der Zivilbevölkerung im Verteidigungs- und/oder Katastrophenfall ist eine unverzichtbare Aufgabe des Staates (Zivilverteidigung, Zivilschutz) von verfassungsrechtlicher Tragweite (vgl. Art. 73 Nr. 1, Art. 87 b Abs. 2 GG). Schutz von Leib und Leben ist eine der elementarsten Gewährleistungen der Bundesrepublik Deutschland an seine Bürger[105]. Ebenso ist der Zivil- und Katastrophenschutz Voraussetzung der Verteidigungsfähigkeit des Staates. Zur Umsetzung dieser Gewähr bedarf es eines erheblichen Aufwandes an Personal, Sachmitteln und Organisation. Der geschaffene Apparat muß zudem aufrechtgehalten und "nachgerüstet" werden, so daß er nach Technik und Ausbildungsstand nicht veraltet. Die notwendigen finanziellen Aufwendungen sind damit beachtlich. Das für den Katastrophenschutz zur Verfügung stehende Helferpotential hat eine Stärke von ca. 1.447.000 ehrenamtlich tätigen Personen[106] (Technisches Hilfswerk: rund 55.000 Helfer). Neben den ehrenamtlich Tätigen ist noch eine geringe Zahl hauptamtlicher Kräfte für den Katastrophenschutz tätig. Führt man sich vor Augen, welche Kosten bei einer Umwandlung *aller bisher ehrenamtlichen Tätigkeitsverhältnisse* in hauptamtliche Stellen auf das Gemeinwesen zukämen, wird schnell deutlich, daß der Erfüllung der Zivilschutzaufgaben durch Hauptberufliche ein enger finanzieller Rahmen gesetzt ist. *Eine Helferschaft in der bestehenden Größenordnung hauptamtlich zu beschäftigen, ist nicht finanzierbar.* Aber auch einer Reduzierung des Helferbestandes für den Fall einer Hauptamtlichkeit, die sich mit intensiverer und längerer Ausbildung rechtfertigen lassen könnte und bei der sich der nötige finanzielle Aufwand in Grenzen hielte, ist in zweifacher Hinsicht eine Schranke gesetzt. Einmal muß im Katastrophenfall, im friedensmäßigen wie im verteidigungsgerichteten, eine *möglichst breite regionale Verteilung* der Hilfsmannschaften bestehen, um einen schnellen, gezielten und ortskundigen Eingriff sicherzustellen. Eine zentrale Wahrnehmung der Katastrophenschutzaufgabe durch wenige

---

104 siehe Fßn. zuvor

105 Art. 2 Abs. 2 GG; vgl. Rspr. des BVerfG E 39, 1 (41); E 45, 187 (254 f.); E 46, 1 (12 f.); 46, 160 (164); E 49, 24 (53); E 56, 54 (63, 78); Doehring, S. 291; Jarass/Pieroth, Art. 2, Rdn. 50; v. Münch, Kommentar, Art. 2, Rdn. 46; Schmidt-Bleibtreu/Klein, Art. 2, Rdn. 20 a; Steinberg, NJW 1984, 457 (458 ff.)

106 Stand 1984/85; vgl. Abdruck einer vom Bundesamt für Zivilschutz erstellten Übersicht in: Handbuch für den Zivilschutz und die zivile Verteidigung, Ordnungsnummer 559

Kräfte kann dies nicht leisten - und seien diese Kräfte noch so gut ausgebildet und trainiert. Dann ist zweitens zu bedenken, daß in vielen Bereichen des Katastrophenschutzes (Fachdienste) wie z.B. dem Bergungsdienst großes Gerät im Ernstfall zunächst nicht einsetzbar ist. Die Suche nach Verschütteten mit schwerem Räumgerät (Bagger, Kran, Raupe etc.) zu beginnen, ist im Regelfall nicht zu verantworten. Auch werden im Zweifel die Transportwege für schweres Gerät beschädigt oder durch Trümmer blockiert sein. Erst bei Aufräumarbeiten oder der Räumung von Zufahrtswegen zu Unglücksorten oder in speziellen Einzelfällen sind größere technische Mittel einsetzbar. Das heißt, beim Einsatz werden primär "viele Hände" benötigt, aber wenig Baggerführer. Gleiches wie hier für den Bergungsdienst dargelegt gilt für die übrigen Bereiche des Zivilschutzes wie z. B. den Instandsetzungsdienst und erst recht den Sanitätsdienst. Damit erweist es sich als unmöglich, auf einen *großen Helferstamm mit einer aufgabenspezifischen Ausbildung* zu verzichten. Auch ist eine Vollzeitbeschäftigung weder sinnvoll noch erforderlich; das Zur-Verfügung-Stehen oder Trainieren für den Verteidigungsfall bedeutet für den einzelnen - bezogen auf ein Jahr - eine zeitlich so geringe Belastung, daß die Aufgabe nicht berufsmäßig wahrgenommen werden kann; es werden während der Trainings- und Einsatzphase viele Leute benötigt, aber eben nur für jeweils kurze Zeitspannen[107]. Ein solcher Helferstamm ist aber nur dann finanzierbar, wenn in weitem Umfang Ehrenamtliche einbezogen werden. Der Sachzwang der Finanzierung bewirkt, daß die vollständige, umfassende Wahrnehmung der Staatsaufgabe "Zivilschutz" nicht möglich ist durch die "typischen" öffentlichen Dienstverhältnisse der Beamten, Angestellten und Arbeiter, da diese eine Hauptamtlichkeit implizieren. Der Staat muß sich auf die Schaffung öffentlicher Dienstverhältnisse besonderer Art einlassen, will er seiner Katastrophenschutzpflicht in ausreichendem Maße nachkommen.

IV. Ergebnis

Im Ergebnis ist die Frage nach der Zulässigkeit des öffentlichen Dienstverhältnisses besonderer Art der Katastrophenschutzhelfer also positiv

---

107 vgl. § 2 Abs. 2 Satz 3 THW-HelfRG: i.d.R. nicht mehr als 200 Stunden im Jahr

zu beantworten. Es besteht hier sogar die Pflicht des Staates, öffentliche Dienstverhältnisse besonderer Art zu schaffen.

D. Die inhaltliche Ausgestaltung des THW-Helferrechtsverhältnisses

I. Art der Ausgestaltung

Das Rechtsverhältnis des Helfers im erweiterten Katastrophenschutz ist zunächst geregelt in § 9 KatSG. Dieser Paragraph trifft selbst nur wenige explizite Regelungen[108]. Im übrigen verweist er auf die Vorschriften der Katastrophenschutzorganisationen, denen die Helfer angehören. Mit dem Begriff der "Vorschriften für die Katastrophenschutzorganisation, der sie <die Helfer> angehören" ist auf alle existierenden gesetzlichen und organisationseigenen Regelungen verwiesen, die Bedeutung haben für das Helferrechtsverhältnis[109].

Für das Technische Hilfswerk bedeutet dies, daß sich die inhaltliche Ausgestaltung des Helferrechtsverhältnisses aus dem neuen THW-Helferrechtsgesetz und dem in Gestalt von Verwaltungsvorschriften (Richtlinien, Erlassen, "Satzungen", Leitfäden) ergangenen Organisationsrecht ergibt.

Eine zusätzliche Anwendung von landesrechtlichen Katastrophenschutznormen[110] kommt für das Technische Hilfswerk nicht in Betracht, anders als bei Organisationen wie dem Deutschen-Roten-Kreuz oder der Johanniter-Unfall-Hilfe und anderen. Während nämlich das Deutsche-Rote-Kreuz als Organisation des friedensmäßigen Katastrophenschutzes in Friedenszeiten dem jeweiligen Landeskatastrophenschutzgesetz unterworfen ist und diese Unterworfenheit durch § 9 Abs. 1

---

108 vgl. § 9 Abs. 2 KatSG, Lohnfortzahlung, Benachteiligungsverbot etc.

109 Roeber/Goeckel, § 9 Rdn. 2; Roewer, Rdn. 7 (S. 16); Bahro, § 9 Rdn. 4

110 Landeskatastrophenschutzgesetze

Satz 1 KatSG für den Verteidigungsfall fortgeschrieben wird[111], ist das Technische Hilfswerk als Teil der Bundesverwaltung und des allein verteidigungsgerichteten Katastrophenschutzes nie dem Landesrecht unterstellt gewesen. § 9 Abs. 1 KatSG nimmt also für das Technische Hilfswerk nur Bezug auf das organisationseigene Recht und die wenigen existierenden bundesgesetzlichen und verfassungsrechtlichen Vorschriften, die Bedeutung für den Helfer haben können[112].

Da das THW-Helferrechtsgesetz das Helferrechtsverhältnis nur in einigen Grundzügen normiert (§ 2 und 3 THW-HelfRG; hierzu noch unten), im übrigen aber in weitem Umfang Verwaltungsvorschriften dessen Zustandekommen, Inhalt und Beendigung regeln, drängt sich die Frage der *Rechtmäßigkeit* einer solchen Ausgestaltung auf. Inwieweit der Gesetzgeber die Ausgestaltung des Helferrechtsverhältnisses der Regelung durch die Exekutive überlassen durfte, ob er nicht vielmehr in weiterem Umfang selbst hätte aktiv werden müssen, ist eine Frage des *Vorbehaltes des Gesetzes*[113]. Der Grundsatz des Vorbehalts des Gesetzes hat zum Inhalt, daß alles staatliche Handeln prinzipiell auf ein Gesetz oder eine gesetzliche Ermächtigung zurückführbar sein muß. Hergeleitet wird er primär aus Art. 20 Abs. 3 GG, dem Grundsatz der Gesetzmäßigkeit der Verwaltung[114]. Sein Zweck liegt darin, durch den Zwang zur öffentlichen parlamentarischen Diskussion und der darin liegenden demokratischen und rechtsstaatlichen Absicherung den Bürger vor dem Staat zu schützen und die Möglichkeiten eines Ausgleichs widerstreitender Interessen zu verbessern[115]. Darüber jedoch, in welchem Umfang der Grundsatz des Vorbehaltes des Gesetzes Anwendung finden muß, welche Materien von ihm ergriffen werden, besteht

---

111 § 9 Abs. 1 Satz 1 KatSG: "Die Rechtsverhältnisse der Helfer der öffentlichen und privaten Katastrophenschutzorganisationen richten sich, auch soweit die erweiterten Aufgaben des Katastrophenschutzes wahrgenommen werden, *nach den Vorschriften für die Katastrophenschutzorganisation, der sie angehören*." Für die Organisation des Deutschen Roten Kreuzes u.a. privatrechtliche Organisationen gehört hierzu - vorrangig zu den organisationseigenen Regelungen - das jeweilige Landeskatastrophenschutzgesetz.

112 wie § 823 BGB, Schadensersatz; § 539 RVO, Unfallversicherung etc.; Haftungsfragen

113 grundlegend: Staupe, S. 1 ff., S. 103 ff.

114 BVerfGE 40, 237 (248); BVerwGE 72,265 (266); Stern, Bd. I, S. 805

115 BVerfGE 49, 237 (248 f.)

bis in die heutige Zeit keine völlige Einigkeit. Unstreitig unterfallen alle Eingriffe in den Rechtskreis des Einzelnen, insbesondere in *Freiheit und Eigentum*, dem Vorbehalt des Gesetzes (klassischer Eingriffsvorbehalt). Die Lehre vom *Totalvorbehalt* des Gesetzes fordert darüber hinaus eine gesetzliche Grundlage jeden staatlichen Handelns, gleich, ob belastend oder begünstigend. Eine gesetzesfreie Verwaltung wäre danach unzulässig. Zwischen diesen beiden Positionen von klassischem Eingriffsvorbehalt und Totalvorbehalt finden sich weitere, differenzierte Auffassungen mit unterschiedlichen Begründungsansätzen[116]. Die Rechtsprechung und die herrschende Lehre verwenden zur Ermittlung der Reichweite des Gesetzesvorbehaltes die sogenannte "*Wesentlichkeitstheorie*[117]". Ihrzufolge fallen alle wesentlichen Entscheidungen die den Bürger unmittelbar betreffen unter den Vorbehalt des Gesetzes. Welche Maßnahmen nun "wesentliche" Entscheidungen darstellen, wird im Einzelfall unter rechtsstaatlichen und demokratischen Aspekten[118] ermittelt. Aus *rechtsstaatlicher* Sicht sind alle Maßnahmen wesentlich, die erhebliche Bedeutung haben für die Verwirklichung der Grundrechte, also die grundrechtsrelevanten und -tangierenden Regelungen, zu denen insbesondere auch die klassischen Eingriffe gehören[119]. Aus *demokratischer* Sicht verlangen zudem alle grundlegenden politischen Entscheidungen nach der Regelung durch den Parlamentsgesetzgeber.

Konkrete Anhaltspunkte für die Ermittlung "wesentlicher" Entscheidungen ergeben sich im Einzelfall aus z.B. ihrer Bedeutung für die Allgemeinheit, dem Grad der durch sie erfolgenden individuellen Betroffenheit, gewichtigen Güterabwägungen wie der Verwirklichung der

---

116 zum Ganzen ausführliche Nachweise bei Ossenbühl, Verwaltungsvorschriften, S. 211, 220; Stern, Bd. I, § 20 IV 4b

117 BVerfGE 33, 125 (163); 33, 303 (336 ff.); 34, 165 (192 f.); 40, 237 (249 f.); 41, 251 (259 ff.); 47, 46 (78 ff.); 49, 89 (126 ff.); 57, 295 (320 f.); 58, 257 (268 f.); BVerwGE 41, 261 (263 ff.); 47, 194 (197 ff.); 48, 305 (308 f.); 56, 155 (157 f.); von Arnim, DVBl. 1987, 1241 ff.; Evers, JuS 1977, 804; Hansen, S. 15 ff., 57 ff.; Kisker, NJW 1977, 1313 (1317 ff.); Krebs, DVBl. 1977, 632 (632 ff.); ders., Jura 1979, 304 ff.; Listl, DVBl. 1978, 10 (10 ff.); Pietzcker, JuS 1979, 710 ff.; Schenke, 553 (553 ff.); Schwerdtfeger, Rdn. 68; Selmer, JuS 1968, 489 ff.; weitere Nachweise bei: Staupe, S. 103 ff.

118 Schwerdtfeger, Rdn. 256

119 BVerfGE 40, 237 (248 f.); E 47, 46 (79 f.); E 57, 295 (321); Hesse, Rdn. 509 m.w.N.

Grundrechte, der Intensität der Regelung bzw. des staatlichen Handelns und der Stärke des politischen Konflikts[120]. Außerhalb dieses Wesentlichkeitsbereiches aber steht der Exekutive kraft ihrer Organisationsgewalt eine eigene Regelungskompetenz zu[121].

Dieser Grundsatz des Vorbehalts des Gesetzes in der dargelegten Ausprägung gilt nach heute ganz herrschender Meinung nicht nur im allgemeinen Staat-Bürger-Verhältnis (allgemeines Gewaltverhältnis), sondern auch in allen Verhältnissen, die eine verstärkte Abhängigkeit des Betroffenen vom Staat mit sich bringen, den sogenannten "Sonderstatusverhältnissen" bzw. "Sonderrechtsverhältnissen" (ursprünglich auch "besondere Gewaltverhältnisse"[122]). Anders als früher vertreten rechtfertigt nämlich der Zweck des Sonderrechtsverhältnisses nicht anzunehmen, der Grundsatz des Vorbehalts des Gesetzes und die Grundrechte fänden hier keine Anwendung[123]. Der Vorbehalt des Gesetzes ist also durchgängig zu beachten.

Die oben aufgeworfene Frage nach der Rechtmäßigkeit der weitgehenden Ausgestaltung des Helferrechts durch Verwaltungsvorschriften, läßt sich vor dem dargelegten Hintergrund wie folgt beantworten. Eine Regelung durch Verwaltungsvorschriften ist insoweit zulässig und rechtmäßig, als der *Gesetzgeber* die *wesentlichen* Entscheidungen *selbst* getroffen hat. Nur der unwesentlichen darf er sich begeben und sie der Verwaltung überlassen, dies fordert der Gesetzesvorbehalt.

Damit ist die weitgehende Normierung des Helferrechts durch Verwaltungsvorschriften prinzipiell rechtmäßig und zulässig; bei der Betrachtung des - untergesetzlichen - Organisationsrechts und der Überprüfung seiner Rechtmäßigkeit muß jedoch - bei gegebenem Anlaß - die einzelne Norm darauf untersucht werden, ob sie tatsächlich nur eine unwesentliche Entscheidung trifft. Handelt es sich nämlich um die Re-

---

120 Katz, § 10, 5, Rdn. 195

121 Schwerdtfeger, Rdn. 255 m.w.N.

122 vgl. Wenninger, 1 ff.

123 BVerfGE 33, 1 (11); 41, 251 (267); 47, 46 (78); 58, 257 (281); 58, 358 (367); Katz, Rdn. 194 m.w.N., von Münch, Kommentar, Art. 20 Rdn. 47 m.w.N.; Ossenbühl, DÖV 1977, 801 (803); Rupp, S. 127; Schnapp, Jura 1980, 293 (298) m.w.N.; Schwerdtfeger, Rdn. 254 f.; Ronellenfitsch, DÖV 1984, 781; Hesse, S. 325

gelung wesentlicher Dinge im oben erläuterten Sinne, verstößt sie gegen den Vorbehalt des Gesetzes und ist rechtswidrig.

II. Voraussetzungen der Verpflichtung als THW-Helfer

§ 9 Abs. 1 Satz 1 KatSG in Verbindung mit § 2 Abs. 4 THW-HelfRG und Nr. 3.1 THW-Helferstatut[124] verlangt folgende positive Voraussetzungen für die Verpflichtung als Helfer. Der Bewerber muß *mindestens 17 Jahre* alt sein, das *Höchstalter* beträgt 60 Jahre[125]. Der *ständige Aufenthalt* des Bewerbers muß in der Bundesrepublik Deutschland (einschließlich West-Berlin) liegen[126]. Er darf *weder Mitglied einer anderen Katastrophenschutzorganisation* sein[127], *noch* darf er in der Vergangenheit von einer anderen Katastrophenschutzorganisation *schon einmal ausgeschlossen* worden sein[128].

Weiterhin muß der Bewerber nach dem Wortlaut des THW-Helferstatuts *zum Einsatz im Katastrophenschutz* im *Frieden* und im *Verteidigungsfall* ständig[129] *zur Verfügung stehen*[130]. Legt man jedoch die im ersten Teil der Arbeit gewonnene Erkenntnis zugrunde, daß dem Bund nach geltender Rechtslage die Kompetenz zu Regelungen auf dem Gebiet des friedensmäßigen Katastrophenschutzes fehlt, zeigt sich, daß er eine Verpflichtung des Helfers für den Friedensfall nicht aussprechen durfte[131]. Der Passus der Nr. 3.1, lit. a THW-Helferstatut "*im Frieden*" ist daher *rechtswidrig* und nichtig. Der Rest der Anforderungen an den Bewerber, also zum Einsatz im Verteidigungsfall zur Verfügung zu stehen, behält auch ohne den rechtswidrigen Passus Bedeutung und Sinn, er wird also nicht von dessen Rechtswidrigkeit ergriffen[132]. Allein der nichtige Passus entfällt.

---

124 abgedruckt in: Fibel des Technischen Hilfswerkes I 9.3; Kolb, KS 45

125 Nr. 3.1, lit. a THW-Helferstatut

126 Nr. 3.1, lit. c THW-Helferstatut

127 Nr. 3.1, lit. e THW-Helferstatut

128 Nr. 3.1, lit. f THW-Helferstatut

129 so Leitfaden THW

130 Nr. 3.1, lit. a THW-Helferstatut

131 vgl. ausführlich unten bei "Pflichten des Helfers", S. 158

132 vgl. auch die Erläuterungen oben S. 67 f.

Von der vorgenannten Anforderung an den THW-Helfer[133] will Nr. 3.2 THW-Helferstatut eine Ausnahme machen. Wer zwar nicht im Verteidigungsfall, aber "im übrigen" zur Verfügung stehe, könne sich unter besonderen, näher genannten Voraussetzungen dennoch verpflichten. "Im übrigen" kann hier nur heißen "im Frieden". Daher ist die Regelung der *Nr. 3.2 THW-Helferstatut* aus dem eben genannten Grund der fehlenden Kompetenz *rechtswidrig* und nichtig. Das Technische Hilfswerk kann sich keine Helfer für einen Fall verpflichten, in dem es prinzipiell unzuständig ist, zu dem es nur unter besonderen Voraussetzungen zugezogen werden kann[134].

Des weiteren fordert Nr. 3.1, lit. b THW-Helferstatut die "*erforderliche Tauglichkeit*" des Bewerbers. Diese zunächst sehr weit formulierte Voraussetzung wird bei einem Blick auf den Einsatzzweck des Helfers konkret. Erkennbar gemeint ist neben der erforderlichen Einsatzbereitschaft die nötige körperliche Leistungsfähigkeit[135] und geistige Reife, um der anstrengenden und verantwortlichen Tätigkeit in den Bereichen Bergung, Instandsetzung und ABC-Schutz nachkommen zu können. Der Helfer muß physisch in der Lage sein, schwere Räumungsarbeiten tatkräftig zu unterstützen, muß die psychische Festigkeit für die Bewältigung von Notfällen und Streßsituationen besitzen und ein ausbaufähiges technisches Verständnis für den Umgang mit dem notwendigen Gerät mitbringen. Die Bedeutung der letztgenannten Anforderung wird dadurch unterstrichen, daß gemäß Nr. I, 1, lit. a des Leitfadens über die Mitwirkung in der Bundesanstalt Technisches Hilfswerk[136] bei der Aufnahme von Helfern auf die vorrangige Verpflichtung von Bewerbern aus handwerklichen Berufen geachtet werden soll.

Eine *Pflicht zur Musterung*, zur Beibringung eines ärztlichen Gesundheitszeugnisses oder, für wehrpflichtige Bewerber, zur Vorlage ihres Musterungsbescheides besteht zur Zeit nicht. Eine Ausnahme gilt nur für Helfer in besonderen Funktionen, die den Normen zum Beispiel des

---

133 Nr. 3.1, lit. a THW-Helferstatut

134 Amts- und Katastrophenhilfebegehren der Länder, vgl. Art. 35 Abs. 1, Abs. 2 GG

135 so auch Nr. 42 Satz 1 KatS-Organisation-Vwv

136 Stand 01. April 1982

Bundesseuchengesetzes[137] oder speziellen Unfallverhütungsschutzvorschriften[138] unterfallen. Gemäß einer Verfügung des Bundesamtes für Zivilschutz[139] gehören hierzu die Träger von schwerem Atemschutz (nicht die mit ABC-Schutzmaske ausgerüsteten Helfer).

Drei weitere, negativ formulierte Voraussetzungen enthält Nr. 3.3 THW-Helferstatut. Nicht verpflichten kann sich danach, wer sich nicht zum *demokratischen Rechtsstaat bekennt*[140], wer eine *Freiheitsstrafe* von einem oder mehr Jahren erhielt, es sei denn, die Eintragung im Strafregister ist getilgt[141] [142] und wer gemäß § 13 BWahlG vom *Wahlrecht ausgeschlossen* ist[143]. Die erste Bestimmung erklärt sich daraus, daß es sich bei dem Rechtsverhältnis des Helfers im Technischen Hilfswerk um ein öffentlich-rechtliches Dienstverhältnis besonderer Art handelt. Für die Beschäftigten des gesamten öffentlichen Dienstes (im engen Sinne), also nicht nur für die Beamten (öffentlich-rechtliches Dienstverhältnis), sondern auch für die Angestellten und Arbeiter des öffentlichen Dienstes (öffentliches Dienstverhältnis) wird eine Pflicht zur Verfassungstreue in Form einer aktiven Bejahung der demokratischen Grundordnung angenommen[144]. Bei dem Rechtsverhältnis des Helfers im Technischen Hilfswerk als einem öffentlich-rechtlichen Dienstverhältnis besonderer Art muß die Pflicht zur Verfassungstreue entsprechend beurteilt werden; die gleichen Gründe, die beim öffentlichen Dienstverhältnis (im engen Sinne) für die Verfassungstreue sprechen,

---

137 in der Fassung vom 18.12.1979, BGBl. I (1979), S. 2762

138 zum Beispiel berufsgenossenschaftliche Grundsätze G 26

139 Verfügung des Bundesamtes für Zivilschutz vom 04.12.1981, ZS 1/301/07, nicht veröffentlicht

140 Nr. 3.3, lit. a THW-Helferstatut

141 in der Regel nach 15 Jahren, §§ 45 Abs. 1, 46 Abs. 1 Nr. 3 Bundeszentralregistergesetz (in der Fassung der Bekanntmachung vom 21. September 1984, BGBl. I S. 1229, berichtigt 1985, BGBl. I S. 195)

142 Nr. 3.3, lit. b THW-Helferstatut

143 Nr. 3.3, lit. c THW-Helferstatut

144 BVerfGE 39, 334 ff.; BVerwG NJW 1982, 779 ff.; BVerwG NJW 1975, 1135; BVerwG DVBl 1981, 455; NJW 1977, 1838; ZBR 1983, 77/79, 81, 83, 85; E 47,330; E 47, 365; E 52, 313; E 61, 176; E 1962, 267; BAGE 28, 62; E 29, 247; BGHZ 1973, 46; LAG Berlin DVBl. 1978, 220; LAG München, BB 1977, 1603; Sattler, 1 ff.; von Münch, Besonderes Verwaltungsrecht, 3., d, bb (S. 59) m.w.N.; Wind, 5. Abschnitt Teil I, II, 2.2 (S. 66 ff.); Battis, JA 1979, 73

kommen auch beim öffentlich-rechtlichen Dienstverhältnis *besonderer Art* zum tragen: Die Entscheidung der Verfassung für eine wehrhafte Demokratie[145] läßt nicht zu, daß die verfassungsmäßige Funktionstüchtigkeit des Staates dadurch in Frage gestellt wird, daß zum Staatsdienst Personen Zugang bekommen, die die Grundprinzipien dieses Staates, die sogenannte "freiheitliche demokratische Grundordnung", ablehnen und bekämpfen[146]. Dieses Funktionstüchtigkeitsargument gilt für den Katastrophenschutz, bei dem es sich um eine elementare Aufgabe des Staates mit großer Bedeutung für die Zivilbevölkerung handelt und deren Wahrnehmung im Krisenfall unbedingt gewährleistet sein muß, in besonderem Maße. Der Staat muß sich auf die Loyalität seiner Katastrophenschutzhelfer verlassen können. Damit erweist sich das Erfordernis der Verfassungstreue eigentlich nur als eine Konkretisierung des Tauglichkeitsbegriffs von Nr. 3.1, lit. b THW-Helferstatut[147]. Nr. 3.3, lit. a THW-Helferstatut mit seiner Festlegung auf den demokratischen Rechtsstaat entspricht somit der Forderung des Grundgesetzes zur Verfassungstreue der Staatsdiener. Eine weitergehende Sicherheitsprüfung des Helfers kann notwendig werden, wenn seine Funktion den Umgang mit Verschlußsachen mit sich bringt. Eine derartige Überprüfung erfolgt nach den entsprechenden bundesrechtlichen Vorschriften.

Die zweite Bestimmung, Nr. 3.3, lit. b THW-Helferstatut, schließt den *Vorbestraften* von einer Verpflichtung zum Helfer aus, wenn er eine Freiheitsstrafe von einem Jahr und mehr erhalten hat und die Strafe noch nicht aus dem Zentralregister getilgt ist. Da eine Tilgung (in der Regel[148]) erst nach 15 Jahren erfolgt[149], zudem *jede* Tat (Vergehen und Verbrechen) erfaßt wird, geht diese Regelung teilweise erheblich über die ähnliche, hier prinzipiell auch einschlägige[150] Vorschrift des § 45 Abs. 1 StGB, Verlust der Amtsfähigkeit, der Wählbarkeit und des

---

145 Art. 2 Abs. 1, 9 Abs. 2, 18, 20 Abs. 4, 21 Abs. 2, 79 Abs. 3, 91, 98 Abs. 2 GG

146 BVerfGE 39, 334 (349); von Münch, Besonderes Verwaltungsrecht, S. 61; Sattler, 1 ff.

147 siehe oben S. 123

148 Ausnahme vgl. §§ 46 f BZRG

149 vgl. § 44 Abs. 1, Nr. 3 BZRG

150 vgl. strafrechtliche Kommentarliteratur wie Dreher/Tröndle, § 45; ebenso Roewer, Rdn. 60 (S. 35)

Stimmrechtes für die Dauer von fünf Jahren, hinaus[151]. § 45 Abs. 1 StGB stellt eine Regelung dar, die nicht durch niederrangiges Recht wie die Verwaltungsvorschrift "THW-Helferstatut" unterschritten werden kann. Wenn es allerdings im Einzelfall für erforderlich gehalten wird, für die Zulassung zu bestimmten Ämtern eine Vorstrafenfreiheit in umfassenderem Maße zu verlangen als § 45 Abs. 1 StGB dies tut, so ist der Staat nicht gehindert, derartige Voraussetzungen zu normieren. § 45 Abs. 1 StGB hat keine "Sperrwirkung" für die Schaffung von schärferen Zulassungsvoraussetzungen in anderen Materien. Diese Regelung erfolgt eben nur nicht als strafrechtliche Nebenfolge im Sinne des Strafgesetzbuches. Dafür, daß die Ausschlußzeit der Nr. 3.3, lit. b THW-Helferstatut die des § 45 Abs. 1 StGB im Ergebnis nicht unterschreitet, sorgt § 47 Abs. 2 BZRG, der eine Verkürzung der fünfzehnjährigen Tilgungszeit ("in besonderen Fällen") auf eine geringere Spanne als fünf Jahre unmöglich macht. Nr. 3.3, lit. b THW-Helferstatut konkretisiert das Eignungskriterium der Nr. 3.1, lit. b THW-Helferstatut: Durch die Straftat hat der Täter seine fehlende charakterliche Festigkeit unter Beweis gestellt.

Die dritte oben genannte Bestimmung der Nr. 3.3 THW-Helferstatut, lit. c, knüpft an § 13 BWahlG an. Derjenige, der vom Wahlrecht ausgeschlossen ist, soll sich nicht zum Dienst im Technischen Hilfswerk verpflichten dürfen. § 13 BWahlG erfaßt Fälle wie die Entmündigung, die Pflegschaft wegen geistigen Gebrechens, die Unterbringung in einem psychiatrischen Krankenhaus, Geisteskrankheit und Geistesschwäche. Es handelt sich damit, wie schon zuvor bei Nr. 3.3., lit. a, b THW-Helferstatut, um eine Konkretisierung des Merkmals der erforderlichen Tauglichkeit[152]: Der Ausschluß vom Wahlrecht nach § 13 BWahlG dokumentiert die mangelnde psychische Tauglichkeit des Bewerbers.

Weitere Verpflichtungsvoraussetzungen über die genannten hinaus bestehen nicht. Insbesondere ist die Mitwirkung im Katastrophenschutz nicht abhängig vom Besitz der *deutschen Staatsangehörigkeit*[153]. Es muß dann allerdings besonders sorgfältig geprüft werden, ob der Bewerber

---

151 Verlust der Amtsfähigkeit für 5 Jahre bei Verurteilung von mindestens einem Jahr wegen eines Verbrechens

152 gemäß Nr. 3.1, lit. b THW-Helferstatut

153 Bahro, § 8, Rdn. 4; Benkler, S. 53; Roewer, Rdn. 58 (S. 34);

im Verteidigungsfall auch in erforderlichem Maße zur Verfügung steht und nicht zum Beispiel in Erfüllung der Wehrpflicht seines Heimatlandes die Bundesrepublik Deutschland verlassen muß. Auch vom *Geschlecht* wird die Verpflichtung als "Helfer" nicht abhängig gemacht. Dies gebietet auch Art. 3 Abs. 2, Abs. 3 GG (Gebot der rechtlichen Gleichbehandlung von Mann und Frau), der für das Technische Hilfswerk als Teil der Bundesverwaltung unmittelbare Geltung besitzt. Zwar wird in allen den Katastrophenschutz betreffenden Bestimmungen von "dem Helfer" gesprochen. Es läßt sich aber § 2 Abs. 1 THW-HelfRG ("Helfer sind Personen, die ...") und insbesondere der Nr. 40 der hierzu erlassenen KatS-Organisation-Vwv ("Helfer sind *Männer und Frauen*, die freiwillig und ehrenamtlich in Einheiten und Einrichtungen des Katastrophenschutzes tätig sind.") entnehmen, daß mit "Helfer" sowohl Männer als auch Frauen gemeint sein sollen. Da es aber kaum möglich ist, den Ausdruck *"Helfer"* als geschlechtsneutrale Bezeichnung einer Hilfsperson aufzufassen, sollte sich die Gleichberechtigung von Männern und Frauen (Frauen und Männern) auch in der Verwendung der Termini widerspiegeln. Entweder kann das Begriffspaar "Helferinnen und Helfer" ("Helfer (-innen)") benutzt werden, oder es sollte eine neue, eindeutig beide Geschlechter umfassende Bezeichnung gesucht werden ("Hilfsperson" oder ähnliches). Das Diskriminierungsverbot hat allerdings nicht zur Folge, daß für bestimmte Sonderfunktionen keine Ausnahmen zum Beispiel unter Tauglichkeitsgesichtspunkten gemacht werden können (denkbar z. B. bei der Ausbildung "schwerer Atemschutz") oder müßten (Mutterschutz etc.). Es darf allerdings nicht allein an das Geschlecht angeknüpft werden[154].

Eine weitere Verfassungsnorm, an der sich möglicherweise alle Verpflichtungsvoraussetzungen des THW-Helferstatuts messen lassen müssen, könnte *Art. 33 Abs. 2, Abs. 3 GG* sein. Abs. 2 dieser Norm bestimmt, daß jeder Deutsche bei Zugrundelegung allein der Kriterien *Eignung, Befähigung und fachliche Leistung* gleichen Zugang haben soll zu allen öffentlichen Ämtern. Abs. 3 betont, daß keinesfalls das *religiöse Bekenntnis* negative Auswirkung haben darf auf die Zulassung zu öffentlichen Ämtern und den Genuß bürgerlicher und staatsbürgerlicher Rechte, daß niemandem aus Bekenntnis oder Weltanschauung ein Nachteil erwachsen darf. Soweit Art. 33 Abs. 2, Abs. 3 GG einschlägig

154 vgl. Kommentarliteratur zu Art. 3 Abs. 2, Abs. 3 GG

wäre, dürfte der Inhalt des Helferrechtsverhältnisses nicht abweichen, insbesondere dürften keine (persönlichen und sonstigen) Voraussetzungen an die Aufnahme des Helfers gestellt werden, die nicht in Einklang mit Art. 33 Abs. 2, Abs. 3 GG stünden.

Ob allerdings Art. 33 Abs. 2, Abs. 3 GG hier überhaupt einschlägig ist, ist erst noch zu klären. Dazu müßte es sich zunächst bei der Stellung als THW-Helfer um ein *öffentliches Amt im Sinne des Art. 33 Abs. 2, Abs. 3 GG* handeln. Was im Rahmen des Art. 33 Abs. 2, Abs. 3 GG unter dem Begriff des öffentlichen Amtes genau zu verstehen ist, wird in Literatur und Rechtsprechung im einzelnen kontrovers diskutiert, wenngleich durchgehend eine weite Auslegung vorgenommen wird. So besteht Einigkeit darüber, daß diese Bestimmung nicht nur den öffentlichen Dienst im engen Sinne (Beamte, Angestellte und Arbeiter des öffentlichen Dienstes) erfaßt und sich auch nicht auf hoheitliche Tätigkeit beschränkt, sondern daß sie auf jede berufliche oder ehrenamtliche Tätigkeit im öffentlichen Bereich (öffentlicher Dienst im weiten Sinne) Anwendung findet[155] [156]. Der Begriff des öffentlichen Amtes wird also weiter interpretiert als im Verwaltungsrecht, wo unter "öffentlichem Amt"[157] ein instituierter, auf einen Menschen ("Amtswalter") zugeschnittener Aufgabenbereich begriffen wird, der die Wahrnehmung der Eigenzuständigkeit einer juristischen Person des öffentlichen Rechts beinhaltet und der durch öffentlich-rechtliche Normen geschaffen wurde (Amt als instituierte Zuständigkeit[158]. Der Begriff "öffentliches Amt" in Art. 33 Abs. 2, Abs. 3 GG umfaßt nach Ansicht von Literatur und Rechtsprechung also nicht nur das Ämterrecht im Sinne des Verwaltungsrechts, sondern jede Übernahme in ein öffentliches Dienstverhältnis.

---

155 BAG NJW 1976, 1708 ff.; BAGE 23, 101 (109); BVerfG NJW 1961, 915; AK, Art. 33 Abs. 1-3, Rdn. 47-52; Hamann/Lenz, Art. 33, Anm. B 2; von Mangoldt/Klein, Art. 33, Anm. 4 (S. 807); von Münch, Kommentar, Art. 33 Rdn. 20; Maunz/Dürig/Herzog, Art. 33 Rdn. 13; Schmidt-Bleibtreu/Klein, Art. 33 Rdn. 5; Wolff/Bachof/Stober, § 105 II 1, Rdn. 4; § 107 II 1, Rdn. 11

156 Streitig ist der Punkt, ob daneben jede öffentlich-rechtliche Berufspflicht (staatlich gebundene Berufe) im Geltungsbereich des Art. 33 Abs. 2, Abs. 3 GG liegt.

157 im organisatorischen Sinne

158 Erichsen/Martens, § 56 III 1 a, m.w.N.

Als Grund für diese weite Auslegung wird insbesondere folgende *teleologische Argumentation* angeführt. Art. 33 Abs. 2 GG habe zwei Ziele. Einmal schütze er den Bürger vor sachfremden, willkürlichen Einstellungsentscheidungen des Staates und sichere ihm gleichen Zutritt zum Staatsdienst nach Leistungskriterien (grundrechtliche Komponente). Dann solle er gewährleisten, daß nur der (best-) geeignete Bewerber zur Vertretung des Staates herangezogen wird im Sinne der Sicherstellung der Funktionstüchtigkeit von Verwaltung und Rechtsprechung (staatsorganisatorischer Aspekt). Aus dieser doppelten Zielrichtung folge, daß sowohl die Übertragung eines Amtes (im engen Sinne) als auch die Aufnahme in ein öffentliches Dienstverhältnis ohne Amtsübertragung erfaßt werde.

Bei genauem Hinsehen erweist sich diese Argumentation jedoch als unzutreffend. Daß Art. 33 Abs. 2 GG das Eignungsprinzip für die gesamte Staatstätigkeit konstituiere und nicht nur zum Beispiel für das Ämterrecht in verwaltungsrechtlichem Sinne, bleibt eine zunächst unbewiesene Behauptung; dafür, daß Art. 33 Abs. 2 GG dem Bürger gleichen Zugang zum (gesamten!) Staatsdienst gewähre, gilt nichts anderes. Hieraus die Folgerung abzuleiten, der gesamte Staatsdienst werde erfaßt von Art. 33 Abs. 2 GG, ist damit ein unzulässiger Ringschluß. Sucht man nach anderen Anhaltspunkten der Auslegung des Amtsbegriffs, kommt man in Bedrängnis. Die *grammatische* Interpretation führt nicht weiter, da der Begriff des Amtes in den unterschiedlichen Normenkomplexen unterschiedliche Verwendung findet; so haben verwaltungsrechtlicher[159], beamtenrechtlicher[160] und strafrechtlicher[161] Amtsbegriff jeweils eine andere Weite und liefern keinen Anhalt für den verfassungsrechtlichen Amtsbegriff des Art. 33 Abs. 2, Abs. 3 GG. Auch die *systematische* Auslegung ist nicht ergiebig. Während sich Art. 33 Abs. 4 GG auf den Beamten bezieht und eine dahingehend enge Auslegung des Abs. 2 nahelegen mag, ist Abs. 1 des Art. 33 GG von einer ausgesprochen großen Weite, indem er jedem Deutschen gleiche staats-

159 siehe S. zuvor

160 Der beamtenrechtliche Amtsbegriff meint die abstrakte Dienststellung bzw. den bestimmten Dienstgrad des Beamten (Erichsen/Martens, § 56 III 1 a)

161 vgl. § 11 Abs. 1, Nr. 2 StGB

bürgerliche Rechte gewährt. Letztlich findet sich auch in der *Entstehungsgeschichte*[162] der Norm keine Hilfe für eine Auslegung.

Wie oben gezeigt[163], läßt sich für den *Sinn und Zweck* der Vorschrift (teleologische Argumentation) kein Beweis führen. Es muß aber zulässig sein, bei der Suche nach dem Ziel der Norm nach dem einzig denkbaren Zweck zu fragen, der Sinn macht. Und sinnvoll kann allein die Einbeziehung der gesamten Staatstätigkeit in das Eignungs- und Leistungsprinzip sein. Ein Grund, weshalb das Eignungsprinzip nur für einen Teilbereich, zum Beispiel für das Ämterrecht im verwaltungsrechtlichen Sinne, Geltung beanspruchen sollte, ist nicht ersichtlich. Eine willkürliche Stellenbesetzung wäre für Staat und Bürger gleichermaßen verhängnisvoll, egal in welchem Bereich des öffentlichen Dienstes sie erfolgte. Damit zeigt sich, daß die weite Auslegung von Literatur und Rechtsprechung seine Berechtigung hat. Art. 33 Abs. 2, Abs. 3 GG meint mit dem Begriff des öffentlichen Amtes jedes öffentliche Dienstverhältnis der oben entwickelten Terminologie. Das Rechtsverhältnis der THW-Hilfspersonen, das, wie gezeigt, ein öffentlich-rechtliches Dienstverhältnis besonderer Art darstellt, fällt daher in den Schutzbereich des Art. 33 Abs. 2, Abs. 3 GG. Das hat zur Konsequenz, daß sich die Helfer(-innen) -auswahl und -aufnahme und die diese reglementierenden unterverfassungsrechtlichen Normen an Art. 33 Abs. 2, Abs. 3 GG zu messen haben. Dies gilt allerdings nur, soweit deutsche Bewerber betroffen sind ("jeder Deutsche ..."). Bei Deutschen darf nur nach den Kriterien der Eignung, Befähigung und fachlichen Leistung ausgewählt werden. Dabei ist die *Eignung* die weiteste Qualifikation, die die beiden anderen Begriffe eigentlich schon mit umfaßt. Sie umschließt die gesamte Persönlichkeit des Bewerbers und kann je nach den Anforderungen des in Frage stehenden Amtes unterschiedliche Ausprägungen besitzen, wie zum Beispiel die charakterliche Festigkeit, Fähigkeit zur Menschenführung, Körperkraft, (Spezial-) Ausbildung[164]. Die *Befähigung* bezieht sich spezieller auf die anvisierte Tätigkeit. Sie wird durch die für die Tätigkeit vorgeschriebene Ausbildung erworben. Die *fachliche Leistung* letztlich bemißt sich an der bisherigen fachlichen Bewährung des Bewerbers.

---

162 Entstehungsgeschichte der Artikel des Grundgesetzes, JöR N.F. 1 (1951), S. 305 ff.

163 siehe oben S. 129

164 zum Begriff der Eignung für alle: Maunz/Dürig/Herzog, Art. 33, Rdn. 19

Besieht man nun die Verpflichtungsvoraussetzungen des Technischen Hilfswerkes gemäß § 2 Abs. 4 THW-HelfRG i.V.m. Nr. 3 THW-Helferstatut unter dem Aspekt, daß sie alle an keinen anderen Faktor anknüpfen dürfen als an *Eignung, Befähigung und fachliche Leistung* des Bewerbers, kommt man zu folgendem Ergebnis. Lit. a bis f der Nr. 3.1 THW-Helferstatut stellen sich samt und sonders als Konkretisierungen dar des Kriteriums der erforderlichen Tauglichkeit, das in lit. b der Nr. 3.1 THW-Helferstatut normiert ist: Wer noch nicht 17 Jahre alt ist, hat kaum die geistige Reife und psychische Festigkeit und bringt in der Regel nicht die körperlichen Voraussetzungen für den Dienst im erweiterten Katastrophenschutz mit; jedenfalls letzteres gilt ebenfalls für die Personen, die das 60. Lebensjahr überschritten haben (lit. a der Nr. 3.1 THW-Helferstatut). Wer sich nicht überwiegend in örtlicher Nähe zum Einsatzort befindet (ständiger Aufenthalt in der Bundesrepublik Deutschland, lit. c der Nr. 3.1 THW-Helferstatut) oder sonst nicht zum Einsatz zur Verfügung steht (lit. d der Nr. 3.1 THW-Helferstatut), ist für den Katastrophenschutz der Bundesrepublik nicht verwendbar. Wer sich schon einer anderen Organisation für den Katastrophenfall verpflichtet hat (lit. e der Nr. 3.1 THW-Helferstatut), wird, da er nicht Diener beider Herren sein kann, im Ernstfall nicht zur Verfügung stehen, ist also für die zweite Organisation unbrauchbar. Wer letztlich von einer anderen Katastrophenschutzorganisation ausgeschlossen wurde (lit. f der Nr. 3.1. THW-Helferstatut), hat selbst seine mangelnde Eignung schon einmal unter Beweis gestellt.

Nicht anders als bei Nr. 3.1 THW-Helferstatut stellt sich die Situation bei Nr. 3.3 THW-Helferstatut dar. Ein Helfer (eine Helferin), der (die) sich *nicht zum demokratischen Rechtsstaat bekennt* (lit. a), sondern ihn ablehnt und bekämpft, gefährdet die Funktionstüchtigkeit des Staates. Der Staat ist zur Sicherstellung der bedeutsamen Katastrophenschutzaufgabe auf die Loyalität seiner Helfer (-innen) zwingend angewiesen. Eine Hilfsperson, die diese Loyalität nicht mitbringt, ist für den Katastrophenschutz nicht zuverlässig verwendbar und somit nicht geeignet[165]. Wer eine *Vorstrafe* von einem Jahr und mehr erhielt (lit. b), muß

165 siehe schon oben ausführlich: S. 125 f.; allgemein zur Verfassungstreue als Kriterium der Geeignetheit des Art. 33 Abs. 2 GG: <u>von Münch</u>, Kommentar, Art. 33, Rdn. 18 ff. m.w.N.

als charakterlich ungeeignet zur Ausübung des verantwortlichen Amtes des Katastrophenschutzhelfers (der Katastrophenschutzhelferin) gelten, es sei denn, er hat nachfolgend ein insoweit fehlerloses Verhalten über eine längere Zeit an den Tag gelegt und dadurch bewiesen, daß nun von der erforderlichen charakterlichen Festigkeit ausgegangen werden kann (Tilgung der Vorstrafe aus dem Zentralregister nach 15 Jahren gemäß §§ 45 Abs. 1, 46 Abs. 1 Nr. 3 BZRG). Letztlich besitzen *Geisteskranke, wegen Geistesschwäche Entmündigte etc.*[166], also Personen, denen gemäß § 13 BWahlG das Wahlrecht nicht zusteht, mangels psychischer Voraussetzung nicht die zum Dienst im Katastrophenschutz des Technischen Hilfswerkes erforderliche Tauglichkeit. Damit ist auch Nr. 3.3., lit. c THW-Helferstatut eine Konkretisierung des Tauglichkeitsbegriffs gemäß Nr. 3.1, lit. b THW-Helferstatut. Die *"erforderliche Tauglichkeit"* ist aber kein anderes Kriterium als die *"Eignung"* im Sinne des Art. 33 Abs. 2 GG. Folglich entsprechen die Voraussetzungen der Nr. 3.1 und der Nr. 3.3 THW-Helferstatut im dargelegten Umfang den Anforderungen des Art. 33 Abs. 2 GG.

III. Inhalt des THW-Helferrechtsverhältnisses

Im folgenden wird auf den konkreten Inhalt des Dienstverhältnisses des Helfers im Technischen Hilfswerk eingegangen. Die Untersuchung orientiert sich an der chronologischen Reihenfolge der für die Hilfsperson auftretenden Rechtsfragen, ausgehend von den ihr zustehenden Rechten und Pflichten - nachdem zuvor schon auf die Verpflichtungsvoraussetzungen eingegangen wurde - bis zu der Beendigung des Helferstatus' und einer sogenannten "Althelferschaft". Die bestehenden Vorschriften werden zunächst vorgestellt, dann auf ihre Rechtmäßigkeit, das heißt ihre Vereinbarkeit mit höherrangigem Recht, überprüft.

1. Rechte und Pflichten der Helferschaft

a) Helferrechte

166 im einzelnen siehe oben S. 126

aa) Benachteiligungsverbot

Das wohl wichtigste Recht des Helfers bzw. der Helferin wird in Satz 7 der Präambel des THW-Helferstatuts angesprochen: "Aus der Erfüllung der übernommenen Pflichten dürfen dem ehrenamtlichen Helfer *keine Nachteile* erwachsen". Diese generalklauselartige Zusage von Schutz und Fürsorge wird in weiteren Vorschriften konkretisiert. Zu nennen sind hier insbesondere *§ 3 THW-HelfRG*; die Regelungen der *Entschädigungsrichtlinien*[167], die auf die Nr. 5.2 THW-Helferstatut Bezug nehmen; *§ 539 Abs. 1 Reichsversicherungsordnung* und die Vorschriften über *Schadensersatz*[168].

aaa) Arbeitnehmer, Beamte, Richter (§ 3 Abs. 1, Abs. 2 THW-HelfRG)

§ 3 Abs. 1, Abs. 2 THW-HelfRG trifft eine umfassende Regelung zur *Vermeidung von Nachteilen für Arbeitnehmer bezüglich des Arbeitsverhältnisses, der Sozial- und der Arbeitslosenversicherung*. Der Schutz beginnt hierbei gemäß Abs. 1, Satz 1 bereits vor Aufnahme der Diensttätigkeit des Helfers; schon eine Benachteiligung wegen der *Verpflichtung* zum Dienst ist untersagt. Dies hat zum Beispiel zur Folge, daß dem Arbeitnehmer wegen seiner Verpflichtung nicht gekündigt werden darf[169], das bloße Vorschieben anderer Gründe ist unzulässig. Der Faktor der Tätigkeit im Katastrophenschutz darf auch bei Entlassungen aus dringenden betrieblichen Erfordernissen keinen Einfluß auf die Auswahl der Arbeitnehmer haben. Selbst schon eine Übertragung geringwertigerer Aufgaben aus Gründen des Katastrophenschutzdienstes wäre eine Benachteiligung und ist dem Arbeitgeber somit untersagt. Das Verbot der Benachteiligung bezüglich der *Sozial- und Arbeitslosenversicherung* bedeutet, daß der Arbeitgeber alle Versicherungsbeiträge der Angestellten-, Renten-, Kranken-, Unfall- und Arbeitslosenversicherung in

---

167 Richtlinien über die Gewährung von Entschädigungen an Helfer des Technischen Hilfswerkes bei Ausbildungsveranstaltungen, Übungen und Einsätzen in der Fassung vom 08. Dezember 1977 gemäß THW - Rundverfügung, THW 4 - VII a - 08. Dezember 1977 - Nr. 108 / 1977 (im folgenden: Entschädigungsrichtlinie)

168 siehe unten S. 147 ff.

169 so auch ausdrücklich § 48 Abs. 1 Katastrophenschutz-Organisations-Verwaltungsvorschrift

gleichem Umfang abzuführen hat, wie sie ohne die Diensttätigkeit des Arbeitnehmers im Katastrophenschutz hätten abgeführt werden müssen[170]. Zur Weiterzahlung der Beiträge zu sonstigen lohnabhängigen Versorgungskassen vgl. Roeber/Goeckel, § 9, Rdn. 5 und § 48 Abs. 3 KatS-Organisation-Vwv. Gemäß § 3 Abs. 1, Satz 2 THW-HelfRG müssen Arbeitnehmer, die während der Arbeitszeit an Einsätzen oder Ausbildungsveranstaltungen teilnehmen, für diese Zeit unter *Weitergewährung des Entgelts*, das sie ohne die Teilnahme erhalten hätten, *freigestellt* werden. Dem *privaten Arbeitgeber* wird gemäß § 3 Abs. 2 Satz 1 THW-HelfRG das weitergezahlte Entgelt (inklusiv Sozialversicherungsbeiträgen und Beiträgen zur Bundesanstalt für Arbeit) vom Bund erstattet, sobald eine Geringfügigkeitsgrenze von 2 Stunden pro Tag bzw. mehr als 7 Stunden innerhalb von 2 Wochen überschritten ist. Durch die Rückerstattung und den damit bewirkten Ausgleich erlittener Nachteile wird einer (zwar rechtswidrigen, aber oft nicht nachweisbaren) Tendenz der Arbeitgeber zur indirekten Benachteiligung von Katastrophenschutzhelfern und -helferinnen vorgebeugt. Zudem kann im Extremfall (z.B. kleiner Betrieb oder ein Betrieb mit sehr vielen Helfern und Helferinnen) die Belastung des Arbeitgebers ein Ausmaß annehmen, das sich für Arbeitgeber und Arbeitnehmer als existenzbedrohend erweist. Schon der Schutz der angestellten Helfer verlangt also eine solche Erstattungsregelung. Die *öffentlichen Arbeitgeber* dagegen haben die Kosten selbst zu tragen; eine Erstattung, die auf eine Umverteilung zwischen verschiedenen Haushaltstiteln hinausliefe mit all ihrem Aufwand, wurde nicht für sinnvoll gehalten. Voraussetzung ist, daß es sich um behördlich angeordnete oder genehmigte Einsätze, Übungen, Lehrgänge oder sonstige Ausbildungsveranstaltungen handelt[171]. Die Frage, wann von einem Einsatz bzw. einer Ausbildungsveranstaltung des Katastrophenschutzes (Dienst im Katastrophenschutz) gesprochen werden kann, wird näher unten bei den Pflichten der Helfer (-innen)[172] behandelt.

Der *Umfang der Rückerstattung* an den Arbeitgeber ist in § 3 Abs. 2, Satz 1 THW-HelfRG festgeschrieben. Erstattungsfähig ist zunächst jedes Entgelt für geleistete Arbeit, das der Arbeitgeber ohne die Vor-

---

170 Roeber/Goeckel, § 9 Rdn. 5

171 so auch Nr. 48 Abs. 3, Satz 1 KatS-Organisation-Vwv

172 "Pflicht zur Teilnahme an Dienstveranstaltungen"

schriften des § 3 Abs. 1, Satz 2 KatSG nicht hätte zahlen müssen, da ohne diesen keine Leistungspflicht bestanden hätte. Deshalb werden erstattet z.B. Geldlohn, Sachlohn, Lohnzulagen, Gratifikationen, vermögenswirksame Leistung des Arbeitgebers. Nicht ersetzt werden dagegen Urlaubsgeld, Aufwandsentschädigung, Lohnsummensteuer, Aufwand für Ausfalltage etc.[173]. Erstattungsfähig sind aber wieder die Beiträge zur Sozialversicherung, also der Kranken-, Renten- und Unfallversicherung, gleich, ob es sich um eine Pflichtversicherung handelt oder um eine freiwillige Krankenversicherung nicht versicherungspflichtiger Angestellter gemäß § 405 Reichsversicherungsordnung. Zudem werden die Beiträge zur Bundesanstalt für Arbeit nach § 167 ff. Arbeitsförderungsgesetz[174] erstattet. Letztlich erfolgt gemäß § 2 Abs. 2, Satz 2 THW-HelfRG die Rückzahlung des aufgrund gesetzlicher Vorschriften während einer Arbeitsunfähigkeit infolge Krankheit geleisteten Arbeitsentgeltes, wenn die Arbeitsunfähigkeit wegen des Dienstes im Katastrophenschutz auftrat.

Der Personenkreis, für den § 3 Abs. 1 und 2 THW-HelfRG unmittelbar gilt, umfaßt allein die *Angestellten*, *Arbeiter* und die zu ihrer *Ausbildung Beschäftigten* wie Lehrlinge und Praktikanten[175]. Entsprechende Anwendung finden die Sätze 1 und 2 der Bestimmung für *Beamte* und *Richter*[176].

bbb) Selbständige (§ 3 Abs. 3, Satz 2 THW-HelfRG)

Beruflich selbständige Helfer erhalten auf Antrag eine Entschädigung für glaubhaft gemachten Verdienstausfall. Selbständiger ist, wer nicht in einen Betrieb eingegliedert ist und unter relativer Selbständigkeit einem Beruf nachgeht; negativ formuliert, wer nicht Angestellter, Arbeiter, Beamter oder Richter ist[177].
Von der in § 3 Abs. 3, Satz 3 THW-HelfRG normierten Befugnis zur Festlegung von Höchstgrenzen und pauschalierten Abgeltungen hat der

---

173 vgl. ausführlich: Roeber/Goeckel, § 9, Rdn. 9

174 vom 25. Juni 1969, BGBl. I S. 582

175 § 3 Abs. 7 THW-HelfRG

176 Abs. 2, Satz 7

177 Zu dieser Personengruppe noch unten.

Bundesinnenminister in Nr. 2, Abs. 2 Entschädigungsrichtlinie Gebrauch gemacht.
Nr. 2, Abs. 2 Entschädigungsrichtlinie spricht dem *beruflich Selbständigen* einen Anspruch auf eine Entschädigung für dargelegten Verdienstausfall zu, sobald ihm der Ausfall billigerweise nicht zugemutet werden kann. Die Entschädigung wird auf Antrag gewährt und beträgt für jede angefangene Stunde der versäumten Arbeitszeit 4,00 DM bei einer Höchstgrenze von 40,00 DM pro Tag. Übersteigt der tatsächliche Verdienstausfall des Selbständigen diesen Stundensatz von 4,00 DM, was heutzutage der Regelfall sein wird, so kann der Helfer bzw. die Helferin als Tagessatz den dreihundertsten Teil der vom Verdienstausfall betroffenen Jahreseinkünfte, höchstens 80,00 DM pro Tag beanspruchen. Dies bestimmt Nr. 2 Abs. 3, Satz 1, 1. HS Entschädigungsrichtlinie. Dienstzeiten unter 10 Stunden pro Tag werden anteilmäßig entschädigt (Abs. 3, Satz 1, 2. HS). Es folgen Regelungen zu Bestimmung und Nachweis der Jahreseinkünfte[178].
Eine *Sonderregelung für Gewerbebetriebe, Land- und Forstwirtschaftsbetriebe und für die Tätigkeit Selbständiger* trifft Nr. 2, Abs. 4 Entschädigungsrichtlinie. Bei Weiterführung der Geschäfte durch eine *Ersatzkraft* oder einen dazu besonders bestellten *Vertreter* für die Zeit der Dienstleistung im Technischen Hilfswerk wird auf Antrag statt der oben genannten Entschädigung die angemessenen Kosten der Ersatzkraft bzw. des Vertreters erstattet.

ccc) Arbeitslosengeld- und Sozialhilfeempfänger etc. (§ 3 Abs. 4 THW-HelfRG)

§ 3 Abs. 4 THW-HelfRG regelt die Entschädigung der Helfer (-innen), die *aus sozialen Gründen Unterstützung aus öffentlichen Mitteln* erhalten. Es handelt sich dabei um Arbeitslosengeld, Arbeitslosenhilfe, Kurzarbeitergeld, Schlechtwettergeld, Wintergeld, Konkursausfallgeld, Zuschüsse und Darlehen für Ausbildung, Fortbildung oder Umschulung, Leistungen zur Förderungen der Arbeitsaufnahme, aber auch Sozialhilfe und Leistungen nach dem Bundesausbildungsförderungsgesetz

178 vgl. Nr. 2, Abs. 3, Satz 2 und Satz 3 Entschädigungsrichtlinie

(BaföG)[179]. Diese Leistungen sind weiterzugewähren, soweit sie ohne den Dienst im Technischen Hilfswerk gewährt worden wären.

ddd) Ersatz barer Auslagen (§ 3 Abs. 3, Satz 1 THW-HelfRG)

Gemäß § 3 Abs. 3, Satz 3 THW-HelfRG sind dem Helfer auf seinen Antrag alle notwendigen baren Auslagen zu erstatten. Auch hier hat der Bundesminister des Innern von seiner Befugnis zum Erlaß von Höchstgrenzen und einer pauschalierten Abgeltung Gebrauch gemacht: Nr. 3 der Entschädigungsrichtlinie, Erstattung barer Auslagen, behandelt zunächst die *Fahrt- und Nebenkostenerstattung* bei Fortbewegung innerhalb desselben Ortes (Abs. 1 i.V.m. §§ 514 BRKG[180]. Gemäß der Absätze 2, 3, 4 und 5 wird bei einer ortsüberschreitenden Fortbewegung Reisekostenerstattung nach §§ 2 ff. BRKG geleistet, also Fahrtkostenerstattung (§ 5 BRKG), Wegstrecken- und Mitnahmeentschädigung (§ 6 BRKG), Tagegeld (§ 9 BRKG), Übernachtungsgeld (§ 10 BRKG)[181], Nebenkosten (§ 14 BRKG), Aufwandsvergütung (§ 17 BRKG), etc.[182]. Zudem erhalten Helfer und Helferinnen, die ein eigenes Beförderungsmittel zur Ausführung einer angeordneten Dienstleistung mit Genehmigung des Einsatzleiters oder Landesbeauftragten verwenden, Wegstrecken- und Mitnahmeentschädigung gemäß § 6 BRKG.

eee) Sachschäden (§ 3 Abs. 5 THW-HelfRG)

Sind durch die Ausübung des Dienstes im Technischen Hilfswerk Schäden entstanden an Sachen einer Hilfsperson, so sind diese angemessen zu erstatten. Dies geschieht nur auf Antrag. Hat die Hilfsperson den Schaden vorsätzlich herbeigeführt oder trifft sie grobe Fahrlässigkeit, entfällt der Anspruch auf Ersatz. Soweit dem Geschädigten aus dem

---

179 Roeber/Goeckel, § 9 Rdn. 14

180 Gesetz über die Reisekostenvergütung für die Bundesbeamten, Richter im Bundesdienst und Soldaten (Bundesreisekostengesetz / BRKG) i.D.F.v.13. November 1973)

181 beachte Abs. 2 Nr. 3 Entschädigungsrichtlinie

182 vollständige Aufzählung in § 4 BRKG

Schadensfall Ansprüche gegen Dritte zustehen, gehen diese gemäß § 3 Abs. 5, Satz 3 THW-HelfRG kraft Gesetzes auf den Bund über in Höhe der Ersatzleistung des Bundes.

Nr. 6 Entschädigungsrichtlinie ergänzt die Vorschrift dahin, daß nur Schäden ersetzt werden, an persönlichen Sachen, die normalerweise auch bei Dienstveranstaltungen mit sich geführt werden (wie Brille, Uhr, etc.).

fff) Entschädigungsrichtlinie

Weitere Vorschriften zur Vermeidung wirtschaftlicher Nachteile der Helfer und Helferinnen enthalten die *"Richtlinien über die Gewährung von Entschädigungen an Helfer des Technischen Hilfswerkes bei Ausbildungsveranstaltungen, Übungen und Einsätzen"*[183]. Teilweise ergänzt diese Verwaltungsvorschrift die Gesetzesnorm des § 3 THW-HelfRG, teilweise bestehen Überschneidungen, die bei abweichender Regelung zugunsten des höherrangigen Gesetzesrechts entschieden werden müssen.

In Teil I der Richtlinie wird "Allgemeines" geregelt. Nr. 1 Abs. 1, Satz 1 Entschädigungsrichtlinie betont die *Freiwilligkeit* und *Ehrenamtlichkeit* des Dienstes im Technischen Hilfswerk und die *Unentgeltlichkeit* seiner Ableistung. Jedoch solle den Helfern und Helferinnen durch ihre Dienstleistung *kein wirtschaftlicher Schaden* für sich oder Angehörige entstehen (Satz 2). Insoweit entspricht die Richtlinie dem § 3 Abs. 1 THW-HelfRG und wiederholt nur dessen Regelung.

Wenn aber Nr. 1, Abs. 1, Satz 3 Entschädigungsrichtlinie die Dienstleistung des sogenannten THW-Helfers (der Helferin) vom *Einverständnis des Arbeitgebers* und der *Entbehrlichkeit* des Arbeitnehmers am Arbeitsplatz abhängig macht, wird eine über § 3 Abs. 1 THW-HelfRG hinausgehende Regelung getroffen. Bei der rechtlichen Würdigung des Absatzes 1, Satz 3 Entschädigungsrichtlinie ist zu berücksichtigen, daß

---

183 in der Fassung vom 08. Dezember 1977 gemäß THW - Rundverfügung, THW 4 - VII a - 08. Dezember 1977 - Nr. 108 / 1977 (im folgenden: Entschädigungsrichtlinie)

erst seit Neufassung des § 9 Abs. 2 KatSG und der Einfügung seiner Absätze 3 und 4 in das Katastrophenschutzgesetz durch Gesetz vom 10. Juli 1974[184] eine *gesetzliche Freistellung* der Helfer und Helferinnen des Katastrophenschutzes von der Arbeitsverpflichtung gegenüber ihren Arbeitgebern besteht. Eine identische Regelung findet sich nunmehr in § 3 Abs. 1 THW-HelfRG. Diese Freistellung tritt *automatisch* mit dem Einsatzfall ein und ist nicht vom Willen des Arbeitgebers abhängig. Zuvor war dagegen ein Einsatz der Hilfspersonen während der Arbeitszeit nur mit Einverständnis des Arbeitgebers möglich; andernfalls hätten die Arbeitnehmer gegen ihre vertragliche Arbeitspflicht verstoßen. Erst der neue § 9 Abs. 2, Satz 2 KatSG und der § 3 Abs. 1, Satz 2 THW-HelfRG normieren den *Vorrang der Pflicht zur Dienstleistung im Katastrophenschutz* vor der Pflicht zur Arbeitsleistung. Vor diesem Hintergrund hat man sich die Frage zu stellen, ob Teil I, Nr. 1, Abs. 1, Satz 3 Entschädigungsrichtlinie diese neue Entwicklung noch nicht berücksichtigt und sich auf eine alte Rechtslage bezieht und damit hinfällig ist oder ob er einem über § 9 Abs. 2 KatSG/§ 3 Abs. 1, Satz 2 THW-HelfRG hinausgehenden Schutzgedanken folgt und für die Helfer und Helferinnen des Technischen Hilfswerkes eine Dienstleistung tatsächlich nur im Einvernehmen mit dem Arbeitgeber und bei Entbehrlichkeit der Hilfsperson am Arbeitsplatz möglich sein soll. Zweck einer solchen Regelung könnte sein, einem potentiellen Hang der Arbeitgeber zur versteckten Benachteiligung von Hilfspersonen vorzubeugen, zusätzlich zu dem gesetzlichen Benachteiligungsverbot von § 9 Abs. 2 KatSG/§ 3 Abs. 1, Satz 2 THW-HelfRG und der Rückerstattungsregelung. Für eine derartige Erweiterung des Arbeitnehmerschutzes des § 9 Abs. 2 KatSG/§ 3 Abs. 1, Satz 2 THW-HelfRG scheint zu sprechen, daß die oben genannte Rundverfügung vom 8. Dezember 1977 eine sogenannte "berichtigte Fassung" der Entschädigungsrichtlinie als Anlage enthält, in der die Nr. 1, Abs. 1, Satz 3 Entschädigungsrichtlinie in alter Form belassen wird, obwohl der § 9 KatSG am 10. Juli 1974 seine Neugestaltung erfuhr, die veränderte Rechtslage also bekannt sein mußte. Jedoch würde mit einem Abhängigmachen der Dienstleistung im Katastrophenschutz vom Einverständnis des Arbeitgebers ein Vorrang der Arbeitspflicht vor der Katastrophenschutzpflicht anerkannt. Die Konkurrenz zwischen Arbeitsverpflichtung und Pflicht zur Dienstleistung im Katastrophenschutz sollte aber gerade durch die Neufassung des § 9

184 BGBl. I S. 1441

Abs. 2, Satz 2 KatSG/§ 3 Abs. 1, Satz 2 THW-HelfRG zugunsten der im Allgemeininteresse liegenden Katastrophenschutztätigkeit entschieden sein. Somit hat die Nr. 1, Abs. 1, Satz 3 Entschädigungsrichtlinie keine ergänzende Wirkung, sondern widerspricht dem Gedanken des § 9 Abs. 2, Satz 2 KatSG/§ 3 Abs. 1, Satz 2 THW-HelfRG und wird daher durch die Neufassung des höherrangigen § 9 KatSG/§ 3 Abs. 1, Satz 2 THW-HelfRG *außer Kraft gesetzt*. Im übrigen zeigt ein Blick auf Nr. 1, Abs. 1, Satz 4 Entschädigungsrichtlinie und Nr. 2, Abs. 1, Satz 2, Satz 3 Entschädigungsrichtlinie, daß versehentlich noch weitere, hier *noch eindeutiger obsolete* Bestimmungen in der sogenannten "bereinigten Fassung" vom 8. Dezember 1977 enthalten sind: Weder ist eine Vereinbarung über die Dienstbefreiung von Beamten erforderlich[185] (so aber Nr. 1, Abs. 1, Satz 4 Entschädigungsrichtlinie) noch eine Vereinbarung mit dem Arbeitgeber über die Lohnfortzahlung im Einsatzfall[186] (so aber Nr. 2, Abs. 1, Satz 2 Entschädigungsrichtlinie). Von deren Notwendigkeit gehen die genannten Vorschriften jedoch aus und beziehen sich daher in eindeutiger Weise noch auf die überholte Rechtslage. Auch diese Regelungen werden von § 9 Abs. 2, Satz 2 KatSG/§ 3 Abs. 1, Satz 2 THW-HelfRG *außer Kraft gesetzt*. Sie sind ersatzlos zu streichen.

Nr. 1, Abs. 2 Entschädigungsrichtlinie regelt *Beginn* und *Ende* der Dienstleistung; Abs. 3 betont, daß durch die Dienstleistung ein Arbeits- oder Beschäftigungsverhältnis zwischen Helfer bzw. Helferin und dem Technischen Hilfswerk nicht begründet wird.

Teil II der Entschädigungsrichtlinie behandelt die *Erstattung von Verdienstausfall* und die Entschädigung für *allgemeinen Aufwand*. Seine erste Vorschrift, Nr. 2, Abs. 1, Satz 1 wiederholt das Benachteiligungsverbot des § 3 Abs. 1 THW-HelfRG. Nr. 2, Abs. 1, Satz 2 und Satz 3 Entschädigungsrichtlinie sind - wie schon dargelegt[187] - obsolet und entfallen.

185 vergleich nämlich § 9 Abs. 2, Satz 7 KatSG/§ 3 Abs. 1, Satz 4 THW-HelfRG

186 vgl. § 9 Abs. 2, Satz 4 KatSG/§ 3 Abs. 1, Satz 2 THW-HelfRG

187 siehe oben S. 140

Von Bedeutung geblieben ist der zweite Absatz der Nr. 2 Entschädigungsrichtlinie, der die schon oben angesprochenen[188] Regelungen für Selbständige enthält.

Eine Vorschrift, die Bedeutung haben könnte für die *Empfänger von Arbeitslosengeld, Arbeitslosenhilfe oder Sozialhilfe*, ist Abs. 5 der Nr. 2 Entschädigungsrichtlinie. Diese Personengruppe, auf Antrag auch *Schüler* und *Studenten* ohne eigenes Einkommen[189], soll eine Entschädigung für den "mit der Dienstleistung verbundenen *allgemeinen Aufwand*" erhalten, und zwar für 2 bis 4 Stunden in einer Höhe von 2,50 DM, für 4 bis 8 Stunden 5,00 DM und für über 8 Stunden 7,50 DM. Zusätzlich, dies bestimmt § 3 Abs. 4 THW-HelfRG[190], werden die genannten Unterstützungen aus öffentlichen Mitteln weitergewährt. Die Tatsache, daß hier nur einem Teil der Helfer und Helferinnen die allgemeinen Aufwendungen ersetzt werden, obwohl diese allen Hilfspersonen entstehen, daß also ein Teil der Helferschaft eine Bevorzugung gegenüber der anderen erfährt, kann im Hinblick auf den *Gleichbehandlungsgrundsatz* des Art. 3 Abs. 1 GG rechtliche Bedenken hervorrufen. Die normierte Ungleichbehandlung läßt sich jedoch möglicherweise durch den Gedanken rechtfertigen, daß der Gruppe der sozial Schwächsten auch geringfügigste Belastungen wie die des allgemeinen Aufwandes erspart bleiben sollen, während die wirtschaftlich besser gestellten Helfer und Helferinnen die allgemeinen Aufwendungen zumutbarerweise selbst tragen können. Problematisch erscheint die Regelung jedoch aus einem anderen Grund, der der gerade angestellten Überlegung zur Ungleichbehandlung logisch noch vorgeschaltet ist. Ersetzt werden kann und darf nur, was an *Aufwendungen tatsächlich anfällt*. Dabei muß dann allerdings eine *Pauschalierung* möglich sein. Würde aber eine Pauschale gewährt, ohne daß tatsächlich Aufwendungen zu verzeichnen wären, oder überstiege diese Abschlagssumme die denkbaren Aufwendungen beträchtlich, würde es sich schon begrifflich nicht um einen Aufwendungsersatz handeln können, sondern um eine *versteckte Entlohnung*. Dies widerspräche dann aber dem Prinzip der Unentgeltlichkeit im Katastrophenschutzgesetz[191]. Bei der Suche nach

---

188 siehe oben S. 138

189 Nr. 2 Abs. 5, Satz 2 Entschädigungsrichtlinie

190 siehe oben S. 135 f.

191 Roewer, Rdn. 90 (S. 48); Nr. 40 KatS-Organisation-Vwv

Aufwendungen, die von der Hilfsperson neben den vom Technischen Hilfswerk zur Verfügung gestellten Mitteln noch zu treffen sind, tut man sich schwer. Einsatzkleidung (Hose, Jacke, Parka, Koppel, Sicherheitsstiefel, Helm, Handschuhe, Hemd, Pullover, Mütze, Socken, etc.), Arbeitskleidung (Hose, Jacke in leichter Ausführung, sonst wie Einsatzkleidung), Schreibzeug der theoretischen Ausbildung (Mappe, Papier, Stift) werden gestellt. Wer eigenes Schuhwerk und Kleidung bei Hin- und Rückweg zur Dienstleistungsstätte (Unterkunft) sparen möchte, kann im Einsatzanzug anfahren. Fahrtkosten werden erstattet[192], die Helfer und Helferinnen werden verpflegt gemäß der Verpflegungsrichtlinie[193]. Waschgelegenheiten, andere sanitäre Anlagen und Seife sind in den Unterkünften der Ortsverbände vorhanden. Die Kleiderreinigung wird entweder von der Kleiderkammer besorgt oder sie ist mit kaum meßbarem finanziellen Aufwand selbst betreibbar. Schuhpflegemittel werden gestellt. Diesen minimalen, kaum quantifizierbaren Belastungen steht eine pauschalierte Aufwandsentschädigung von maximal 250,00 DM pro Jahr gegenüber (angenommen: 100 zweistündige Dienstveranstaltungen bei maximal zulässiger Stundenzahl von 200 Stunden)[194]. Bei geringerer Jahresdienststundenzahl bzw. längerer Einsatzdauer verringert sich diese Summe zwar, aber dafür sind auch die Aufwendungen des Helfers geringer. Die *Relation* zwischen dieser Pauschale und den tatsächlich und realistischerweise auftretenden, durch den Dienst im Katastrophenschutz erforderlich gewordenen allgemeinen Aufwendungen muß als krasses Mißverhältnis bezeichnet werden; von einem (pauschalierten) Aufwendungsersatz kann keine Rede sein. Einer Umdeutung der Nr. 2, Abs. 5 Entschädigungsrichtlinie von einer Entschädigungs- zu einer Entlohnungsvorschrift steht das Unentgeltlichkeitsprinzip des Katastrophenschutzes[195] entgegen. Zudem ließen sich dann wegen der Ungleichbehandlung der beiden Helfergruppen bei einer Entlohnung Konflikte mit Art. 3 Abs. 1 GG nicht vermeiden. Die Gewährung einer Entschädigung für allgemeinen Aufwand an sozial schwache Personengruppen ist damit nicht, jedenfalls nicht in dem von Nr. 2, Abs. 5 Entschädigungsrichtlinie erfolgten Umfang, möglich.

---

192 § 3 Abs. 3, Satz 1 THW-HelfRG, Nr. 3 der Entschädigungsrichtlinie, siehe oben S. 137 f.

193 siehe unten

194 § 9 Abs. 1, Satz 3 ZSG analog; Roewer, Rdn. 84 (S. 46)

195 siehe S. zuvor

Abs. 5 ist damit *rechtswidrig und nichtig*. Die Entschädigungsrichtlinie ist auch im Hinblick auf diese Vorschrift zu bereinigen.

Der Abs. 6, Satz 1 der Nr. 2 Entschädigungsrichtlinie wiederholt zunächst sinngemäß den in Nr. 1, Abs. 2 Entschädigungsrichtlinie ausgesprochenen Gedanken, daß zur Dienstleistungszeit auch die Wegezeit von Wohnung bzw. Arbeitsstätte zur Dienstleistungsstätte, also der Unterkunft des Ortsverbandes, zu rechnen ist. Satz 2 setzt als pauschale Wegezeit eine Spanne von 30 Minuten an, gemäß Satz 3 kann eine längere Wegezeit durch pflichtgemäße Erklärung der Hilfsperson nachgewiesen werden.

Damit hat sich für den Teil II (Nr. 2), Erstattung von Verdienstausfall und Entschädigung für allgemeinen Aufwand, gezeigt, daß nur die Regelung der Entschädigung Selbständiger (Abs. 2, 3, 4) Bestand und eine über die Regelungen des THW-Helferrechtsgesetzes hinausgehende Bedeutung besitzt.

Teil III (Nr. 3) der Entschädigungsrichtlinie behandelt die schon oben erläuterte Erstattung barer Auslagen.

Im Ergebnis zeigt sich damit für die Entschädigungsrichtlinie, daß nur ein Teil von ihr rechtlich Bestand hat. Die Vorschriften der Nr. 1, Abs. 1, Satz 3, Satz 4; Nr. 2, Abs. 1, Satz 2, Satz 3; Nr. 2, Abs. 5 Entschädigungsrichtlinie sind obsolet und rechtswidrig. Einige der verbleibenden Vorschriften wiederholen nur, was in § 3 HelfRG ohnehin schon geregelt ist, sind also, sieht man von der Hinweisfunktion ab, überflüssig; so Nr. 1, Abs. 1, Satz 1, Satz 2; Nr. 2, Abs. 1, Satz 1 Entschädigungsrichtlinie.
Bei einer Bereinigung der Richtlinie verbleiben daher nur die Vorschriften Nr. 1, Abs. 2, Abs. 3; Nr. 2, Abs. 2, 3, 4 und 6; Nr. 3; Nr. 6 der Entschädigungsrichtlinie.

bb) Recht auf fachdienstbezogene Ausbildung und Ausstattung

Ein besonders wichtiges Helferrecht stellt das Recht auf eine *fachdienstbezogene Ausbildung und Ausstattung* dar, Nr. 5.1 THW-Helferstatut[196]. Ein Teil dieses Rechts, der Anspruch auf Aus- und Fortbildung entsprechend den dienstlichen Erfordernissen, ist zudem in § 2 Abs. 2, Satz 2 THW-Helferrechtsgesetz festgeschieben.

Allerdings soll dieses Recht, so will es Nr. 5.1 THW-Helferstatut bestimmen, insofern unter einem Vorbehalt stehen, als es nur "im Rahmen der zur Verfügung stehenden Haushaltsmittel" gewährt wird. Das *Recht* der Helfer und Helferinnen auf eine Ausbildung ist der der *Pflicht* zur Teilnahme an Einsätzen, Übungen und Ausbildungsveranstaltungen korrespondierende Anspruch gegen das Technische Hilfswerk. Ein Einsatz ohne entsprechende Ausbildung birgt zu große Gefahren für die Hilfsperson selbst, für die Mithelfer und -helferinnen und nicht zuletzt für den Einsatzzweck, je nach den Umständen auch für betroffene Katastrophenopfer in sich. Ein nicht oder unzureichend vorbereiteter Helfer oder jemand, dessen früher einmal erworbenen Fertigkeiten mangels Übung und Training verblaßt oder ganz verloren sind, ist zu einer verantwortlichen Aufgabenerfüllung unter Wahrung des Sicherheitsstandards und der Arbeitsschutzvorschriften nicht fähig und damit eine Gefahr für sich und andere. Aus diesen Überlegungen verbietet sich der Einsatz einer Hilfsperson ohne (hinreichende) Ausbildung, er wäre rechtswidrig. Dies heißt zunächst einmal, daß der/die Unausgebildete zu einem Einsatz nicht verpflichtet sein kann (*Abwehrrecht*), darüber hinaus aber besteht gemäß Nr. 5.1 THW-Helferstatut/§ 2 Abs. 2, Satz 2 THW-HelfRG ein *einklagbarer, positiver Anspruch* auf eine Ausbildung schon zu Friedenszeiten. Daß dieser Anspruch unter den Vorbehalt des Haushaltsetats gestellt ist, kann bei gesetzeskonformer Auslegung nur bedeuten, daß keine Pflicht des Technischen Hilfswerkes zu aufwendigsten Übungsveranstaltungen unter Überschreitung jeden finanziellen Rahmens bestehen soll. Es gibt jedoch ein *Mindestmaß* an erforderlicher Ausbildung, das (auch) durch etatmäßige Vorschriften nicht beschnitten werden darf: Die Hilfsperson hat jedenfalls einen Anspruch darauf, auf den Ernstfall *ausreichend vorbereitet* zu werden, so daß sie wirkungsvoll Hilfe leisten kann unter Wahrung der eigenen und fremden Sicherheit. Auch wenn wegen einer Mittelbeschränkung die optimale Vorbereitung nicht möglich sein mag - ein "Mehr" an Übung und Ausbildung mittels technischer und didakti-

196 Helferstatut der Bundesanstalt Technisches Hilfswerk (THW) i.d.F. vom 1. September 1973

scher Mittel wird nahezu immer denkbar sein -, das oben genannte Mindestmaß an Ausbildung muß garantiert bleiben, für diesen Bereich steht der Anspruch der Helfer (-innen) nicht unter dem Vorbehalt vorhandener Haushaltsmittel. Soweit darüber hinaus Mittel vorhanden sind, erweitert sich der Anspruch der Helfer (-innen) auf weitere, optimalere Ausbildung über das skizzierte Mindestmaß hinaus, er ist insoweit abhängig von Staatshaushalt und Finanzzuweisungen.

In paralleler Weise ist das Recht der Helfer (-innen) auf eine fachdienstbezogene Ausstattung zu beurteilen. Ein *Mindeststandard an Sicherheitsbekleidung*, z. B. Arbeitsschutzstiefel, Helm, lederne Arbeitshandschuhe, schwerer Arbeitsanzug, Kälteschutz, dient dem persönlichen Schutz der Hilfsperson und ist *unabdingbarer Teil ihres Anspruchs* auf Ausrüstung. Sie wäre zudem wegen der hohen Risiken weder zu Einsatz, noch zu praktischen Ausbildungsveranstaltungen verpflichtet. Ein darüberhinausgehender Anspruch auf *weitere* Ausrüstung ("zweite Garnitur"; leichte Arbeitskleidung zusätzlich zum Einsatzanzug), Gegenstände also, die unter Einsatzzweck- und Sicherheitsüberlegungen entbehrlich scheinen, besteht nur unter dem Vorbehalt des Etats.

cc) Soziale Sicherung

Die soziale Sicherung der Helfer und Helferinnen des Technischen Hilfswerkes wird auf verschiedene Weise gewährleistet. Zunächst einmal dadurch, daß - wie oben beschrieben - die Versicherungsverhältnisse in der Sozial- und Arbeitslosenversicherung durch den Dienst im Katastrophenschutz nicht berührt werden[197] und die Arbeitgeber die Beiträge zur Sozialversicherung und zur Bundesanstalt für Arbeit weiterzuleisten haben[198]. Hiermit wird eine spätere angemessene Versorgung sichergestellt. Eine weitere Absicherung der Helfer und Helferinnen erfolgt durch die gesetzliche Unfallversicherung[199], auf die auch Nr. 40 Abs. 1 KatS-Organisation-Vwv hinweist. Gemäß § 539 Abs. 1, Nr. 12 a RVO gehören zum Personenkreis der kraft Gesetzes Unfallversicherten solche "Personen, die Luftschutzdienst leisten, wenn

---

197 § 3 Abs. 1, Satz 3 THW-HelfRG

198 § 3 Abs. 1 THW-HelfRG

199 §§ 537 ff. Reichsversicherungsordnung (RVO)

sie hierzu durch eine zuständige Stelle herangezogen sind oder wenn sie handeln, weil Gefahr im Verzuge ist". Damit sind die Helfer und Helferinnen des Technischen Hilfswerkes erfaßt, soweit sie sich im Rahmen des *verteidigungsgerichteten Katastrophenschutzes ("Luftschutz") im Einsatz* befinden. Bei *Ausbildungsveranstaltungen* wird der gesetzliche Unfallschutz durch § 539 Abs. 1, Nr. 12 c RVO gewährleistet: Die Hilfspersonen des Technischen Hilfswerkes, das, wie dargelegt, identisch ist mit der Abteilung IV des Bundesamtes für Zivilschutz, sind insoweit "Teilnehmer an den Ausbildungsveranstaltungen des Bundesamtes für Zivilschutz" (Nr. 12 c, 1. Teilsatz). *Friedensmäßige Einsätze im Rahmen der Amts- oder Katastrophenhilfe* (Art. 35 GG) auf Begehren der Katastrophenschutzverwaltung des jeweils zuständigen Landes werden von § 539 Abs. 1, Nr. 13, 1. Teilsatz RVO erfaßt, der allen "für den Bund, ein Land, eine Gemeinde, einen Gemeindeverband oder eine andere Körperschaft, Anstalt oder Stiftung des öffentlichen Rechtes ehrenamtlich Tätigen" Versicherungsschutz gewährt, "wenn ihnen nicht durch Gesetz eine laufende Entschädigung zur Sicherstellung ihres Lebensunterhaltes gewährt wird".

Somit werden schon mit den bisher angeführten Vorschriften der Reichsversicherungsordnung alle Tätigkeitsfelder der THW-Helfer und -Helferinnen abgedeckt. Der gesetzliche Versicherungsschutz ist insoweit umfassend. Darüber hinaus greift die Nr. 13 des § 539 Abs. 1 RVO (ebenso wie die Nr. 12 a und 12 c) für die verteidigungsmäßigen Einsätze und die Ausbildungsveranstaltungen des Technischen Hilfswerkes ein. Auch § 539 Abs. 1, Nr. 8, Tätigkeit in einem Unternehmen zur Hilfe bei Unglücksfällen und Teilnahme an dessen Übungsveranstaltungen, kommt für die Helfer und Helferinnen des Technischen Hilfswerkes in Betracht. Letztlich erfaßt § 539 Abs. 1, Nr. 9 a RVO einen großen Teil der Tätigkeiten im Technischen Hilfswerk, indem hier der Einsatz bei Unglücksfällen, gemeiner Gefahr, Not und bei Rettungsversuchen aus Lebensgefahr in den Schutz einbezogen wird. Die Helfer und Helferinnen gehören also je nach den situativen Gegebenheiten sogar auf mehrfache Weise zu dem Personenkreis der gemäß § 539 RVO gesetzlich Unfallversicherten.

Erleiden sie infolge einer Dienstleistung im Katastrophenschutz einen *Gesundheitsschaden* oder widerfährt ihnen hierbei ein Unfall mit *To-*

desfolge[200], werden Leistungen erbracht wie Heilbehandlung[201], Verletztengeld oder Übergangsgeld[202], besondere Unterstützung[203], Wiederherstellung oder Erneuerung von Körperersatzstücken[204], Berufshilfe[205], Verletztenrente[206], Sterbegeld[207], Rente an Hinterbliebene[208]. Allgemein zur gesetzlichen Unfallversicherung gemäß §§ 537 ff. RVO, insbesondere zum erfaßten Personenkreis und zum Begriff des Arbeitsunfalls sei verwiesen auf die sozialrechtliche Literatur[209].

Neben der gesetzlichen Unfallversicherung nach der Reichsversicherungsordnung besteht eine Zusatzversicherung, die zwischen dem Bundesamt für zivilen Bevölkerungsschutz und einem privaten Versicherungsträger zugunsten der Helfer und Helferinnen abgeschlossen wurde[210].

dd) Schadensersatz

Der Bereich des Schadensersatzes umfaßt zwar nicht nur *Ansprüche* der Helfer und Helferinnen, sondern auch die Pflicht, unter gewissen Voraussetzungen selbst Schadensersatz leisten zu müssen, doch soll diese zusammenhängende Materie auch an einer Stelle zusammen angesprochen werden. Und da selbst die neben den Schadensersatzansprüchen der Hilfspersonen stehende Schadensersatz*pflicht* insgesamt eine Haftungserleichterung bewirkt im Vergleich zu einer rein privatrechtlichen Haftung, rechtfertigt es sich auch, den Gesamtkomplex "Schadensersatz" bei den "Helfer*rechten*" zu behandeln.

---

200 Arbeitsunfall im Sinne der §§ 548 ff. RVO

201 §§ 556 ff. RVO

202 §§ 560 ff. RVO

203 § 563 RVO

204 § 564 RVO

205 §§ 567 ff. RVO

206 §§ 570 ff. RVO; §§ 603 ff. RVO

207 § 589 RVO

208 §§ 590 ff. RVO

209 Dötsch, Bd. 2, Gruppe 4, S. 1-73; Bley, S. 204, S. 231 ff. m.w.N.; Richter, S. 167 ff.

210 vgl. Informationsdienst Nr. 3 vom 15.06.1956

Insgesamt sind drei Fallgestaltungen zu unterscheiden:

aaa) Schädigung der Hilfsperson

(1) Körperschäden

Erleidet eine Hilfsperson bei der Ausübung ihres Dienstes einen Körperschaden, werden ihr Leistungen nach der Reichsversicherungsordnung gewährt, hierzu schon oben unter cc) "Soziale Sicherung".

(2) Sachschäden

Sachschäden der Helferschaft des Technischen Hilfswerkes werden, wie oben schon dargelegt, nach dem THW-Helferrechtsgesetz und der Entschädigungsrichtlinie THW ersetzt. Sie enthalten die Regelung, daß *Schäden an persönlichen Sachen* ersetzt werden, welche normalerweise auch bei Dienstveranstaltungen mit sich geführt werden (Brille, Uhr, etc.) und die *bei* der Dienstleistung beschädigt wurden. Ersatz wird nur dann nicht geleistet, wenn Vorsatz oder grobe Fahrlässigkeit des Geschädigten vorliegt (§ 3 Abs. 5 THW-HelfRG/Nr. 6 Entschädigungsrichtlinie).

bbb) Schädigung eines Dritten

(1) Schädigung bei der Dienstausübung

Fügt ein Helfer oder eine Helferin des "Technischen Hilfswerkes" *in Ausübung des Dienstes* - was aufgrund der den Hilfspersonen zugewiesenen Aufgaben ein öffentlich-rechtliches Tätigwerden im Sinne des Art. 34 GG impliziert - einer anderen Person Schaden zu, richten sich die Ersatzansprüche des Geschädigten nach dem allgemeinem Recht der staatlichen Ersatzleistungen. Anspruchsgegner ist danach der Bund; die Hilfsperson selbst ist von der unmittelbaren Inanspruchnahme durch den Dritten freigestellt. Zu der Möglichkeit des internen Rückgriffs des Bundes gegen die Hilfsperson siehe unten: ccc, (2).

Für die weiteren Einzelheiten des staatlichen Haftungsrechts muß an dieser Stelle auf die zu diesem Komplex existierende Literatur verwiesen werden[211]; andernfalls würde der Rahmen dieser Arbeit gesprengt.

(2) Schädigung bei Gelegenheit der Dienstausübung

Wird die Hilfsperson nur in Zusammenhang mit ihren Dienstgeschäften, nicht aber unmittelbar in deren Durchführung tätig und richtet sie einen Schaden an, so haftet sie allein nach allgemeinen zivilrechtlichen Grundsätzen wie bei jeder anderen Tätigkeit als Privater auch.

ccc) Schädigung des Technischen Hilfswerkes

Hier sind zwei Unterfälle denkbar. Zunächst kann das Technische Hilfswerk, besser der Bund, *unmittelbar* geschädigt werden durch eine Beschädigung von Bundeseigentum; dann ist eine *mittelbare* Schädigung dadurch möglich, daß der Bund im Wege der Staatshaftung von einem Dritten in Anspruch genommen wird.

(1) Unmittelbare Schädigung

Im Fall der unmittelbaren Schädigung braucht die Hilfsperson, wenn die Schadenszufügung in Ausübung der Dienstgeschäfte erfolgte, nur für Vorsatz und grobe Fahrlässigkeit einzustehen. Dies entspricht den allgemeinen Regelungen des öffentlichen Dienstrechtes[212]. Eine schadensstiftende Handlung, die nicht aufgrund der Wahrnehmung dienstlicher Geschäfte erfolgt (z. B.: Benutzung von Gerätschaften zu privaten Zwecken), zieht dagegen die volle Haftung des Schädigers nach sich, das heißt, die Hilfsperson hat für jedes Verschulden, auch für Fahrlässigkeit, einzutreten.

---

211 Bender, 1 ff.; Erichsen/Martens, § 51 m.w.N.; Kreft, 1 ff.; Krohn/Papier, 1 ff.; Maurer, § 25 ff. m.w.N.; Ossenbühl, Staatshaftungsrecht, 1 ff.

212 vgl. Ebert, J II 19 (S. 423), D III 30 (S. 105 f.) m.w.N.; Roewer, Rdn. 103 (S. 53)

(2) Mittelbare Schädigung

Auch für die mittelbare Schadenszufügung gilt, daß eine (mittelbare) Eigenhaftung des Helfers oder der Helferin nur bei Vorsatz oder grober Fahrlässigkeit besteht, denn in anderen Fällen ist dem Bund der Rückgriff gegen den Schädiger versagt[213].

ee) Rechtsschutz in strafrechtlicher und polizeilicher Hinsicht

Der Bundesinnenminister hat durch Erlaß[214] den Helfern und Helferinnen des Technischen Hilfswerkes Rechtsschutz in strafrechtlicher und polizeilicher Hinsicht bei der Ausübung ihrer Tätigkeit zugesichert. Eine entsprechende Zusicherung erfolgte erneut mit einem Rundschreiben des Bundesinnenministers vom 8. Juli 1965[215].

ff) Verpflegung und Betreuung

Nr. 1 der "Richtlinie über die Verpflegung und Betreuung von Helfern in der Bundesanstalt Technisches Hilfswerk"[216] (im folgenden: Verpflegungs- und Betreuungsrichtlinie) bestimmt, daß die Helfer und Helferinnen des Technischen Hilfswerkes bei ihren Dienstleistungen verpflegt und betreut werden. Hierfür stehen nach Nr. 2 der Richtlinie bestimmte Summen zur Verfügung. Gemäß Nr. 4 der Verpflegungs- und Betreuungsrichtlinie zählen zur *Verpflegung* der Verpflegungsaufwand (wie z.B. Naturalien, Zutaten, Gaststättenverpflegung), Erfrischungen (Getränke, etc.) und der Sachaufwand für die Verpflegung (wie Eßgeschirr, Aufbewahrungs- und Transportbehälter). Die *Betreuung* umfaßt nach Nr. 4 der Richtlinie Kameradschafts-, Jubiläums- und sonstige Veranstaltungen, Kranzspenden und Nachrufe, Glückwünsche und Geschenke, Betreuung von Besuchern. Keine explizite Regelung findet sich für den *konkreten Umfang* der der Helferschaft zukommenden Verpflegung und Betreuung. Qualität, Quantität und Häufigkeit der Lei-

---

213 vgl. insbesondere Art. 34 Satz 2 GG

214 vom 12.05.1954 - ZB 4 - 51 - 40 461/54

215 GMBl. 1965, S. 210; MinBl. Fin. 1966, S. 150

216 in der Fassung vom 1. Januar 1978

stungen werden nicht angesprochen. Es muß jedoch eine Verpflegung und Betreuung in einem sachgerechten Umfang stattfinden. Was im einzelnen sachgerecht und situationsangemessen ist, muß von Fall zu Fall ermittelt werden. So läßt sich für den Bereich der Verpflegung sagen, daß prinzipiell die Mahlzeiten verabreicht werden müssen, deren Einnahmezeiten in die Dienstleistungszeit fallen. Dies bedeutet, daß bei einer normalen Ausbildungsveranstaltung an einem Abendtermin (nach Dienstplan in der Regel 18.00 bis 21.30 Uhr) regelmäßig keine Verpflegung nötig wird, da ein Abendessen vorher eingenommen werden konnte und die Veranstaltungsdauer keine weitere Mahlzeit erforderlich macht. Bei einer ganztägigen Ausbildungsveranstaltung (in der Regel 8.00 bis 16.00 Uhr) fallen dagegen Frühstückspause und Mittagessen an. Das Ende einer Dienstveranstaltung darf zeitlich nicht so gelegt werden, daß dem Helfer bzw. der Helferin die rechtzeitige Einnahme der der Tageszeit entsprechenden Mahlzeit unmöglich gemacht wird. Entweder hat noch eine Verköstigung an der Dienstleistungsstelle oder aber ein rechtzeitiger Entlaß von der Veranstaltung zu erfolgen. Wird beispielsweise das Veranstaltungsende auf 14.00 bis 14.30 Uhr festgesetzt oder findet der Entlaß von einer morgens beginnenden Veranstaltung deutlich nach 18.00 Uhr statt, dann wird, bedenkt man zusätzlich die Rückfahrzeit der Hilfspersonen, eine *erneute Verpflegung erforderlich*. Sein Mittagessen nach körperlicher Tätigkeit erst um 15.30/16.00 Uhr einnehmen zu können, überschreitet regelmäßig die Grenze des Zumutbaren und Sachgerechten. Besondere situative Gegebenheiten können aber auch andere Ergebnisse bedingen, der oben genannte Blick auf den Einzelfall bleibt nicht erspart. Gleiches gilt für den Bereich der Betreuung.

gg) Urlaub

Wann und unter welchen Voraussetzungen die Helfer und Helferinnen Urlaub gewährt bekommen können von der Ausübung der ihnen im Rahmen des Katastrophenschutzes obliegenden Dienstpflichten, regeln die *"Richtlinien für die Beurlaubung von Helfern des Katastrophenschut-*

zes"[217]. Unmittelbare Geltung beansprucht sie zwar nur für die Helfer, die nach § 8 Abs. 2 des Katastrophenschutzgesetzes bzw. nach § 14 Abs. 1 des Zivildienstgesetzes im Katastrophenschutz mitwirken und deshalb vom Wehr- bzw. Zivildienst freigestellt sind[218], sie finden jedoch auch entsprechende Anwendung für die anderen Helfer und Helferinnen, allerdings unter Berücksichtigung der durch die fehlende (mindestens) zehnjährige Verpflichtungszeit bedingten Unterschiedlichkeiten[219].

Nach den Richtlinien ist die Hilfsperson während ihres jährlichen Erholungsurlaubs von rund fünf Wochen *automatisch* von ihren Dienstpflichten entbunden[220]. Hierbei trifft sie die Pflicht, ihrem Einheitsführer *rechtzeitig Beginn und Dauer des Urlaubs bekannt zu geben*[221]. Die in der THW-Praxis zu dieser Bekanntgabe benutzten Formulare sind zwar mit "Urlaubsantrag" überschrieben und enthalten Leerzeilen für eine "Befürwortung" des "Antrags" durch den Zugführer und die "Genehmigung" durch den Ortsbeauftragten. Wegen der *zwingenden Kopplung der Dienstbefreiung an den jährlichen Erholungsurlaub* bei einer Urlaubsdauer von bis zu rund 5 Wochen gemäß Teil I, Nr. 1 Beurlaubungsrichtlinie ist diese Antrags- und Genehmigungspraxis jedoch rechtswidrig, die *Bekanntgabe* von Beginn und Ende des Erholungsurlaubs *genügt*. Die Dienstbefreiung während des Erholungsurlaubs von einer Genehmigung abhängig zu machen, wäre zudem ohne ausdrückliche Normierung in einem Parlamentsgesetz verfassungsrechtlich bedenklich. Denn der arbeitsrechtliche Jahresurlaub dient dem Zweck der Erhaltung der Arbeitskraft des Arbeitnehmers. Sein Zeitpunkt hängt regelmäßig auch von Faktoren ab, die vom Arbeitnehmer nicht hinreichend beeinflußbar sind. Könnte einem ehrenamtlich oder freiwillig Tätigen sein ihm im Rahmen eines Arbeitsverhältnisses zustehender Erholungsurlaub unmöglich gemacht werden durch Verweigerung der Dienstbefreiung, bedeutete dies einen so einschneidenden Eingriff in seine Privatsphäre - Schwächung/Minderung der Arbeits-

---

217 in der Fassung der Bekanntmachung des BMI vom 18.02.1975 der vom Bundesamt für Zivilschutz unter dem 5. November der 1974 erlassenen Richtlinien, (GMBl. 1975, S. 283; im folgenden: Beurlaubungsrichtlinien

218 vgl. Einleitung der Beurlaubungsrichtlinien

219 so auch: I, Nr. 14 Leitfaden THW

220 Teil I, Nr. 1 Beurlaubungsrichtlinie

221 Teil II, Nr. 1 Beurlaubungsrichtlinie

kraft und körperlichen und geistigen Leistungsfähigkeit, gesundheitliche Folgen - , daß mit der Wesentlichkeitstheorie[222] eine gesetzliche Entscheidung für nötig gehalten werden müßte.

Allerdings hat die Bekanntgabe des Urlaubs seitens des Helfers *rechtzeitig* zu erfolgen. Dies dient der Planbarkeit von Ausbildungsveranstaltungen und der Übersicht über die Einsatzbereitschaft der Einheiten ("Züge") des Ortsverbandes. Welche Frist einzuhalten ist, um eine Rechtzeitigkeit bejahen zu können, muß im Einzelfall entschieden werden. So darf zum Beispiel aus den schon eben angestellten Überlegungen einem Helfer, der von seinem Arbeitgeber nur kurzfristig Erholungsurlaub gewährt bekommt, der Urlaub nicht mit dem Hinweis unmöglich gemacht werden, seine kurzfristige Meldung erfolge nicht rechtzeitig. Rechtzeitig kann daher keine kürzere Spanne meinen als unverzüglich, ohne schuldhaftes Zögern.

Anzufügen bleibt, daß der jährliche Erholungsurlaub *allen* Helfern und Helferinnen zugestanden werden muß, nicht nur den Arbeitnehmern. Auch *Schüler* und *Studenten* benötigen eine Regenerationsphase zur Erhaltung ihrer Leistungsfähigkeit (die nicht zuletzt auch der ehrenamtlichen Tätigkeit zugute kommt). Daß sie in der Regel ihren Urlaub langfristiger planen und vorherbestimmen können und für die Terminwahl eine größere Flexibilität in den Schranken von Schulferien bzw. vorlesungsfreier Zeit, Ferienjobs, Ferienhausarbeiten und -klausuren besitzen, hat Auswirkungen auf die Überlegungen zur Rechtzeitigkeit der Urlaubsmeldung, schränkt jedoch nicht ihren Anspruch auf die Befreiung von der Mitwirkungspflicht im Katastrophenschutz für die Dauer ihrer Urlaubszeit von bis zu ca. fünf Wochen ein. Es wird nie möglich sein, die Urlaubspläne völlig auf den Dienstplan mit seinen wochenweisen Bereitschaftsdiensten und mindestens zweimal im Monat stattfindenden Veranstaltungen abzustimmen, so daß sich eine Dienstbefreiung bei Schülern oder Studenten auch bei geschickter Planung nicht erübrigen kann.

Neben der automatischen Dienstbefreiung kann den Helfern und Helferinnen von einzelnen Ausbildungsveranstaltungen *aus wichtigem*

---

222 siehe oben S. 120 ff.

Grund Dienstbefreiung gewährt werden[223]; die Entscheidung hierüber liegt im pflichtgemäßen Ermessen des Einheitsführers[224]. Zu denken ist an Ereignisse privater Natur wie Trauerfälle, Hochzeiten etc., an Klausurteilnahme oder dringlichste Arbeitsverpflichtungen kurzer Dauer.

Letztlich kann gemäß Teil I, Nr. 3 Beurlaubungsrichtlinie *Sonderurlaub* gewährt werden für eine längere Phase der beruflichen Aus- und Fortbildung, z. B. Volontär- und Studienzeiten, Sprachkurse im Ausland[225] oder die Ausübung einer Berufstätigkeit wie eine Montagetätigkeit oder Lehrverpflichtung im Ausland[226]. Hierzu müssen gewisse Voraussetzungen erfüllt sein[227]. Der Sonderurlaub bedarf eines schriftlichen Antrags mit Begründung und hängt von der Genehmigung des zuständigen Hauptverwaltungsbeamten ab[228]; überschreitet er eine Dauer von einem Jahr, dann ist die Genehmigung der obersten Landesbehörde erforderlich[229].

Entscheidungskriterien der Sonderurlaubserteilung sind die Privatbelange des Helfers auf der einen und die Belange des Katastrophenschutzes auf der anderen Seite[230]. Der Sonderurlaub soll sechs Monate nicht überschreiten, kann aber bis zu einer Zeit von zwei Jahren gewährt werden[231], wobei dann aber die ein halbes Jahr übersteigende Zeitspanne nicht auf die zehnjährige Verpflichtungszeit des Helfers angerechnet wird, so daß diese Zeit nachgeleistet (nachgedient) werden muß. Dies betrifft selbstverständlich nur die auf eine feste (Mindest-) Dienstleistungsdauer verpflichteten Helfer. Wer sich nur auf unbestimmte Zeit verpflichtete, ist und bleibt in der Wahl des Beendigungszeitpunkts seiner Hilfstätigkeit frei.

---

223 Teil I, Nr. 2 Beurlaubungsrichtlinien

224 Teil II, Nr. 2 Beurlaubungsrichtlinien

225 so explizit Teil I, Nr. 3.1, lit. b Beurlaubungsrichtlinien

226 so ausdrücklich Teil I, Nr. 3.1 lit. b Beurlaubungsrichtlinien

227 mindestens 2 Jahre Helfertätigkeit und abgeschlossene Grundausbildung, Teil I, Nr. 3.1, lit. a Beurlaubungsrichtlinien; keine Möglichkeit weiterer Mitwirkung am neuen Aufenthaltsort, Teil I, Nr. 3.1, lit. b Beurlaubungsrichtlinien

228 Teil II, Nr. 3, Satz 1 Beurlaubungsrichtlinien

229 Teil II, Nr. 3, Satz 2 Beurlaubungsrichtlinien

230 Teil II, Nr. 3, Satz 3 Beurlaubungsrichtlinien

231 Teil I, Nr. 3 Beurlaubungsrichtlinien

Gemäß Teil II, Nr. 1 Beurlaubungsrichtlinien können die Dienstbefreiung für die Zeit des jährlichen Erholungsurlaubs und der Sonderurlaub aus wichtigen Gründen *aufgehoben* werden (Satz 1) und *endet* automatisch mit Feststellung des Spannnungs- oder Verteidigungsfalles (Satz 2). So kann die Einsatzfähigkeit der Katastrophenschutzverbände trotz Beurlaubungen sichergestellt werden. Eine *Sanktionierung* von Urlaubszeitüberschreitungen der gemäß § 8 Abs. 2 KatSG vom Wehrdienst freigestellten Helfer enthält Teil III, Nr. 2 Beurlaubungsrichtlinien, nach dem eine Meldung an das Kreiswehrersatzamt zu erfolgen hat, daß der Helfer nicht mehr im Katastrophenschutz mitwirkt[232], es sei denn, der Helfer hatte für sein Fernbleiben triftige Gründe. Entsprechendes gilt für den vom Zivildienst freigestellten Helfer. Er ist dem "Bundesamt für den Zivildienst" zurückzumelden.

hh) Wohnortwechsel

Wechselt der Helfer oder die Helferin den Wohnort, können sich erhebliche Schwierigkeiten bezüglich einer weiteren Mitwirkung ergeben, insbesondere bei solchen Helfern, die von Wehrdienst oder Ersatzdienst freigestellt sind. Auf die für letztere geltende Besonderheiten soll allerdings erst an späterer Stelle im Zusammenhang eingegangen werden.

Die Helfer und Helferinnen können nur in dem Ortsverband ihres *Wohnortes* Dienst tun, Ausnahmen müssen erst vom Landesbeauftragten genehmigt werden[233]. Die gleichzeitige Mitwirkung in zwei Ortsverbänden ist nicht möglich[234]. Mit dem Wechsel des Wohnortes endet also zwangsläufig die Zugehörigkeit zum Ortsverband des bisherigen Wohnortes, es sei denn, die Verlagerung des Wohnortes erfolgt für so kurze Zeit, daß von der Möglichkeit eines Sonderurlaubs Gebrauch gemacht werden kann und gemacht wird[235]. Helfer (-innen), deren Lebensmittelpunkt vom Dienstleistungsort so weit entfernt ist, daß eine Anreise von

---

232 hieraus folgen weitere Konsequenzen: vgl. unten S. 188 ff.

233 III. Wechsel des Wohnortes, Nr. 21, Satz 1 bis 3 Leitfaden THW

234 Nr. 21, Satz 4 Leitfaden THW

235 siehe oben S. 154 f.

einer Länge erforderlich wird, die die rechtzeitige Einsatzfähigkeit nicht mehr gewährleistet, sind für den Katastrophenschutz nicht brauchbar. Will eine Hilfsperson im Ortsverband ihres neuen Wohnortes mitwirken, muß sie sich an den neuen Ortsverband wenden und um Aufnahme bitten[236]. Der ersuchte Ortsverband kann sie dann innerhalb der ihm zur Verfügung stehenden persönlichen und materiellen Kapazitäten[237] aufnehmen, woraufhin sich der Aufgenommene bei dem bisherigen Ortsverband abzumelden hat[238] und die Zusendung der Helferakte vom bisherigen zum neuen Ortsverband erfolgt[239]. Der Wechsel des Ortsverbandes findet unter Mitnahme der persönlichen Ausstattung des Helfers statt[240]. Kann der Helfer am neuen Wohnort nicht aufgenommen werden, ist er zu entpflichten[241].

ii) Mitwirkungsrechte der Helferschaft im Technischen Hilfswerk

Den Helfern und Helferinnen des Technischen Hilfswerkes stehen nach der "Richtlinie über die Mitwirkung der Helfer im Technischen Hilfswerk"[242] *vier Möglichkeiten* zur Verfügung, auf die Arbeit in der Organisation einzuwirken, ihre Interessen zu vertreten und Vorstellungen einzubringen. Dies geschieht zunächst durch *gewählte Vertreter*[243] (Helfervertretung), dann durch *Ausschußarbeit*, durch *Arbeitskreise* und durch *Projektgruppen*.

---

236 Nr. 23, Satz 1 Leitfaden THW

237 Stärkenachweisung gemäß § 4 Abs. 2 Satz 1 KatSG in Verbindung mit Nr. 11 KatS-Organisation-Vwv in Verbindung mit dem Erlaß des Bundesinnenministers über die Festlegung der Stärke des Katastrophenschutzes - Stärkeerlaß KatS - BMI - vom 4. April 1972, abgedruckt bei: Kolb, KS 11

238 Nr. 23, Satz 2 Leitfaden THW

239 Nr. 23, Satz 3 Leitfaden THW

240 Nr. 23, Satz 6 Leitfaden THW

241 Nr. 23, Satz 7 Leitfaden THW

242 THW 1-200-01/2 Anhang 1 der Rundverfügung vom 8. Dezember 1977

243 zur Wahl vgl. Teil I, Nr. 2 Mitwirkungsrichtlinien

Die *Helfervertretung* - inzwischen im THW-Helfergesetz verankert[244] - erfolgt durch die für vier Jahre gewählten Sprecher, auf der Ortsebene den Helfersprecher, darüber Landes- und Bundessprecher. Die Sprecher vertreten je nach ihrer Zuständigkeitsebene die Helferbelange gegenüber Ortsbeauftragten (Helfersprecher), Landesbeauftragten (Landessprecher) bzw. dem Direktor des Technischen Hilfswerkes (Bundessprecher). Ihnen sind gewisse Anhörungsrechte[245] und Mitwirkungsrechte eingeräumt[246]. Die Rechte der Sprecher sind jedoch nur schwach ausgebaut, dies zeigt ein Blick auf Nr. 1.5 Mitwirkungsrichtlinie, "Formen und Verfahren der Beteiligung". Die *Anhörung* stellt eine Gelegenheit zur Stellungnahme dar[247]. Die *Mitwirkung* erschöpft sich in einer Erörterung der geplanten Maßnahme zwischen deren jeweiligem Träger (Ortsbeauftragten, Landesbeauftragten, Direktor) und dem zuständigen Sprecher mit dem Ziel einer Verständigung[248]. Bei einem Dissens besteht jedoch kein Vetorecht des Sprechers, der Träger der geplanten

---

244 § 4 Abs. 2 THW-HelfRG: "Die Interessen der Helfer gegenüber den zuständigen Dienststellen des Technischen Hilfswerks werden durch gewählte Sprecher wahrgenommen."

245 Helfersprecher: bei der Verpflichtung von Helfern, Bestellung und Abberufung von Zugführern und Bereitschaftsführern (Teil I, Nr. 1.2.2, Satz 1 Mitwirkungsrichtlinie);
Landessprecher: Berufung des Landesbeauftragten, (Teil I, Nr. 1.3.3 Mitwirkungsrichtlinie);
Bundessprecher: Berufung des Direktors des Technischen Hilfswerkes

246 Helfersprecher: bei der zwangsweisen Entpflichtung von Helfern, Schlichter zwischen Ortsbeauftragtem und Helfer, Einrichtung und Ordnung der Unterkünfte, Dienstplangestaltung, Bestellung und Abberufung des Ortsbeauftragten, Teil I Nr. 1.2.2, Satz 2 Mitwirkungsrichtlinien;
Landessprecher: Planungen im Aus- und Fortbildungsbereich oberhalb der Ortsverbandsebene, Festlegung von Übungen, Veranstaltungen und Öffentlichkeitsarbeit auf Landesebene, Abberufung von Ortsbeauftragten und Kreisbeauftragten ohne deren Willen, Verleihung von Orden und Ehrenzeichen, Beschwerdeentscheidungen des Landesbeauftragten, Teil I Nr. 1.3.2 lit. a bis h Mitwirkungsrichtlinie;
Bundessprecher: Veranstaltungen auf Bundesebene, Grundsätze der Öffentlichkeitsarbeit, Erarbeitung von Richtlinien für die Helfer des sogenannten THW, Beschwerdeentscheidungen des Direktors, Teil I Nr. 1.4.2 lit. a bis d Mitwirkungsrichtlinie

247 Teil I Nr. 1.5.1 Mitwirkungsrichtlinie

248 Teil I Nr. 1, Satz 2 Mitwirkungsrichtlinie

Maßnahme ist nicht an dessen Vorstellungen gebunden[249]. Es bleibt dem Sprecher allein die Möglichkeit einer Beschwerde bei der nächsthöheren Organisationsstufe bzw. bei der Aufsichtsbehörde (im einzelnen: Teil I Nr. 1.5.4 Mitwirkungsrichtlinie). Damit erweist sich das sogenannte Mitwirkungsrecht der Sprecher als ein bloß verstärkt ausgebautes Anhörungsrecht.

An *Ausschüssen* kennt die Mitwirkungsrichtlinie den Orts-, Landes- und Bundesausschuß (Teil II Mitwirkungsrichtlinie). Die Ausschüsse sind vorwiegend aus ehrenamtlich im Technischen Hilfswerk Tätigen, also Helfern und Helferinnen, weniger aus hauptamtlichen Kräften zusammengesetzt[250]. Die Funktion der Ausschüsse ist *beratender* Natur; es werden z.B. Angelegenheiten der Organisation, Einsatzplanung, Helferbetreuung und Öffentlichkeitsarbeit besprochen[251]. Die Sitzungen der Ausschüsse finden mindestens vier (Ortsausschuß) bzw. zweimal (Landesausschuß, Bundesausschuß) jährlich statt[252].

An den *Arbeitskreisen*, die vom Direktor des Technischen Hilfswerkes für bestimmte Sachgebiete errichtet werden können, sind - wie bei den Ausschüssen - vornehmlich Helfer und Helferinnen beteiligt[253]. Sie werden auf Vorschlag des Bundessprechers vom Direktor berufen; ebenso kann der Direktor Bedienstete der THW-Leitung oder anderer Dienststellen hinzusenden. Funktion der Arbeitskreise ist die Erstel-

---

249 Teil I Nr. 1.5.3 Mitwirkungsrichtlinie

250 Ortsausschuß: Ortsbeauftragter als Vorsitzender, sein Stellvertreter, Schirrmeister, Helfersprecher, Verwaltungshelfer, Sicherheitsbeauftragter, Helfer für Öffentlichkeitsarbeit, Bereitschaftsführer, Zugführer, Jugendbetreuer, eventuell weitere vom Ortsbeauftragten zugezogene Helfer, Geschäftsführer, unter Umständen Kreisbeauftragter; vgl. Teil II Nr. 2.1 Mitwirkungsrichtlinie; Landesausschuß: Landesbeauftragter, Landessprecher und Stellvertreter, mindestens zwei Kreisbeauftragte bzw. Ortsbeauftragte, Bedienstete des Landesverbandes sind hinzuziehbar; Teil II, Nr. 2.2 Mitwirkungsrichtlinie;

Bundesausschuß: Direktor, Landessprecher und Landesbeauftragte, Bedienstete aus der THW-Leitung hinzuziehbar

251 vgl. im einzelnen: Ortsausschuß Teil II Nr. 3.1 Mitwirkungsrichtlinie; Landesausschuß Teil II Nr. 3.2 Mitwirkungsrichtlinie; Bundesausschuß Teil II Nr. 3.3 Mitwirkungsrichtlinie

252 vgl. im Detail Teil II Nr. 4 Mitwirkungsrichtlinie

253 Teil III, Nr. 1 Mitwirkungsrichtlinie

lung von Vorlagen zu bestimmten Problemkreisen, die dem Bundesausschuß zur Kenntnisnahme zugeleitet werden[254].

Die *Projektgruppen* letztlich haben die Aufgabe, Arbeitskreise und Bundesausschuß zu unterstützen und zu entlasten[255]. Sie werden bei Bedarf vom Direktor aus Helfern und unter Umständen Bediensteten gebildet und befassen sich kurzfristig mit der Erarbeitung thematisch festumrissener Einzelfragen und -probleme[256]. Ihre Lösungsvorschläge werden nach Abschluß des jeweiligen Projekts dem zuständigen Arbeitskreis oder dem Bundesausschuß zugeleitet[257].

Als *Resumée* der Betrachtung der Mitwirkungsrichtlinie bleibt festzuhalten, daß der Helferschaft allein beratende und unterstützende, nie entscheidende Funktion zukommt. Die Entscheidungen werden, ohne daß der Wille der Helfer und Helferinnen nach der Richtlinie berücksichtigt werden *müßte*, von der Behörde getroffen. Der Grad der wirklichen Beteiligung der Helferschaft bleibt gering.

Eine viel stärkere Position ist den *Personalvertretungen nach dem Bundespersonalvertretungsgesetz*[258] eingeräumt. Dieses Gesetz gibt den Personalvertretungen Mitwirkungsrechte und Mitbestimmungsrechte, wobei *Mitwirkung* bedeutet, daß bei einer geplanten Maßnahme eine eingehende Anhörung des Personalrates zu erfolgen hat und bei fehlendem Einvernehmen mit dem Dienststellenleiter die nächsthöhere Dienstbehörde angerufen werden kann, die dann die Entscheidung nach Beratung mit der dortigen Personalvertretung trifft[259]. *Mitbestimmung* heißt, daß die Zustimmung des Personalrates anzustreben ist[260]. Erfolgt sie nicht, wird die Angelegenheit immer an die nächsthöhere Dienststelle weitergeleitet. Erfolgt auch bei der obersten Dienstbehörde keine Zustimmung der Personalvertretung dieser Stufe, kommt

---

254 Teil III, Nr. 1.4 Mitwirkungsrichtlinie

255 Teil III, Nr. 2 Mitwirkungsrichtlinie

256 Teil III, Nr. 2.1 Satz 2 Mitwirkungsrichtlinie

257 Teil III, Nr. 2.2 Mitwirkungsrichtlinie

258 Bundespersonalvertretungsgesetz (BPersVG) vom 15. März 1974 (BGBl. III 20354)

259 § 72 BPersVG

260 so: § 69 Abs. 1 BPersVG

es in einem Teil der Fälle[261] nach einer von einer Einigungsstelle[262] beschlossenen Empfehlung zur Entscheidung durch die oberste Behörde (modifizierte Mitbestimmung, § 76 BPersVG), in einem anderen Teil zu einer Entscheidung durch die Einigungsstelle[263] (volle Mitbestimmung, § 75 BPersVG)[264].

In seinem Geltungsbereich ist das Bundespersonalvertretungsgesetz jedoch auf die Bundesbeamten, -angestellten und -arbeiter des öffentlichen Dienstes und die Richter der Bundesgerichte beschränkt. Ehrenamtlich Tätige zählen daher nicht zu den Beschäftigten im Sinne des Personalvertretungsgesetzes des Bundes, dieses Gesetz hat keine Geltung für sie. Jedoch zeigt sich, daß für die Helferschaft im Technischen Hilfswerk eine mit den in den persönlichen Geltungsbereich des Bundespersonalvertretungsgesetz fallenden Personengruppen vergleichbare Interessenlage besteht. Zwar wird der Dienst im Technischen Hilfswerk nicht hauptberuflich, sondern nur freiwillig bei einer geringen zeitlichen Inanspruchnahme (von maximal 200 Stunden pro Jahr[265]) erbracht. Daß der Dienst nur einen kleinen Teil ihres Lebensbereiches ausmacht, könnte zur Folge haben, daß die Dienstnehmer kein so ausgeprägtes Interesse an einem ihre Angelegenheiten wahrnehmenden Gremium haben. Allerdings verhält es sich so, daß nahezu alle Helfer des Technischen Hilfswerkes für mindestens acht Jahre dem Hilfswerk zur Dienstleistung verpflichtet sind. Damit gibt die Dienstverpflichtung insgesamt ihrem Leben eine nicht unerhebliche Prägung. Zudem ist ihnen wegen dieser Verpflichtungsdauer trotz der freiwilligen Übernahme der Tätigkeit die frühzeitigere Beendigung des Dienstverhältnisses versagt, so daß sie sich interessenverletzenden Maßnahmen der Vorgesetzten auch nicht durch Abbruch ihrer Tätigkeit entziehen können, ohne Sanktionen[266] fürchten zu müssen. Der vom Wehr- oder Zivildienst Freigestellte müßte zudem wegen der

---

261 § 69 Abs. 4, Satz 3, 4 i.V.m. §§ 76, 85 Abs. 1 Nr. 7 BPersVG; zum Beispiel Einstellung, Anstellung, Beförderung, Versetzung

262 § 71 BPersVG

263 § 69 Abs. 4, Satz 1, 1. HS. BPersVG; personelle und soziale Angelegenheiten der Arbeiter

264 im einzelnen vgl. Wolff/Bachof/Stober, Band II, § 108

265 vgl. § 2 Abs. 2, Satz 3 THW-HelfRG

266 siehe unten S. 194 ff.

Beendigung der Mitwirkung im Katastrophenschutz mit einer Einberufung bzw. Heranziehung rechnen[267]. Es besteht daher insgesamt eine mit dem unter das Bundespersonalvertretungsgesetz fallenden Personenkreis vergleichbare *Abhängigkeit* vom Dienstgeber und daher eine entsprechende Schutzbedürftigkeit vor dessen Maßnahmen.

So bleibt am Ende nur schwer zu begreifen, weshalb ehrenamtliche, freiwillige Kräfte, die sich gegenüber dem Staat zu einem unentgeltlichen Dienst zum Wohl der Allgemeinheit verpflichtet haben, einer so gravierenden Benachteiligung ausgesetzt werden. Entweder sollte daher der Geltungsbereich des Bundespersonalvertretungsgesetz auf die Helferschaft ausgedehnt, oder die Ausgestaltung des Personalvertretungsrechts des Technischen Hilfswerkes dem des Bundespersonalvertretungsgesetz angeglichen werden.

kk) Einsicht in die Personalakten

Das Recht auf *Einsicht in die Personalakten*[268] ermöglicht dem Dienstnehmer die Kontrolle darüber, welche Fakten über ihn vom Dienstgeber gesammelt und schriftlich festgehalten werden. Diese Fakten zeichnen in ihrer Gesamtheit ein Persönlichkeitsbild des Dienstverpflichteten für den dienstlichen Bereich. Ohne die Berechtigung der Einsichtnahme kann der Dienstnehmer keinen Rechtsschutz wahrnehmen gegen Falscheintragungen und die damit einhergehenden Verzerrung des Persönlichkeitsbildes. Nr. 3, Satz 1, 2. HS. Leitfaden THW normiert dieses Akteneinsichtsrecht für die Helfer und Helferinnen.

b) Helferpflichten

aa) Dienst im Katastrophenschutz

Die primäre Pflicht der Hilfspersonen im Technischen Hilfswerk besteht in der Leistung von Dienst im Katastrophenschutz. Dies ist sowohl dem THW-Helferrechtsgesetz und dem Errichtungserlaß THW zu ent-

---

267 siehe noch unten S. 180

268 Wolff/Bachof/Stober, § 116 III 7, Rdn. 26 mit vielen weiteren Nachweisen

nehmen[269], als auch dem THW-Helferstatut[270]. Diesen Inhalt hat auch die Verpflichtungserklärung, die jedem Helfer vorgelegt wird[271]. Ihr erster Satz lautet:

> "Ich verpflichte mich gegenüber der Bundesanstalt Technisches Hilfswerk zum Dienst im Katastrophenschutz gemäß Erlaß über die Errichtung des Technischen Hilfswerkes (THW) als nicht rechtsfähiger Bundesanstalt vom 25. August 1953 und des § 8 des Gesetzes über die Erweiterung des Katastrophenschutzes (KatSG) vom 09. Juli 1968 <...> ."

Der Dienst im Katastrophenschutz umfaßt dabei *jede Tätigkeit, die unmittelbar der Katastrophenbekämpfung dient*, deren *Übung* oder der *katastrophenfallbezogenen Ausbildung*[272]. Die Bewältigung anderer Notsituationen und Unglücksfälle als *Katastrophen* gehört dagegen nicht zum Dienst im Katastrophenschutz. Erst recht ist das Erbringen wirtschaftlicher Leistungen (vgl. aber Richtlinie über das Verfahren und die Abrechnung der Kosten bei Einsätzen und wirtschaftlichen Leistungen durch das Technische Hilfswerk (THW)[273]) nicht Inhalt der Verpflichtung zum Katastrophenschutz[274]; dabei ist es unerheblich, ob diese wirtschaftlichen Leistungen unmittelbar für das Technische Hilfswerk erbracht werden (zum Beispiel Eigenleistungen bei Ausbau der Unterkunft) oder ob sie primär fremdnützig erfolgen (Fällen von Bäumen, Absperrmaßnahmen bei Radrennen, etc.). Dies kann nicht dadurch umgangen werden, daß der Einsatz bei Nicht-Katastrophen (also außerhalb des Organisationszwecks des Technischen Hilfswerkes liegender Einsätze; im folgenden: Sondereinsatz) zur *Übung* des Katastrophenfalls umdeklariert wird, etwa indem das Löschen eines "normalen" Brandes zur Teilübung des katastrophenmäßigen Ernstfalls erklärt wird, die Absperrung bei Straßenrennen zur "Übung der Kontrolle auf-

---

269 § 2 Abs. 1, Abs. 2, Satz 1 i.V.m. § 1 Abs. 2, Satz 2 THW-HelfRG; VI. Errichtungserlaß THW

270 2.1 THW-Helferstatut: "Die Helfer verpflichten sich gegenüber der Bundesanstalt Technisches Hilfswerk auf bestimmte oder unbestimmte Zeit zum Dienst im Katastrophenschutz"

271 Formblatt 1 des Leitfadens THW

272 vgl. Nr. 4.2 THW-Helferstatut

273 Stand 01.01.1978 (THW-Abrechnungsrichtlinien), abgedruckt bei Kolb, KS 45/13

274 Roewer, Rdn. 79 (S. 44); Roeber/Goeckel, § 9 Rdn. 6 (S. 108.1)

gebrachter Massen" oder Mauerdurchbrüche in Privathäusern zum "Üben des Durchbrechens tragender Wände"[275]. Für die Helferschaft des Technischen Hilfswerkes verengt sich die Dienstleistungspflicht im Katastrophenschutz zudem noch insofern, als sie sich "gegenüber der *Bundesanstalt Technisches Hilfswerk* (THW) zum Dienst im *Katastrophenschutz*" verpflichtet hat[276], bzw., wie das THW-Helferstatut[277] noch deutlicher formuliert, sich "*im Rahmen der Aufgaben* der Bundesanstalt Technisches Hilfswerk im Katastrophenschutz" verpflichtete. Die Verpflichtung der Helferschaft gegenüber dem Technischen Hilfswerk kann nicht weiter gehen, als das diesem rechtmäßig zugewiesene Aufgabengebiet reicht. Das Technische Hilfswerk darf keine Sonderveranstaltungen außerhalb seines rechtmäßigen Auftrags durchführen. Dies hat zur Konsequenz, daß die Helferschaft prinzipiell nur zur Leistung von Diensten im *verteidigungsgerichteten* Katastrophenschutz verpflichtet ist. Eine Ausnahme bilden allein Einsätze aufgrund eines Amtshilfebegehrens im Sinne des Art. 35 Abs. 1 GG oder im Rahmen der Katastrophenhilfe gemäß Art. 35 Abs. 2 GG[278]. Darüber hinaus bleiben Einsätze des Technischen Hilfswerkes rechtswidrig und werden von der Pflicht der Helferschaft zum Dienst im Katastrophenschutz nicht erfaßt.

Selbstverständlich bleibt es den Helfern (-innen) unbenommen, an bestimmten Sonderveranstaltungen *freiwillig* teilzunehmen, etwa an der Verschönerung der Unterkunft oder an einer Weihnachtsfeier. Eine Verpflichtung hierzu besteht jedoch nicht; eine solche etwa aus der Pflicht zu kameradschaftlichem Verhalten[279] ableiten zu wollen, hieße diese Pflicht überstrapazieren. Da diese Veranstaltungen dann jedoch außerhalb des Aufgabenbereichs des Technischen Hilfswerkes liegen, nehmen sie daran nicht als "Helfer (-innen) des Technischen Hilfswerkes" teil, sondern als *Privatpersonen*. Es handelt sich nicht um eine Dienstveranstaltung mit allen Konsequenzen für Fragen wie Gehorsam, Versicherungsschutz, Schadensersatz, etc.

---

275 wird unten noch weiter ausgeführt, S. 163

276 S. 1 der Verpflichtungserklärung, Formblatt 1 des Leitfadens THW

277 Nr. 4.1 THW-Helferstatut

278 vgl. oben S. 66

279 dazu noch unten S. 168

Der Dienst im (verteidigungsgerichteten) Katastrophenschutz umfaßt im einzelnen die in Nr. 4.2 lit. a, b THW-Helferstatut angesprochenen Verpflichtungen zur Teilnahme an Einsätzen, Übungen und Ausbildungsveranstaltungen. Unter *"Einsatz"* hat man die Durchführung jener Tätigkeit zu verstehen, die der Erfüllung des (rechtmäßigen) Organisationszwecks dient: beim Technischen Hilfswerk also der Bekämpfung von Katastrophen im Verteidigungsfall, bei Vorliegen der entsprechenden Voraussetzungen auch die Amts- und Katastrophenhilfe gemäß Art. 35 Abs. 1 bzw. Abs. 2 GG. Der Einsatz ist also die *Aufgabenwahrnehmung im organisationstypischen Ernstfall.* Die Pflicht des Helfers zum Einsatz beinhaltet das schnelle Einfinden am Alarmplatz und die Durchführung der fachdienstbezogenen Tätigkeit, zu der er ausgebildet wurde (Bergung, Instandsetzungsdienst etc.). Mitumfaßt wird zudem die Einhaltung des Bereitschaftsplans zur Sicherstellung einer Mindestverfügbarkeit der Helferschaft. Eine *"Übung"* dient der Vorbereitung auf den verteidigungsgerichteten Ernstfall durch *Erfahrungserwerb unter einsatzähnlichen Bedingungen.* Das typische Kennzeichen der Übungsveranstaltung ist, daß ihr Zweck in ihr selbst liegt, daß also neben dem Trainingseffekt kein darüberhinausgehendes Ziel verfolgt wird. Eine Umetikettierung des Einsatzes außerhalb des Aufgabenbereichs des Technischen Hilfswerkes, des sogenannten "Sondereinsatzes"[280] zu einer "Teilübung" ist daher nicht möglich. Die *"Ausbildung"* vermittelt der Helferschaft das zum Dienst im Technischen Hilfswerk erforderliche *praktische und theoretische Wissen* und soll das einmal erworbene Können weiter ausbauen und auffrischen. Ausgebildet werden darf entsprechend dem Organisationszweck nur zur Abwehr von Katastrophen im Verteidigungsfall[281]. Der Begriff der Ausbildung läßt es nicht zu, daß über den bloßen Wissenserwerb hinausgehende (unter Umständen sogar wirtschaftliche) Zwecke verfolgt werden. Das Erstreben organisationsfremder Ziele bleibt eine Tätigkeit jenseits des Aufgabenbereichs des Technischen Hilfswerkes und daher ein rechtswidriger Sondereinsatz und kann nicht durch eine Umbenennung zur "Ausbildungsveranstaltung" umgangen werden.

---

280 siehe oben S. 165

281 insoweit rechtswidrig: Nr. 4.2 lit. b, 2. HS., 2. Teil THW-Helferstatut ("... für friedensmäßige Aufgaben erforderliche Veranstaltungen ...")

Die Pflicht der Helferschaft, sich ausbilden zu lassen, umfaßt zweifellos den Erwerb und das Auffrischen des zur jeweiligen fachdienstspezifischen Tätigkeit erforderlichen Grundwissens (sogenannte Grund- oder Helferausbildung). Eine darüberhinausgehende Verpflichtung zu *weiterführender* Ausbildung kann *nicht* bejaht werden[282], anders als Nr. 4.3, Satz 1 THW-Helferstatut bestimmen möchte ("... nimmt er an den weiterführenden Ausbildungsveranstaltungen nach besonderem Plan teil."). Eine Sonderausbildung zum Zug- oder Unterführer, zum Kraftfahrer, Bootsführer oder Katastrophenschweißer erfordert neben gewissen grundlegenden Eignungsvoraussetzungen (besondere Verantwortlichkeit und Vertrauenswürdigkeit, Einsichtsfähigkeit und Lernvermögen, Führungsqualitäten etc.) ein erhöhtes Maß an Einsatzbereitschaft, ohne daß die Sonderaufgabe nicht sachgerecht wahrgenommen werden kann[283]. Diese besondere Einsatzbereitschaft macht einen Teil der Eignung des Helfers bzw. der Helferin zu einer Sonderfunktion aus. Fehlt sie, ist der Helfer (die Helferin) für diese Aufgabe ungeeignet und darf sie nicht wahrnehmen[284]. Die Hilfsperson hat in ihrer Allgemeinfunktion als einfacher, nicht besonders ausgebildeter Helfer weiterzuwirken. Ein Zwang zur Sonderausbildung ist daher weder rechtlich zulässig noch praktisch, insbesondere unter finanziellen Gesichtspunkten, sinnvoll[285].

Während der Einsatzfall nicht konkret vorhersehbar ist, finden die *Übungen und Ausbildungsveranstaltungen nach Dienstplan* statt. Eine Ausnahme gilt dann, wenn der Zweck der Übung im Überraschungsmoment liegt, wie bei der Probe der Alarmbereitschaft der Einheiten. Der Dienstplan wird im jeweiligen Ortsverband vom Ortsbeauftragten für jeweils sechs bzw. zwölf Monate aufgestellt und bekannt gemacht. Die Festlegung der Veranstaltungstermine in einem Dienstplan erleichtert die Vereinbarkeit des Arbeits- und Privatlebens mit den Erfordernissen des Katastrophenschutzdienstes, indem sie den Helfern

---

282 so für den Bereich der Ausbildung zum Führer oder Unterführer: Runderlaß des Bundesministers des Inneren vom 22.06.1979 - ZV 2 - 750 016/1; ähnlich: KatS-Ausbildung-Vwv Nr. 23 I; Roewer, Rdn. 83 (S. 46)

283 Roewer, Rdn. 83 (S. 46)

284 so für die Sonderfunktion Zug- und Unterführer: Nr. 23 Abs. 1 KatS-Ausbildung-Vwv

285 vgl. im Detail Teil II, Nr. 4 Mitwirkungsrichtlinie

und Helferinnen eine Terminplanung ermöglicht und so eine Belastung gering zu halten versucht. Hierin ist ein Ausdruck des Gedankens der Fürsorgepflicht gegenüber der Helferschaft zu sehen.

bb) Nebenpflichten

Außer den Hauptpflichten Einsatz, Übung und Ausbildung im (verteidigungsgerichteten) Katastrophenschutz bestehen gewisse Nebenpflichten, von denen einige in Nr. 4.2 THW-Helferstatut besonders aufgeführt sind wie die Pflicht zur *Beachtung der Ausbildungs- und Unfallverhütungsvorschriften*, zum *sorgfältigen Umgang mit Ausstattung und Einrichtung*, deren *Pflege* und *ausschließliche Verwendung zu dienstlichen Zwecken*, Befolgung der dienstlichen Weisungen Vorgesetzter (*Gehorsam*; jetzt auch verankert in § 2 Abs. 2, Satz 1, 1. HS THW-HelfRG), Einfügung in die Helfergemeinschaft und kameradschaftliches Verhalten.

Zusätzlich zu den gerade angeführten Nebenpflichten haben Helfer und Helferin im Dienst oder bei dienstlichem Anlaß *Dienstbekleidung zu tragen*[286]. Welche Art der Dienstbekleidung bei welcher Veranstaltung zu wählen ist (Dienstanzug, Einsatzbekleidung, Arbeitsanzug, Kälteschutzanzug, Regenschutzbekleidung), bestimmt die Bekleidungsrichtlinie teils unmittelbar[287], im übrigen überläßt sie dies für die Ebene der Ortsverbände den Ortsbeauftragten[288]. Dienstbekleidung ist vollständig und korrekt zu tragen[289]. Für Pflege und Aufbewahrung ist der Helfer bzw. die Helferin zuständig[290], für die Reinigungskosten kommt allerdings der Bund auf[291].

---

286 Nr. 1.2 der vorläufigen Richtlinie für die Dienstbekleidung der Bundesanstalt Technisches Hilfswerk (THW) in der Fassung vom 30. September 1974, abgedruckt bei Kolb, KS 45/7 (Bekleidungsrichtlinie)

287 Nr. 1.5, Satz 4: "Bei Einsatz, Übung, Ausbildungsveranstaltung, Pflege der Ausrüstung, Arbeiten der Materialerhaltung: Einsatzbekleidung" (in Abgrenzung zum Dienstanzug)

288 Nr. 1.5, Satz 1 Bekleidungsrichtlinie

289 Nr. 1.4, Satz 2 Bekleidungsrichtlinie

290 Nr. 1.6, Satz 2, 1. HS. Bekleidungsrichtlinie

291 Nr. 1.6, Satz 2, 2. HS. Bekleidungsrichtlinie

Gemäß Nr. 4, Satz 5 ff. der Richtlinie über die Antrete-, Marsch- und Grußordnung im Technischen Hilfswerk[292] trifft die Helfer und Helferinnen unter näher bezeichneten Voraussetzungen eine *Grußpflicht*. Diese soll innerhalb der eigenen Organisation Ausdruck der Zusammengehörigkeit, der gegenseitigen Achtung und der inneren Haltung der Helfer sein[293].

Die Helfer und Helferinnen haben des weiteren eine *Pflicht zu amtsmäßigem persönlichen Verhalten*. Diese beinhaltet, daß der Dienstverpflichtete das seiner Stellung und Funktion entsprechende Verhalten an den Tag zu legen hat. Ohne dieses dienstnotwendige Maß ist eine ordnungsgemäße Erfüllung der übertragenen Aufgaben nicht denkbar. Zudem gilt, daß, wer aufgrund eines Dienstverhältnisses für den Staat tätig ist, auch über den unmittelbaren dienstlichen Bereich hinaus als dessen Repräsentant angesehen wird und sich dementsprechend zu benehmen hat. Eine Teilregelung stellen für das Helferverhältnis im Technischen Hilfswerk die Nr. 4.1, Satz 3 und Nr. 4.2 THW-Helferstatut dar. Welches Verhalten nun genau ein "amtsmäßiges" darstellt, hängt davon ab, wieweit in der öffentlichen Meinung die Gleichsetzung des Dienstverpflichteten mit seinem Dienstherrn geht bzw. inwieweit ein Verhalten "diensterforderlich" ist. Dies wiederum ist abhängig von der Amtsstellung, der Art und Bedeutung der wahrgenommenen Tätigkeit und der öffentlichen Meinung. Hier verhält es sich bei einem hohen Ministerialbediensteten anders als bei einem niedrigeren, in der Verwaltungsspitze anders als bei einem Hausboten, bei Personen mit dienstlichem Öffentlichkeitskontakt anders als bei solchen mit dienstlicher Anonymität[294]. Je geringer der Identifikationsgrad, desto niedriger sind die Anforderungen an ein achtungswürdiges Verhalten in der Öffentlichkeit. Bei der Helferschaft des Technischen Hilfswerkes ist der Grad der Gleichsetzung mit dem Staat wegen der ehrenamtlichen, freiwilligen und nicht-berufsmäßigen Wahrnehmung staatlicher Verwaltungsaufgaben und wegen ihrer niedrigen Einordnung in die Verwaltungshierarchie nicht allzu hoch anzusetzen. Dies gilt sowohl bei einer Teil-

---

292 vom 15.05.1977, Anlage zu Rundverfügung Nr. 39/77, THW 1-200-02/00, THW 3-164-21/00 vom 04.051977, abgedruckt bei Kolb, KS 45-9

293 Nr. 4, Satz 8 Antrete-, Marsch- und Grußordnung

294 Wolff/Bachof/Stober, § 114 V Rdn. 27

nahme der Helfer und Helferinnen an öffentlichen Veranstaltungen aus dienstlichem Anlaß in Dienstkleidung als auch besonders bei ihrem privaten, außerdienstlichen Auftreten, bei dem die Tatsache ihrer öffentlich-rechtlichen Dienstverpflichtung nahezu völlig in den Hintergrund tritt. An die Pflicht der THW-Helfer (-innen) zu achtungswürdigem Verhalten in der Öffentlichkeit sind also keine sehr hohen Anforderungen zu stellen. Welches Verhalten der Pflicht entspricht und welches nicht mehr, muß dann aber jeweils für den Einzelfall beurteilt werden.

Mit zum Grundsatz des amtsmäßigen persönlichen Verhaltens läßt sich die *Amtsverschwiegenheit* rechnen, die Pflicht, über die in Ausübung seiner Tätigkeit erfahrenen Angelegenheiten Außenstehenden gegenüber Stillschweigen zu bewahren.

Letztlich machen Regelungen wie die Nr. 4.1, Satz 3 THW-Helferstatut, derzufolge der Helfer (bzw. die Helferin) verpflichtet ist, "im Rahmen der Aufgaben der Bundesanstalt Technisches Hilfswerk im Katastrophenschutz sich zum Wohle der Allgemeinheit einzusetzen und seine freiwillig übernommenen Pflichten gewissenhaft zu erfüllen", und die Regelung in Nr. 4.2, lit. f THW-Helferstatut, die besagt, der Helfer sei insbesondere verpflichtet, "sich in die Helfergemeinschaft einzufügen und sich kameradschaftlich zu verhalten", ebenso wie die Formulierung der Präambel des THW-Helferstatuts, "die Helfergemeinschaft im Technischen Hilfswerk verlangt vom einzelnen persönliche Einschränkungen und Anpassungsbereitschaft sowie die Beachtung der zu ihrer Erhaltung aufgestellten Regeln"[295], deutlich, daß *weitere Nebenpflichten* bestehen, die sich aus der Pflicht zur Dienstleistung im Katastrophenschutz ergeben und die sich abstrakt nicht anders als generalklauselartig beschreiben lassen. Der konkrete Inhalt dieser Pflichten kann nur im jeweiligen Einzelfall ermittelt werden.

295 Nr. 1, Satz 5 THW-Helferstatut

c) Verfassungsrechtliche Überprüfung der Rechte und Pflichten der Hilfspersonen

Die Rechte und Pflichten der THW-Helfer und -Helferinnen in der dargestellten, durch Gesetze und Verwaltungsvorschriften geprägten Ausgestaltung müssen den Anforderungen des Verfassungsrechts entsprechen, um rechtlich Bestand haben zu können.

aa) Vorbehalt des Gesetzes, Wesentlichkeitstheorie

Als eine Norm, die wegen ihres Regelungsinhalts unter den Gesetzesvorbehalt[296] fallen könnte, kommt Nr. 4.2 lit. a THW-Helferstatut in Betracht, die insbesondere die Pflicht zur Teilnahme an Einsätzen ausspricht. Diese Verpflichtung beinhaltet nämlich je nach Einsatzsituation auch die Pflicht zur Teilnahme an Tätigkeiten, die eine Gefahr darstellen für Leib, Leben oder Gesundheit der Hilfsperson. Durch die Normierung einer solchen Pflicht wird ohne Zweifel Art. 2 Abs. 2, Satz 1 GG, das Grundrecht auf Leben und körperliche Unversehrtheit, tangiert, es wird daher eine *wesentliche* Entscheidung im Sinne des Vorbehaltes des Gesetzes getroffen, wie oben beschrieben[297]. Erforderlich ist somit eine gesetzliche Grundlage, eine bloße Verwaltungsvorschrift wie das THW-Helferstatut genügt den verfassungsrechtlichen Anforderungen nicht.

Als gesetzliche Grundlage kam bisher allein § 8 Abs. 1 KatSG a.F. in Frage. § 8 Abs. 1 KatSG a.F. in Verbindung mit der Verpflichtung des Bewerbers (Helfers) gegenüber einer Organisation des erweiterten Katastrophenschutzes war die alleinige Rechtsgrundlage für die Pflicht im erweiterten Katastrophenschutz[298]. Heute ist die Pflicht zur Erfüllung der Aufgaben im Katastrophenschutz zudem in § 2 Abs. 2, Satz 1 THW-HelfRG festgeschrieben. Kernstück dieser Dienstpflicht ist die Verpflichtung zum *Einsatz*, also zur Tätigkeit im Ernstfall. Zwangsläufig ist der Einsatz des Helfers im erweiterten Katastrophenschutz

296 siehe oben S. 119 ff.

297 siehe oben S. 120

298 siehe oben S. 84 ff.

verbunden mit der Gefährdung seiner Gesundheit oder gar seines Lebens; ein Tätigwerden in Gefahrensituationen von dem Ausmaß einer Katastrophe ohne das Risiko der eigenen Gefährdung ist nicht denkbar. Damit ließ sich die Pflicht zum Einsatz einschließlich der Pflicht zur Teilnahme an Leib, Leben oder Gesundheit bedrohenden Tätigkeiten bisher schon immer auf eine gesetzliche Grundlage zurückführen, nämlich die des § 8 Abs. 1 KatSG a.F., heute zudem die des § 2 Abs. 2, Satz 1 THW-Helferrecht. Die Pflicht zum Einsatz beruht somit nicht allein auf der Verwaltungsvorschrift der Nr. 4.2, lit. a THW-Helferstatut. Die Verwaltungsvorschrift gibt nur eine schon existierende Verpflichtung wieder aus Gründen der Klarstellung und Verdeutlichung. Der Vorbehalt des Gesetzes ist somit gewahrt.

bb) Art. 33 Abs. 5 GG, Berücksichtigung der hergebrachten Grundsätze des Berufsbeamtentums

Art. 33 Abs. 5 GG bestimmt, daß das Recht des öffentlichen Dienstes unter Berücksichtigung der hergebrachten Grundsätze des Berufsbeamtentums zu regeln ist. Bei dem THW-Helferrechtsverhältnis handelt es sich um ein öffentlich-rechtliches Dienstverhältnis besonderer Art, also um öffentlichen Dienst (im weiten Sinne)[299]. So liegt der Gedanke nahe, daß Art. 33 Abs. 5 GG Anwendung finden könnte. Die Beurteilung des persönlichen Geltungsbereichs des Art. 33 Abs. 5 GG fällt in der Rechtsprechung und der Literatur unterschiedlich aus[300]. Eine Mindermeinung vertritt unter Berufung auf Wortlaut und Entstehungsgeschichte die Ansicht, unter den Begriff "Recht des öffentlichen Dienstes" sei der gesamte öffentliche Dienst im engen Sinne zu fassen, also Beamte, Angestellte und Arbeiter[301], bzw. der öffentliche Dienst im engen Sinne unter Ausschluß der Arbeiter[302]. Tatsächlich spricht der Wortlaut mit großer Deutlichkeit für die Ausdehnung des Geltungsbereichs über die Beamten hinaus: Während Art. 33 Abs. 5 GG unstreitig

---

299 siehe oben S. 101 ff., 99 f.

300 Übersicht bei Mayer, Gutachten, S. 591; von Münch, Kommentar, Art. 33 Rdn. 35

301 Giese, S. 63; Grewe, Verhandlungen, D 3 f.; Pfennig, S. 72; Wacke, Grundlagen, S. 27, 39 f.; ders., Entstehungsgeschichte, S. 153

302 so: Thieme, Dienst, S. 35 ff.; ders., Gutachten, S. 320 f.; ders., Aufgabenbereich, S. 22 ff.; Benkler, S. 57

den angesprochenen Personenkreis des öffentlichen Dienstes durch den Zusatz "die in einem öffentlich-rechtlichen Dienst- und Treueverhältnis stehen" auf die Beamten beschränkt, fehlt eine derartige Einschränkung in Art. 33 Abs. 5 GG und legt damit dort eine weite Interpretation nahe. Auch die *Entstehungsgeschichte* spricht in einem gewissen Maße für die Einbeziehung jedenfalls der Angestellten und Arbeiter. Denn der Parlamentarische Rat hatte ursprünglich die Formulierung "das Recht des öffentlichen Dienstes ist unter Berücksichtigung der überlieferten Grundsätze zu regeln" vorgesehen[303] und damit, was die dazu existierende Begründung des allgemeinen Redaktionsausschusses bezeugt[304], den gesamten öffentlichen Dienst (im engen Sinne) mit seinen Grundsätzen im Blick gehabt. Dann aber wurde der Text geändert zu "Berücksichtigung der hergebrachten Grundsätze des Berufsbeamtentums". Daß mit dieser Änderung auch Abstand genommen werden sollte von der Einbeziehung der Arbeiter und Angestellten des öffentlichen Dienstes, ist zwar naheliegend, aber keinesfalls zwingend. Aus der historischen Betrachtung lassen sich damit keine endgültig überzeugenden Argumente für die Ermittlung des persönlichen Geltungsbereichs des Art. 33 Abs. 5 GG gewinnen.

Dennoch ist mit der Rechtsprechung[305] und der wohl überwiegenden Ansicht in der Literatur[306] davon auszugehen, daß Art. 33 Abs. 5 GG allein die Beamten meint. Als Begründung wird zumeist die negative Konsequenz angeführt, die eine über den Kreis der Beamten hinausgehende Berücksichtigung der hergebrachten Grundsätze des Berufsbeamtentums hätte: Es ergäbe sich, daß der Bereich des gesamten öffentlichen Dienstes nach den Grundsätzen des Berufsbeamtentums ausgestaltet werden müßte, was einer Quasi-Verbeamtung des gesam-

---

303 Wacke, Entstehungsgeschichte, S. 157

304 Entstehungsgeschichte der Artikel des Grundgesetzes, JöR N.F. 1 (1951), S. 305 ff.; Wacke, Entstehungsgeschichte, S. 158

305 BVerfGE 3, 162 (186); 16, 94 (110 f.); BVerfG NJW 1961, 915

306 Fischbach, Verhandlungen, D 33 f.; ders., DÖV 1951, 453 (455); ders., DVBl. 1951, 99 (100); Leibholz/Rinck, Art. 33 Rdn. 4; Maunz/Dürig/Herzog, Art. 33 Rdn. 47-49; Mayer, Recht, S. 434; von Mangoldt/Klein, Art. 33, Anm. VII 1, S. 813; Ule, Öffentlicher Dienst, S. 549 f., m.w.N.; Wolff/Bachof/Stober, § 107 II 2 b, Rdn. 17

ten öffentlichen Dienstes gleichkäme. Dies, so betont die genannte Auffassung, kann nicht Sinn und Zweck des Art. 33 Abs. 5 GG sein[307].

Für das öffentliche Dienstverhältnis besonderer Art der Helferschaft des Technischen Hilfswerkes scheidet die Anwendung des Art. 33 Abs. 5 GG aber jedenfalls aus einem weiteren Grunde aus. Bei Geltung dieser Norm des Grundgesetzes hätte die *"Berücksichtigung"* der hergebrachten Grundsätze des Berufsbeamtentums zu erfolgen. Nun bedeutet das Gebot zur "Berücksichtigung" von Grundsätzen zwar nicht zwingend eine strikte Beachtungspflicht[308]. Dieser Auffassung muß auch der Verfassungsgeber gewesen sein, der ursprünglich die Formulierung "maßgeblich sein" vorgesehen hatte, dann aber auf "Berücksichtigung" abschwächte[309]. Andererseits kann es nicht angehen, daß ein bloßes "Erwägen-und-Verwerfen-Können" gemeint ist. Sonst wäre die grundgesetzliche Festlegung des Gesetzgebers (Art. 33 Abs. 5 GG ist nicht nur Programmsatz, sondern unmittelbar geltendes Recht[310]) auf die hergebrachten Grundsätze wertlos, jedenfalls entwertbar. Schon der Begriff "Grundsatz" gibt zu verstehen, daß eine *vollständige Negierung nicht* möglich ist. Die zurückhaltende Formulierung "Beachtung" kann daher nur einen *zwischen* der strikten Befolgungspflicht und der Möglichkeit der völligen Preisgabe von (hergebrachten) Grundsätzen des Berufsbeamtentums liegenden Verpflichtungsgrad meinen, der eine Modifizierung und Abschwächung dieser Grundsätze zuläßt, ohne daß deren *Existenz* im einzelnen gefährdet werden dürfte[311].

Nun hat es sich aber für das öffentliche Dienstverhältnis besonderer Art des Helfers im Katastrophenschutz gezeigt, daß es in gerade dieser Form, also als ehrenamtliche, freiwillige, unentgeltliche Tätigkeit für den Staat, erforderlich ist. Anders ist ein ausreichender Katastrophen-

---

307 Mayer, Gutachten, S. 589 f.; Ule, Gutachten, S. 549 f.

308 BVerfGE 3, 137; 8, 16; Grabendorff, D 112/113; von Münch, Kommentar, Art. 33 Rdn. 38; **a.A.:** Maunz/ Dürig/Herzog, Art. 33, Rdn. 58 f., Rdn. 61

309 Entstehungsgeschichte der Artikel des Grundgesetzes, JöR N.F. 1 (1951), S. 305 ff.

310 BVerfGE 8, 1; E 9, 286; E 15, 195; für alle: Mayer, Gutachten, S. 603

311 **im Ergebnis ebenso:** BVerfGE 3,58 ff.; E 8,1 ff. (16); Fischbach, Verhandlungen, D 36; Grewe, Verhandlungen, D 16; von Mangoldt/Klein, Art. 33, Anmerkung VII, 2; Mayer, Gutachten, S. 605; **noch strenger:** Maunz/Dürig/Herzog, Art. 33, Rdn. 58 f., Rdn. 61; Grabendorff, D 112/113

schutz nicht sicherzustellen. Diese durch sachliche Notwendigkeiten bedingten Charakteristika stehen aber in Widerspruch zu beamtenrechtlichen Grundsätzen wie der Hauptamtlichkeit, dem Alimentationsprinzip und dem Lebenszeitprinzip. Auf diese Grundsätze muß bei dem Dienstverhältnis der Helfer(-innen) im Katastrophenschutz sachbedingt völlig verzichtet werden. Eine "Berücksichtigung" - im oben dargelegten Sinne - und damit die Anwendung des Art. 33 Abs. 5 GG ist hier ausgeschlossen.

cc) Weitere Rechtmäßigkeitsvoraussetzungen

Auch eine andere Norm, die vorschreibt, wie ein öffentlich-rechtliches Dienstverhältnis besonderer Art auszugestalten ist, findet sich im Grundgesetz nicht. Damit ist der Gesetzgeber prinzipiell frei bei der Festlegung des *Inhalts* eines solchen Dienstverhältnisses - Voraussetzung ist nur, daß die Ausnahmetatbestände vorliegen, unter denen dessen *Begründung* überhaupt zulässig ist[312].

Eine Bindung des Gesetzgebers besteht allerdings insofern, als er das Dienstverhältnis so ausgestalten muß, daß der Vollzug der übertragenen Aufgaben und damit die Sicherstellung der Staatsfunktionen gewährleistet ist. Dies gebieten Rechtsstaats- und Demokratieprinzip. Je wichtiger dabei die wahrzunehmende Aufgabe ist, desto enger hat die Pflichtenbindung zu sein, welche dem Staat die Steuerung der Dienstnehmer ermöglicht und damit den Aufgabenvollzug sichert (Verhältnismäßigkeitsprinzip).

Unter diesem Gesichtspunkt erscheint es rechtspolitisch sinnvoll, das öffentlich-rechtliche Dienstverhältnis (besonderer Art) der THW-Helferschaft, der die Wahrnehmung des verteidigungsgerichteten Katastrophenschutzes, einer Staatsaufgabe mit verfassungsrechtlicher Tragweite[313], übertragen ist, ähnlich auszugestalten wie das Beamtenverhältnis mit seiner besonderen Dienst- und Treuepflicht. Zwingend ist dies aber nicht. Auch durch Rechtsverhältnisse mit abweichendem Inhalt kann eine so intensive Pflichtenbindung geschaffen werden, daß der

312 siehe oben S. 111 ff.

313 vgl. Art. 73 Nr. 1 GG, Art. 87 b Abs. 2 GG

Aufgabenvollzug nicht in Frage gestellt ist. Deshalb wird in der Literatur das Beamtenverhältnis auch nur als *Muster*[314], *Gestaltungsrichtlinie*[315], *qualitativ bestimmender Faktor*[316] oder *Maßstab* bezeichnet für die inhaltliche Ausgestaltung anderer öffentlicher Dienstverhältnisse. Ihm komme insofern exemplarische Bedeutung zu, als aus der verfassungskräftigen Festlegung eines bestimmten Inhalts des Beamtenverhältnisses in Art. 33 Abs. 5 GG hervorgehe, daß der Staat die Ausübung hoheitlicher Befugnisse zum Zwecke der Erfüllung öffentlicher Aufgaben nicht beliebig, sondern nur in Verbindung mit entsprechenden Absicherungen sowohl für den Staat als auch für die in Pflicht genommenen Personen übertragen dürfe[317].

Ist also eine dem Beamtenrecht angelehnte Ausgestaltung des THW-Helferverhältnisses nicht zwingend geboten, so zeigt doch ein Blick auf die für das Technische Hilfswerk geltenden Normen, daß man sich weitgehend am Beamtenverhältnis orientierte und auf diese Weise die aus Rechtsstaatsprinzip, Demokratieprinzip und Verhältnismäßigkeitsgrundsatz gebotene enge Pflichtenbindung zwischen Helfer und Staat herbeiführte. Dies soll nachfolgend gezeigt werden.

Das Beamtenverhältnis ist geprägt durch die hergebrachten Grundsätze des Berufsbeamtentums. Was zu diesen Grundsätzen gehört, ist im einzelnen umstritten. Die im folgenden aufgezählten Prinzipien jedoch werden in Rechtsprechung[318] und Literatur[319] nahezu durchgängig[320] als solche hergebrachte Grundsätze anerkannt. Es handelt sich um:

- politische Treupflicht
- Neutralitätspflicht
- Wahrnehmung der Interessen der Gesamtheit und des Dienstherrn

---

314 Seibert, DVBl. 1972, 304 (306)

315 Benkler, S. 63

316 Wacke, DÖV 1958, 278 (280)

317 Seibert, DVBl. 1972, 304 (306)

318 Nachweise bei Mayer, Gutachten, S. 609 ff.

319 Nachweise bei Mayer, Gutachten, S. 613

320 zusammenstellende Übersicht über die Akzeptanz der Grundsätze bei: Mayer, Gutachten, S. 614

- Lebenszeitprinzip
- Hauptberuflichkeit
- Dienstleistungspflicht unter vollständigem und dauerndem Einsatz der gesamten Persönlichkeit
- Schutz vor Amtsverlust, Ruhestandsversetzung und Versetzung in ein Amt mit anderen Endruhegehalt
- Gehorsamspflicht
- besondere fachliche Vorbildung
- amtsmäßiges persönliches Verhalten
- Amtsverschwiegenheit
- Streikverbot
- besonderes Disziplinarrecht
- allgemeine Fürsorgepflicht des Dienstgebers
- Pflicht zur wohlwollenden Behandlung des Beamten
- Förderung und Schutz des Beamten
- amtsmäßiger Unterhalt in Form einer angemessenen finanziellen Gegenleistung
- Unfallfürsorge bei Dienstunfällen
- amtsmäßige Versorgung aufgrund der letzten Dienstbezüge
- Recht auf Einsicht in die Personalakten
- Personalvertretung
- Amtshaftung.

Einige dieser Grundsätze konnten von vornherein nicht übertragen werden auf das öffentlich-rechtliche Dienstverhältnis besonderer Art der THW-Helferschaft. In der vollständigen Abwendung von diesen Prinzipien liegt nämlich gerade der wesensmäßige Unterschied des öffentlich-rechtlichen Dienstverhältnisses *besonderer Art* "Helferrechtsverhältnis" zum *typischen* öffentlich-rechtlichen Dienstverhältnis "Beamtenverhältnis". Hierzu gehören Lebenszeitprinzip und Hauptberuflichkeit, ebenso die öffentlich-rechtliche Dienstleistungspflicht unter vollständigem und dauerndem Einsatz der gesamten Persönlichkeit, Schutz vor Amtsverlust, Ruhestandsversetzung, Versetzung in ein Amt mit anderem Endruhegehalt und die amtsmäßige Versorgung aufgrund der letzten Dienstbezüge. Diese Grundsätze sind nicht anwendbar auf das *ehrenamtliche*, *nicht hauptamtliche*, *freiwillige* und *unentgeltliche*, *befristet* eingehbare Dienstverhältnis des Helfers im Katastrophenschutz.

Andere der oben genannten hergebrachten Grundsätze des Berufsbeamtentums haben jedoch Berücksichtigung gefunden, wie der folgende Vergleich zwischen Beamtenverhältnis und THW-Dienstverhältnis zeigt.

Eine der *politischen Treuepflicht* des Beamten, also seiner Pflicht, für den Staat und die verfassungsmäßige Ordnung einzutreten, entsprechende Pflicht der THW-Hilfspersonen findet sich in der Nr. 3.3 lit. a THW-Helferstatut, die eine Verpflichtung zum Dienst im Technischen Hilfswerk ausschließt, wenn sich der Bewerber nicht zum demokratischen Rechtsstaat bekennt.

Die *Neutralitätspflicht* bezweckt die Gewährleistung eines sachangemessenen, gleichmäßigen und gerechten Vorgehens bei der Erledigung öffentlicher Aufgaben. Der Staat ist seinen Bürgern gegenüber zu einer derartigen Aufgabenerledigung verpflichtet[321]. Wer in einem öffentlichen Dienstverhältnis staatliche Aufgaben wahrnimmt, ist - auch als Nicht-Beamter - an diesen Grundsatz gebunden. Gleiches gilt für die Prinzipien der *Wahrnehmung der Interessen der Gesamtheit und der des Dienstherrn*, ausgesprochen in Satz 4 der Präambel des THW-Helferstatuts sowie in Nr. 4.1, Satz 3 THW-Helferstatut.

§ 2 Abs. 2, Satz 1, 2. HS. THW-HelfRG und Nr. 4.2 lit. e THW-Helferstatut normiert die *Gehorsamspflicht* der Helfer und Helferinnen.

Dem hergebrachten Grundsatz des Berufsbeamtentums, daß der Beamte eine *besondere fachliche Vorbildung* besitzen muß, entspricht die Anforderung an den Bewerber gemäß Nr. 3.1, lit. b THW-Helferstatut, er müsse die "allgemeine Tauglichkeit" besitzen, was sich, wie oben gezeigt[322], wegen des primär technisch-handwerklichen Bedürfnisses des Technischen Hilfswerkes auf technisches Verständnis und Nachweis praktischer Fertigkeiten beschränkt. Ergänzt wird diese Norm durch Teil I a, 1. Satz (Nr. 1) des Leitfadens THW, der bestimmt, daß vornehmlich Bewerber aus handwerklichen Berufen verpflichtet werden

---

321 Art. 20 Abs. 3 GG; Art. 3 Abs. 1 GG

322 siehe S. 123

sollen. Zusätzlich beinhaltet Nr. 4.2 lit. a, b, c; Nr. 4.3 THW-Helferstatut die Pflicht des Helfers zu ständiger Aus- und Weiterbildung.

Auch für die Helferschaft gilt der Grundsatz des *amtsmäßigen persönlichen Verhaltens*, zu dem sich auch die *Amtsverschwiegenheit* rechnen läßt[323].

Einen hergebrachten Grundsatz des Berufsbeamtentums stellt schließlich auch das *Streikverbot* dar. Ein Streik hat als eines von mehreren Mitteln des Arbeitskampfes die Aufgabe, eine Einigung der Tarifparteien zum Abschluß eines neuen Tarifvertrages herbeizuführen oder zu beschleunigen. Dort, wo Dienstverhältnisse einschließlich der Besoldung und Versorgung durch einseitige öffentlich-rechtliche Regelungen gestaltet werden, wie es bei den öffentlich-rechtlichen Dienstverhältnissen geschieht, ist kein Platz für Arbeitskämpfe und damit für Streiks. Bei ehrenamtlichen, unentgeltlichen öffentlich-rechtlichen Dienstverhältnissen wie den Rechtsverhältnissen der THW-Helfer (-innen) scheidet ein Streik zur Durchsetzung von Lohn- und Gehaltsforderungen erst recht aus. Die Helfer und Helferinnen des Technischen Hilfswerkes haben damit - ebensowenig wie Beamte - das Recht zu streiken.

Die Beamten unterliegen einem eigenen, besonders ausgestalteten *Disziplinarrecht*. Es ist die Folge der engen rechtlichen Bindung zwischen Beamten und Staat und dient dazu, trotz der mit dem Lebenszeitprinzip (prinzipiell) einhergehenden Unentfernbarkeit aus dem öffentlichen Dienst die Dienstzucht und das Ansehen des Berufsbeamtentums in der Öffentlichkeit aufrecht erhalten zu können[324]. Zudem bietet die förmliche Ausgestaltung des Verfahrens und die Errichtung einer speziellen Disziplinargerichtsbarkeit dem Beamten einen besonderen Rechtsschutz. Die Notwendigkeit eines besonders ausgestalteten materiellen und formellen Disziplinarrechts besteht bei anderen öffentlich-rechtlichen Dienstverhältnissen als den Beamtenverhältnissen nicht; nur letztere sind vom Lebenszeitprinzip beherrscht und bedürfen daraus bedingt als Korrelat einer besonderen Disziplinierbarkeit. Bei anderen öffentlich-rechtlichen Dienstverhältnissen (besonderer Art) sichert schon

---

323 siehe oben S. 167 f.

324 Wolff/Bachof/Stober, § 115 II Rdn. 3

die Möglichkeit der zwangsweisen Beendigung des Dienstverhältnisses in ausreichendem Maße die Einhaltung der Dienstzucht, ein mit dem Lebenszeitprinzip vergleichbarer Grund für ein besonderes Disziplinarrecht fehlt. Dies hindert nicht, für öffentlich-rechtliche Dienstverhältnisse besonderer Art *Disziplinierungs*maßnahmen vorzusehen, wie es beim Technischen Hilfswerk der Fall ist mit Ermahnung, Bußgeld und Ausschluß[325]; es handelt sich dabei nicht um *Disziplinar*maßnahmen im Sinne des Disziplinarrechts, welches nur auf Beamte Anwendung findet[326].

Als Kehrseite der Treuepflicht der Dienstnehmer besteht eine *allgemeine Fürsorgepflicht des Dienstgebers*[327]. Auf sie lassen sich die folgenden Pflichten zurückführen.

Die beamtenrechtliche *Pflicht zur wohlwollenden Behandlung*, zur *Förderung* und zum *Schutz* der Dienstnehmer hat seine Entsprechung gefunden zunächst in der Präambel des THW-Helferstatuts, 1., Satz 6, nach der dem Helfer keine Nachteile aus seiner Tätigkeit erwachsen sollen, dann in der ähnlichen Vorschrift des § 3 THW-HelfRG (wohlwollende Behandlung, Schutz), dem Recht auf Ausbildung und Ausstattung[328] (Förderung) und dem Rechtsschutz in Strafsachen[329] (Schutz).

Der für den Beamten besonders wesentliche Grundsatz des *amtsmäßigen Unterhalts in Form einer angemessenen finanziellen Gegenleistung* für seine Tätigkeit findet seine Entsprechung in den Vorschriften des Technischen Hilfswerkes, die der Hilfsperson - zwar keine Gegenleistung, dies wäre mit dem Prinzip der Unentgeltlichkeit nicht vereinbar - eine Freistellung von allen finanziellen Nachteilen sichern, die sich im Zusammenhang mit ihrem Dienst ergeben. Hierzu gehören der Ersatz von notwendigen Aufwendungen[330] und der des erlittenen Verdienstausfalls. Zum Ausgleich von erlittenen Nachteilen läßt sich zudem die

---

325 siehe unten S. 195, 188 ff.

326 vgl. Roewer, Rdn. 121 (S. 62)

327 siehe z.B. oben S. 166

328 siehe oben S. 143

329 siehe oben S. 149 f.

330 Fahrtkosten etc., vgl. oben S. 138 ff.

Unfallfürsorge bei Dienstunfällen rechnen. Sie wird für die Helfer und Helferinnen geregelt durch die Reichsversicherungsordnung[331].

Ein Recht auf *Einsicht in die Personalakten*[332] steht den THW-Helfern gemäß Nr. 3, Satz 1, 2. HS. Leitfaden THW genauso wie den Beamten zu.

Die Helferschaft besitzt ebenso eine *Personalvertretung*, wenngleich diese sehr viel schwächer ausgeprägt ist[333] als die der Beamten und der übrigen Angehörigen des öffentlichen Dienstes (im engen Sinne).

Letztlich gilt auch das System der *Amtshaftung* für die im Technischen Hilfswerk Tätigen[334].

Somit hat sich gezeigt, daß sich das öffentlich-rechtliche Dienstverhältnis, in dem sich die THW-Helferschaft befindet, in seinem Inhalt eng an das Beamtenrecht anlehnt - unter Berücksichtigung seiner Besonderheiten - und daß daher eine ähnlich intensive Pflichtenbindung zwischen Staat und Helfer geschaffen wurde, wie man sie vom Beamtenverhältnis kennt. Der Gesetzgeber ist damit seinem Auftrag, das Dienstverhältnis in einer solchen Pflichtenintensität auszugestalten, bei der eine Sicherstellung der Staatsfunktionen gewährleistet ist, nachgekommen.

---

331 siehe oben S. 145 ff.

332 Wolff/Bachof/Stober, § 116 III 7, Rdn. 26 mit vielen weiteren Nachweisen

333 hierzu schon oben S. 156 ff. (160)

334 siehe oben S. 147 ff.

Gemäß § 8 Abs. 2, Satz 1 KatSG und § 13 a Abs. 1 Wehrpflichtgesetz[335] können Helfer des Katastrophenschutzes unter näher genannten Voraussetzungen vom Wehrdienst freigestellt werden. Diese Regelung stellt sicher, daß (jedenfalls ein beträchtlicher Teil) der Helfer des verteidigungsgerichteten Katastrophenschutzes, der im Verteidigungsfall Zivilschutzaufgaben wahrnehmen soll, dann auch tatsächlich seiner Organisation zur Verfügung steht und nicht wegen einer Doppelverpflichtung gegenüber Bundeswehr und Katastrophenschutz etwa zu den Streitkräften gerufen werden kann. Daneben wird man auch davon ausgehen können, daß die Zahl derjenigen, die bereit wären, ihre Wehrpflicht abzuleisten *und* sich im Gemeinwohlinteresse freiwillig in den Dienst des Katastrophenschutzes zu stellen, relativ gering sein würde. Die Sicherstellung eines hinreichenden Katastrophenschutzes wäre dann nur durch die Schaffung eines Zivilschutzkorps oder einer ähnlichen Einrichtung möglich, ein Schritt, der bisher nicht vollzogen wurde[336], von dem man sogar ausdrücklich Abstand genommen hat, was durch die Streichung der Worte "oder Dienst im Zivilschutzkorps" im Katastrophenschutzgesetz und im Wehrpflichtgesetz[337] manifestiert wurde. Wenn es auch nicht das Ziel der Freistellungsregelung ist, so kann doch nicht geleugnet werden, daß sie für die Organisationen des Katastrophenschutzes in nicht unmaßgeblichem Ausmaß ein Helferpotential erschließt von Personen, die die Tätigkeit im Katastrophenschutz dem Wehrdienst vorziehen - aus welchen Gründen auch immer.

Die Heranziehung zum Wehrdienst unterbleibt, wenn folgende, sich aus § 8 Abs. 1, Satz 1, Abs. 2 KatSG, § 13 a WPflG i.V.m. der "Vereinbarung über die Freistellung von Wehrpflichtigen nach § 8 Abs. 2 des Gesetzes über die Erweiterung des Katastrophenschutzes -

335 in der Fassung der Bekanntmachung vom 13. Juni 1986 (BGBl. I S. 879), zuletzt geändert durch Artikel 1 des Gesetzes zur Regelung der Dauer des Grundwehrdienstes und des Zivildienstes vom 26.11.1990 (BGBl. I S. 2520)

336 Gesetz über das Zivilschutzkorps und den Zivilschutzdienst vom 12.08.1965 (BGBl. I S. 782; III S. 215), siehe oben S. 15 f.

337 erfolgt durch das Gesetz zur Verbesserung der Wehrgerechtigkeit und Verlängerung der Dauer des Wehrdienstes vom 13.06.1986 (BGBl. I S. 873)

KatSG - (§ 13 a Abs. 1 des Wehrpflichtgesetzes - WPflG -)"[338] (im folgenden: *Freistellungsvereinbarung*) ergebende Voraussetzungen erfüllt sind.

a) Zivilschutzverpflichtung für mindestens acht Dienstjahre

Der Wehrpflichtige[339] muß sich auf *mindestens acht Jahre* zum ehrenamtlichen Dienst im Zivilschutz oder Katastrophenschutz verpflichtet haben. Art und Weise dieser Verpflichtung des wehrpflichtigen Bewerbers um einen Platz im Technischen Hilfswerk wurde oben eingehend beschrieben[340]. Die Verpflichtung kann lauten auf eine bestimmte oder unbestimmte Zeit, solange eine Mindestspanne von acht Tätigkeitsjahren sichergestellt ist. Seit der Neufassung des Wehrpflichtgesetzes und des Katastrophenschutzgesetzes[341] ist deutlich ausgesprochen, daß nur dem *Helfer im ehrenamtlichen Dienst*, nicht dem *hauptamtlich* im Katastrophenschutz oder Zivilschutz Tätigen der Freistellungsgrund der §§ 8 Abs. 1, Satz 1 KatSG, 13 a Abs. 1 WPflG zugute kommen kann.

b) Wahrung des Höchstalters von vierundzwanzig Jahren

Eine Freistellung ist nur zulässig bei Wehrpflichtigen, die sich vor der Vollendung des vierundzwanzigsten Lebensjahres verpflichteten. Diese Regelung steht vor dem Hintergrund, daß die Pflicht zur Ableistung von Grundwehrdienst prinzipiell bis zum Alter von achtundzwanzig Jahren besteht[342], in Ausnahmefällen bis zum Alter von zweiunddreißig Jahren[343]. Einer dieser Ausnahmetatbestände erfaßt Wehrpflichtige, die wegen einer Verpflichtung zur Dienstleistung im Katastrophenschutz vor Vollendung des achtundzwanzigsten Lebensjahres nicht zum

---

338 laut Bekanntmachung des Bundesministers des Inneren vom 02.10.1980 - ZV 4 - M 750 015/3 allg.; allgemein zum Dienst im Bevölkerungsschutz an Stelle des Wehrdienstes: Kreutzer, NJW 1963, 1481

339 zur Wehrpflicht und ihren Umfang vgl. §§ 1-3 WPflG

340 siehe oben S. 88 ff.

341 siehe Fßn. 42

342 § 5 Abs. 1, Satz 1 WPflG

343 § 5 Abs. 1, Satz 2 WPflG

Grundwehrdienst herangezogen wurden. Hierunter fallen die freigestellten THW-Helfer, sie können also prinzipiell bis zur Vollendung des zweiunddreißigsten Lebensjahres zur Ableistung des Grundwehrdienstes einberufen werden. Prinzipiell deshalb, weil die Grundwehrdienstpflicht für den freigestellten Helfer vorher enden kann, da schon die achtjährige Mitwirkung im verteidigungsgerichteten Katastrophenschutz den Grundwehrdienst substituiert[344]; bei einer Verpflichtung im Alter von achtzehn Jahren - was wegen der "drohenden" Wehrerfassung der Regelfall ist - endet die Grundwehrdienstpflicht daher mit dem sechsundzwanzigsten Lebensjahr. Falls nun aber Verpflichtung und Freistellung eines Helfers auch nach dem vierundzwanzigsten Lebensjahr erfolgen könnten (eine Einberufung zum Wehrdienst kann, z. B. aus Studien- oder Gesundheitsgründen, bisher unterblieben sein), könnte der Helfer seine Katastrophenschutztätigkeit vor Ablauf seiner achtjährigen Mindestverpflichtungszeit beenden, ohne daß eine Einberufung zum Grundwehrdienst möglich wäre. Er hätte allein die Sanktionen seiner Katastrophenschutzorganisation zu befürchten, von denen die für ihn einschneidendste die Verhängung eines Bußgeldes wäre[345]. Ermahnung, Verwarnung und Ausschluß wären wegen der fehlenden wehrrechtlichen Konsequenzen untaugliche Disziplinierungsmittel. Dies bedeutet, daß sich einem Helfer, der sich erst nach dem vierundzwanzigsten Lebensjahr in den Dienst des Katastrophenschutzes stellte und daraufhin freigestellt wurde, die Möglichkeit böte, sich gegen Zahlung eines Bußgeldes von der Erbringung seiner Restdienstzeit (Dienstzeit ab der Erreichung des zweiunddreißigsten Lebensjahres) "freizukaufen" und damit von einem Teil der die Pflicht zur Leistung von Grundwehrdienst substituierenden[346] (mindestens achtjährigen) Verpflichtung zum Dienst im Katastrophenschutz. Dieses Ergebnis widerspräche dem Grundsatz der Wehrgerechtigkeit; es wird weitgehend vermieden durch die neue Regelung des § 13 a Abs. 1 WPflG, § 8 Abs. 1, Satz KatSG, derzufolge nach der Vollendung des vierundzwanzigsten Lebensjahres keine Freistellung mehr vorgenommen werden darf.

---

344 siehe unten S. 192 f.

345 siehe unten S. 196

346 siehe unten S. 192 f.

Bedenkt man allerdings, daß der Helfer bis zu zwei Jahre Sonderurlaub beantragen kann, von denen ihm dann nur anderthalb Jahre an seine achtjährige Mindestverpflichtungszeit "angehängt" werden[347], so ist für den Helfer eine letzte Lücke denkbar, sich von maximal anderthalb Jahren Katastrophenschutzdienst durch Zahlung eines Bußgeldes auszulösen: So möglich bei jemandem, der sich erst kurz vor Vollendung des vierundzwanzigsten Lebensjahres verpflichtete, insgesamt zwei Jahre Sonderurlaub erhielt, von denen sechs Monate nicht nachzudienen waren und der ab der Überschreitung der Altersgrenze von zweiunddreißig Jahren pflichtwidrig dem Dienst fernbleibt. Vermeiden ließe sich diese Situation nur dadurch, daß einem Helfer kein Sonderurlaub gewährt wird, sobald sich ihm aufgrund seines Alters zur Zeit der Verpflichtung die oben genannte Möglichkeit eröffnen könnte. Dies stellte jedoch eine Überreaktion dar. Statt dessen muß es entsprechend der Rechtslage bei der Ermessensentscheidung der für die Erteilung von Sonderurlaub zuständigen Stelle bleiben. Diese wird neben der Abwägung der besonderen Interessen des Helfers an einer längerfristigen Dienstbefreiung mit den Interessen des Katastrophenschutzes die Möglichkeit ins Kalkül ziehen müssen, der Helfer könne sich böswillig einem Teil seiner Dienstpflicht trotz der Bußgeldbewehrung eines solchen Vorgehens entziehen wollen. Hier muß im Einzelfall entsprechend der Dringlichkeit der Antragsgründe und dem Persönlichkeitsbild des Helfers entschieden werden. Wo besonders schwerwiegende Gründe für die Gewährung von Sonderurlaub sprechen wie z.B. eine drohende Existenzgefährdung, bleibt eine Ermessensreduzierung auf Null denkbar, bei der die Behörde dem Antrag auf Sonderurlaub stattgeben muß.

c) Zustimmung der zuständigen Behörde

aa) Zuständige Behörde

Wer zuständige Behörde ist, ergibt sich für den erweiterten Katastrophenschutz aus § 2 Abs. 1, Satz 2 KatSG. Es sind regelmäßig die kreisfreien Städte und Landkreise, für die der jeweilige Hauptverwaltungsbeamte handelt. *Örtlich* zuständig ist die Behörde, in deren Gebiet die

347 siehe oben S. 152 f.

Einheit bzw. die Einrichtung des Katastrophenschutzes ihren Standort hat[348]. Das bedeutet für das Technische Hilfswerk, daß der Kreis bzw. die kreisfreie Stadt ihre Zustimmung zur Freistellung geben muß, in deren Kreis-/Stadtgebiet der Ortsverband des freizustellenden Helfers liegt.

bb) Zustimmungsvoraussetzung

aaa) Voraussetzungen nach § 13 a Abs. 1 WPflG, § 8 Abs. 2 KatSG

Die Zustimmung der Behörde ist zunächst abhängig von dem Ergebnis der Prüfung der oben unter a) und b) genannten Voraussetzungen: Ist der Helfer jünger als fünfundzwanzig Jahre und verpflichtete er sich auf mindestens acht Jahre Dienst im Katastrophenschutz oder Zivilschutz als ehrenamtlicher Helfer? Fällt die Prüfung negativ aus, darf keine Zustimmung erfolgen. Eine dennoch erteilte Zustimmung wäre rechtswidrig.

Konsequenz dieser Rechtswidrigkeit ist folgende: Da es sich bei der Zustimmung um die Maßnahme einer Behörde zur Regelung eines Einzelfalls auf dem Gebiet des öffentlichen Rechts mit Außenwirkung handelt, stellt sie einen Verwaltungsakt dar im Sinne des Verwaltungsverfahrensgesetzes[349]. Gemäß § 43 VwVfG ist auch ein rechtswidriger Verwaltungsakt rechtswirksam, solange ihn nicht die Nichtigkeitsgründe des § 44 VwVfG erfassen oder er anderweitig aufgehoben oder erledigt ist. So kann er gemäß § 48 VwVfG zurückgenommen oder gemäß § 49 VwVfG widerrufen[350] werden.

---

348 ebenso Nr. 3 Abs. 1 des Erlasses des baden-württembergischen Innenministers vom 14.11.1969 (GABl. S. 809); Roewer, Rdn. 72 (S. 40)

349 zum Verwaltungsakt allgemein: Erichsen/Martens, § 11; Maurer, § 9; Meyer/Borgs, § 35; Knack, § 35; Stelkens/Bonk/Leonhardt, § 35

350 Knack, § 49 Rdn. 2.3 m.w.N.; Stelkens/Bonk/Leonhardt, § 49 Rdn. 4 m.w.N.; Ule/Laubinger, § 61 III 4; Wolff/Bachof, § 53 III a 2; Meyer/Borgs, § 49 Rdn. 7, Rdn. 2

bbb) Freistellungsvereinbarung gemäß § 13 a Abs. 1, Satz 2, 3 WPflG

Weitere Voraussetzungen für die Zustimmung der Behörde können gemäß § 13 a Abs. 1, Satz 2, 3 WPflG durch interministerielle Vereinbarung geschaffen werden (im folgenden: Freistellungsvereinbarung).

Der Bundesminister des Inneren vereinbart mit dem Bundesminister der Verteidigung unter Berücksichtigung des Personalbedarfs von Bundeswehr, Zivilschutz und Katastrophenschutz eine Zahl von maximal freistellbaren Helfern (sogenannte "Freistellungsquote")[351]. Bei der Quotierung kann nach Jahrgängen, Beruf und Ausbildungsstand differenziert werden[352]. Zusätzlich kann vereinbart werden, daß die Zustimmung des Kreiswehrersatzamtes erforderlich sein soll[353]. Eine Freistellungsvereinbarung wurde zum ersten Mal im Juli 1969 getroffen und seitdem regelmäßig aktualisiert. Die letzte Regelung findet sich in der "Vereinbarung über die Freistellung von Wehrpflichtigen nach § 8 Abs. 2 des Gesetzes über die Erweiterung des Katastrophenschutzes - KatSG - (§ 13 a Abs. 1 des Wehrpflichtgesetzes - WPflG - vom 18. September 1980[354]. Gemäß § 1 Abs. 2 Freistellungsvereinbarung besteht für die Geburtsjahrgänge ab 1962 eine Beschränkung der Freistellungsplätze auf 17.000 pro Jahrgang. Die Quotenplätze werden gemäß § 2 Abs. 1 Freistellungsvereinbarung entsprechend der Einwohnerzahlen auf die Regierungsbezirke verteilt[355], nach Abs. 3 regelt der Regierungspräsident die Aufteilung auf die kreisfreien Städte und Landkreise[356]. Bestimmte Berufsklassen werden von der Möglichkeit einer Freistellung ganz[357] oder teilweise[358] ausgenommen. Auch Wehrpflichtige,

---

351 § 13 a Abs. 1, Satz 2 WPflG

352 § 13 a Abs. 1, Satz 3 WPflG

353 § 13 a Abs. 1, Satz 3, 2. HS. WPflG

354 GMBl. 1980, S. 640; die hierzu erlassenen Durchführungsverordnungen des Bundesamtes für Zivilschutz sind abgedruckt als Anhang 2 zu MinBl. NW 1983, 2434 (2442).

355 Verteilung der Höchstzahlen ab Geburtsjahrgang 1962 gemäß § 1 Abs. 2 der Vereinbarung zu § 8 Abs. 2 KatSG (§ 13 a Abs. 1 WPflG), abgedruckt in: Statistisches Jahrbuch 1980

356 Aufteilung der Höchstzahlen für die Freistellung von Helfern des Katastrophenschutzes vom Wehrdienst auf die Regierungspräsidenten, abgedruckt: MinBl. NW 1983, 2444

357 vgl. § 1 Abs. 3, lit. c (i.V.m. Anlage 1), lit. d, e, f Freistellungsvereinbarung

die bereits einen Einberufungsbescheid erhielten oder denen ein solcher schon schriftlich angekündigt wurde[359], dürfen der Freistellungsvereinbarung zufolge nicht freigestellt werden, ebenso wenig wie ungediente Wehrpflichtige, bei denen mit häufigen Ortswechseln zu rechnen ist aufgrund ihrer Ausbildung oder der beruflichen Tätigkeit und die deshalb dem Katastrophenschutz nicht laufend zur Verfügung stehen. Gediente Wehrpflichtige werden vorbehaltlich der Regelung in Abs. 6 nicht freigestellt[360].

Bezüglich der innerministeriellen Vereinbarung drängen sich zwei Fragen auf. Zunächst ist der Rechtscharakter der Freistellungsvereinbarung zu klären, sodann ihre Rechtmäßigkeit, also Vereinbarkeit mit höherrangigem Recht.

(1) Rechtscharakter der Freistellungsvereinbarung

§ 13 Abs. 1, Satz 2 WPflG und § 8 Abs. 2, Satz 2 KatSG formulieren, der Bundesminister des Inneren und der Bundesminister der Verteidigung "vereinbaren jeweils die Zahl, bis zu der eine <...> Freistellung möglich ist <...>". Hierin könnte eine Ermächtigung bzw. sogar eine Verpflichtung der genannten Ministerien zum Erlaß einer gemeinsamen *Rechtsverordnung*[361] gesehen werden[362]. Es könnte sich aber auch um eine gesetzliche Anweisung an die Ministerien des Inneren und der Verteidigung handeln, sie sollen über die näher bezeichneten Bereiche eine *interne Absprache* treffen[363]. Konsequenz einer solchen Absprache der Minister ist dann allein die Bindung der beteiligten Ministerien, sie hat für diese Behörden also die Rechtsqualität einer *Verwaltungsvorschrift*. Die aufgeworfene Frage nach dem Rechtscharakter der Freistellungsvereinbarung hat Bedeutung insbesondere für Fälle, in denen die Zustimmung der Behörde unter Verstoß gegen die Vereinbarung

---

358 vgl. § 1 Abs. 4 i.V.m. Anlagen 1, 2, 3.1, 3.2 Freistellungsvereinbarung

359 § 1 Abs. 3, lit. a Freistellungsvereinbarung

360 § 1 Abs. 3, lit. g Freistellungsvereinbarung

361 zur Zulässigkeit gemeinsamer Rechtsverordnungen vgl. von Münch, Kommentar, Art. 80 Rdn. 15 m.w.N.

362 so: Roeber/Goeckel, § 8 Rdn. 8

363 so wohl: Bahro, § 8 Rdn. 22

erfolgt: Ist sie bloße (interne) Verwaltungsvorschrift, bleibt der Verwaltungsakt rechtmäßig und höchstens ein Widerruf gemäß § 49 VwVfG vermag ihn aus der Welt zu schaffen. Handelt es sich bei der "Vereinbarung" jedoch um eine (außenwirksame) Rechtsverordnung, ist der Verwaltungsakt rechtswidrig und kann nach § 48 VwVfG zurückgenommen werden.

Nach dem *Wortsinn* handelt es sich um eine Vereinbarung zwischen zwei Ministerien, um eine interministerielle Abmachung also, die allein eine Bindungswirkung der unmittelbar Beteiligten zur Folge hat. Der *Sinn und Zweck* der gesamten Festschreibung einer interministeriellen Vereinbarung in § 8 Abs. 2 KatSG und § 13 a Abs. 1, Satz 2 WPflG ist darin zu sehen, daß eine interne Abstimmung des Personalbedarfs institutionalisiert werden sollte zur hinreichenden Berücksichtigung der Personalinteressen beider Ministerien. Auf diesen Zweck weisen ganz ausdrücklich § 13 a Abs. 1, Satz 2, 2. HS. WPflG und § 8 Abs. 2, Satz 2, 2. HS. KatSG hin. So kann vermieden werden, daß ein Ministerium dem anderen die Personalplanungen durchkreuzt, z.B. das Bundesministerium des Inneren durch Ausweitung der Freistellungspraxis die Planungen des Bundesministeriums der Verteidigung. Unter Berücksichtigung von Wortsinn und Sinn und Zweck steht damit fest, daß es sich bei der Freistellungsvereinbarung um eine bloße interministerielle Absprache handelt, die Bindungswirkung allein für die nachgeordneten Behörden entfaltet und damit die Rechtsqualität einer *Verwaltungsvorschrift* besitzt. Eine unter Verstoß gegen diese Vereinbarung erfolgte Zustimmung zur Dienstverpflichtung im Katastrophenschutz nach § 8 Abs. 2, Satz 1 KatSG, § 13 a Abs. 1, Satz 1 WPflG stellt damit keinen wegen dieses Verstoßes *rechtswidrigen* Verwaltungsakt dar. Sie kann als rechtmäßiger, begünstigender Verwaltungsakt nur unter den Voraussetzungen des § 49 VwVfG widerrufen werden.

(2) Rechtmäßigkeit der Freistellungsvereinbarung

Durch § 8 Abs. 2, Satz 2 KatSG und § 13 a Abs. 1, Satz 2, 2. HS., Satz 3 WPflG wird der Rahmen abgesteckt, innerhalb dessen das Gesetz eine interministerielle Vereinbarung zuläßt. Durch die enge Formulierung ("<...> vereinbaren jeweils die Zahl <...> unter angemessener Berücksichtigung des Personalbedarfs <...>. Dabei kann auch nach Jahrgängen, beruflicher Tätigkeit und Ausbildungsstand unterschieden sowie die Zustimmung des Kreiswehrersatzamtes vorgesehen werden.") wird deutlich, daß eine Vereinbarung über andere als die genannten Inhalte nicht erfolgen soll. Inwieweit sich die getroffene Freistellungsvereinbarung in diesen Grenzen hält und damit rechtmäßig ist, bedarf einer genaueren Überprüfung.

Soweit in der Vereinbarung eine nach Jahrgängen gestaffelte *Freistellungsquote*[364], die Festlegung von *Berufsklassen*[365] und eine *Mitteilungspflicht*[366] gegenüber dem Kreiswehrersatzamt festgelegt werden, steht sie zweifellos im Einklang mit den gesetzlichen Vorgaben. Die Anweisung, daß einer Verpflichtung ungedienter Wehrpflichtiger nicht mehr zugestimmt werden darf, sobald diesen ihr *Einberufungsbescheid zugestellt* wurde[367], ist vor dem Hintergrund zu sehen, daß sich Einberufung und Freistellung ausschließen. Wer freigestellt wurde, kann nicht einberufen werden, wer einberufen ist, kann nicht mehr freigestellt werden. Letzteres läßt sich insbesondere aus § 13 a Abs. 1, Satz 1 WPflG ablesen, der davon spricht, daß unter den genannten Voraussetzungen die Wehrpflichtigen nicht zum Wehrdienst *herangezogen* werden. Dem schon herangezogenen Wehrpflichtigen steht damit nicht mehr die Möglichkeit des § 13 a Abs. 1 WPflG zur Verfügung. Erfolgte dennoch eine Zustimmungserklärung der zuständigen Behörde, wäre sie bedeutungslos. Aus Gründen der Verwaltungsökonomie und zur Vermeidung von Verwirrung hat sie zu unterbleiben. Wenn die Verwaltungsvorschrift eine solche Anweisung trifft, weist sie bloß auf die bestehende Rechtslage hin und ist daher, trotz der Überschreitung ihres gesetzlich gesteckten inhaltlichen Rahmens, rechtmäßig. Anderes gilt für die *Vorverlagerung des Zustimmungsverbots* auf den Zeitpunkt der Zustellung der schriftlichen Ankündigung des Einberufungsbescheids an den Wehrpflichtigen[368]. Zweck ist die Sicherung der Interessen des Kreiswehrersatzamtes, dessen Planungen bei einer Freistellung im Stadium zwischen Ankündigung und Erlaß des Einberufungsbescheides empfindlich gestört würden. Doch liegt dieses Mittel des Interessen-

---

364 § 1 Abs. 2 Freistellungsvereinbarung

365 § 1 Abs. 3 lit. c, d, e, f Freistellungsvereinbarung

366 § 3 Freistellungsvereinbarung

367 § 1 Abs. 3 a, 1. HS. Freistellungsvereinbarung

368 § 1 Abs. 3 a, 2. HS. Freistellungsvereinbarung

schutzes außerhalb der in § 8 Abs. 2, Satz 2 KatSG und § 13 a Abs. 1, Satz 2, 2. HS., Satz 3 WPflG vorgezeichneten Möglichkeiten und muß daher als rechtswidrig angesehen werden. Falls die Belange des Kreiswehrersatzamtes bezüglich der Personalplanung besser geschützt werden sollen, muß von der Möglichkeit der Schaffung eines Zustimmungserfordernisses des Kreiswehrersatzamtes bei Freistellungen Gebrauch gemacht werden.

Bei den sogenannten *Ortswechslern* des § 1 Abs. 3, lit. b Freistellungsvereinbarung[369] handelt es sich um Personen, bei denen offensichtlich ist, daß sie dem Katastrophenschutz nicht in ausreichendem Maße zur Verfügung stehen und damit die Wehrdienstausnahme entweder gar nicht besteht (Fehlen der "Mitwirkung im Katastrophenschutz") oder in Kürze wieder entfallen wird. Die Anordnung der Freistellungsvereinbarung, daß solche Personen nicht freigestellt werden dürfen, weist damit nur auf ein existierendes Faktum hin, trifft aber keine eigenständige Regelung. *Gediente Wehrpflichtige*[370] haben bei der Bundeswehr (mindestens) eine Grundausbildung durchlaufen, die sie für eine Tätigkeit in den Streitkräften qualifiziert. Wenn die Freistellungsvereinbarung an dieses Kriterium anknüpft, verläßt sie nicht die Vorgaben des § 13 a Abs. 1, Satz 3 WPflG, der eine Differenzierung nach dem Ausbildungsstand zuläßt.

Somit ist die Freistellungsvereinbarung bis auf die Vorverlagerung der Nicht-Freistellbarkeit auf den Zeitpunkt der Ankündigung der Einberufung rechtmäßig.

d) Mitwirkung im Katastrophenschutz bzw. Zivilschutz

Hat sich der Wehrpflichtige vor seinem vierundzwanzigsten Lebensjahr zu mindestens acht Jahren ehrenamtlichem Dienst als Helfer im Kata-

---

369 nähere Beschreibung in "Zu § 1 Abs. 3 b" der Bestimmungen "Durchführung der Vereinbarung vom 18.September 1981 (GMBl. S. 64) über die Freistellung von Wehrpflichtigen nach § 8 Abs. 2 des Gesetzes über die Erweiterung des Katastrophenschutzes - KatSG - (§ 13 a Abs. 1 des Wehrpflichtgesetzes - WPflG - Bekanntmachung des Bundesministers des Inneren vom 23.02.1981 - ZV 4 - M 750 015/3 allg.

370 § 1 Abs. 3, lit. g Freistellungsvereinbarung

strophenschutz verpflichtet und erhielt er die Zustimmung der zuständigen Behörde, dann *beginnt* gemäß § 8 Abs. 2, Satz 1 KatSG, § 13 a Abs. 1, Satz 1 WPflG die Wehrdienstausnahme. Die Verpflichtung der zuständigen Behörde durch § 13 a Abs. 3 WPflG, Vorliegen sowie Wegfall der Freistellungsvoraussetzung der zuständigen Wehrersatzbehörde anzuzeigen, stellt selbst keine Freistellungsvoraussetzung dar[371], dies zeigt eindeutig die grammatische Interpretation, vor allem aber auch die Tatsache, daß die zweite, neben § 13 a WPflG bestehende Freistellungsnorm, § 8 Abs. 2 KatSG, die Wehrdienstausnahme allein von Verpflichtung, Erreichung des Mindestalters und Zustimmung der zuständigen Behörde abhängig macht, ohne eine Anzeigepflicht gegenüber der Wehrersatzbehörde auch nur zu erwähnen.

Die Wehrdienstausnahme dauert an, solange der Wehrpflichtige als Helfer im Katastrophenschutz mitwirkt[372]. Die *Mitwirkung* ist ein rein tatsächlicher Vorgang[373] und besteht in der Teilnahme an den angesetzten Dienstveranstaltungen in einem Umfang, der für die ordnungsgemäße Ausbildung und die Erfüllung des Einsatzzwecks erforderlich ist[374]. Dies setzt eine *Nähe des ständigen Aufenthaltsortes* des Helfers zum Standort seiner Organisation voraus und erfordert ein gewisses Maß an *zahlenmäßig meßbarer Präsenz* und an *persönlichem Einsatz* über das bloße Erscheinen des Helfers hinaus. Wo im einzelnen die Grenze gezogen werden muß zwischen hinlänglicher und magelhafter Mitwirkung ist schwierig. In der Regel wird von den Organisationen ein formalisiertes Verfahren verwendet, bei dem die Fehlstunden in Relation zu den angesetzten Dienststunden gesetzt werden. Bei Fehlzeiten von etwa einem Drittel der Dienststundenzahl innerhalb eines halben Jahres wird in der Regel von einer fehlenden Mitwirkung ausgegangen[375]. Nicht mitgerechnet werden dürfen die Veranstaltungen, die außerhalb des verteidigungsgerichteten Katastrophenschutzdienstes (Einsatz, Ausbildung, Übung) liegen, also Kameradschaftsabende, freiwillige Tätigkeit etc.[376]. Zu beachten ist, daß die Mitwirkung - als tat-

---

371 so aber BVerwG NJW 1969, 2061 = E 32, 57 ff.

372 § 8 Satz 1, 2. HS. KatSG, § 13 a Abs. 1, Satz 1, 2. HS. WPflG

373 BVerwG, BW Verwaltung 1977, 260 ff.; Roewer, Rdn. 75 (S. 41)

374 BVerwGE 55, 280 (284)

375 Roewer, Rdn. 76 (S. 42)

376 Roewer, Rdn. 79 (S. 44)

sächlicher Vorgang - unabhängig vom Verschulden des Helfers zu beurteilen ist. Auch wer aufgrund einer ernsthaften Erkrankung nicht zum Dienst erscheinen kann, wirkt nicht mit. Hindert eine derartige Erkrankung die Hilfsperson solange an der Teilnahme an den Dienstveranstaltungen, daß deshalb von einer fehlenden Mitwirkung im Katastrophenschutz im oben genannten Sinne (Überschreiten der tolerierbaren Fehlstundenzahl) auszugehen ist, dann wird diese Erkrankung auch seine wehrrechtliche Tauglichkeit aufheben, so daß seine mangelnde Mitwirkung regelmäßig nicht dazu führt, daß er nun zum Grundwehrdienst einberufen wird.

Sobald ein Helfer nicht mehr mitwirkt im Sinne des Katastrophenschutzgesetzes bzw. Wehrpflichtgesetzes, entfällt die Voraussetzung für seine Nichtheranziehung zum Wehrdienst. Er steht den Wehrersatzbehörden wieder zur Verfügung, kann von ihnen einen Einberufungsbescheid erhalten. Tatsächliche Voraussetzung ist allerdings, daß die Wehrersatzbehörden von dem Wegfall der Freistellungsvoraussetzung erfahren. Diesen Informationsfluß sicherzustellen, dazu dient § 13 a Abs. 3 WPflG, der eine Anzeigepflicht der zuständigen Behörde (Hauptverwaltungsbeamter[377]) gegenüber den Wehrersatzbehörden konstituiert. Der Hauptverwaltungsbeamte wiederum erfährt von der mangelnden Mitwirkung durch Anzeige der Organisation[378]. Die Anzeige der mangelnden Mitwirkung ist dabei selbst nur eine Tatsachenmitteilung, mangels Regelungscharakters kein Verwaltungsakt[379]. Erst ein anschließender Einberufungsbescheid des Kreiswehrersatzamtes stellt eine Regelung dar (eines Einzelfalls auf dem Gebiet des öffentlichen Rechtes mit Außenwirkung), also einen Verwaltungsakt, der dann einer verwaltungsgerichtlichen Überprüfung unterliegt[380]. Die Anzeige der mangelnden Mitwirkung des Helfers, die sogenannte "Rückmeldung", hat keinen Einfluß auf die von ihm eingegangene Verpflichtung gegenüber dem Katastrophenschutz, er bleibt weiter dienstpflichtig; falls es jedoch zu einer Einberufung kommt, ruht für die Zeit seines

---

377 vgl. § 7 KatSG

378 Allgemeine Verwaltungsvorschrift über die an die Wehrersatzbehörden zu erstattenden Anzeigen nach § 13 a Abs. 3 des WPflG (AVV - Zivilschutzanzeigen) vom 21.07.1965 (GMBl., S. 213; VMBl., S. 417)

379 Roewer, Rdn. 77 (S. 43)

380 BVerwG E 34, 240 (246); Roewer, Rdn. 77 (S. 43)

Grundwehrdienstes die Pflicht zur Leistung von Dienst im Katastrophenschutz. Entsprechend der Länge der von ihm eingegangenen Verpflichtungszeit ("... mindestens acht Jahre ...") hat der Helfer nach Ableistung seines Grundwehrdienstes weiter Katastrophenschutzdienst zu leisten[381].

e) Ende der Grundwehrdienstpflicht

Hat der wehrpflichtige Helfer acht Jahre Dienst im Zivilschutz oder Katastrophenschutz geleistet, dann erlischt gem. § 8 Abs. 3 KatSG, § 13 a Abs. 2 WPflG seine Pflicht, Grundwehrdienst zu leisten. Diese Regelung wurde notwendig, nachdem durch Art. 1 Nr. 2 a, 2. des "Gesetzes zur Verbesserung der Wehrgerechtigkeit und Verlängerung der Dauer des Grundwehrdienstes"[382] (unter anderem) für die Helfer des Zivil- und Katastrophenschutzes die Altersgrenze für die Pflicht zur Erbringung des Grundwehrdienstes auf die Vollendung des zweiunddreißigsten Lebensjahres heraufgesetzt wurde (vom achtundzwanzigsten Lebensjahr). Ein Helfer, der sich im Alter von achtzehn Jahren für (mindestens) acht Jahre verpflichtete, wäre sonst gezwungen gewesen, seinen Dienst vierzehn Jahre lang zu versehen ("Mitwirkung im Katastrophenschutz" als Freistellungsvoraussetzung), um eine Einberufung zwischen dem sechsundzwanzigsten und zweiunddreißigsten Lebensjahr zu vermeiden. Damit wäre der Gedanke der Substituierung der Wehrpflicht durch eine *achtjährige* ehrenamtliche Tätigkeit im Zivil- bzw. Katastrophenschutz faktisch außer Kraft gesetzt gewesen[383].

Um beurteilen zu können, zu welchem Zeitpunkt die Pflicht des Katastrophenschutzhelfers zur Leistung von Grundwehrdienst endet, wird der *Beginn der achtjährigen Mindestverpflichtungszeit* bedeutsam. In Betracht könnte der Eintritt der Wehrdienstausnahme kommen (Zustellung der Zustimmungserklärung des Hauptverwaltungsbeamten), das Datum der Annahme der Verpflichtungserklärung durch die Organisation oder letztlich der Zeitpunkt des Dienstbeginns im Katastro-

---

381 BVerwG E 31, 94 ff. = DVBl. 1969, 757 = MDR 1969, 606 = NJW 1969, 891 ff.; Roewer, Rdn. 77 (S. 43)

382 vom 13. Juni 1986; BGBl. I S. 873

383 zu diesem Themenkomplex siehe auch oben S. 175 f.

phen- bzw. Zivilschutz, der nicht mit dem der ersten Dienst*veranstaltung* übereinstimmen muß (so z.B. bei vorangehendem Bereitschaftsdienst). Das Gesetz spricht in § 13 a Abs. 2 WPflG von acht Jahren Mitwirkung im Katastrophenschutz oder Zivilschutz, stellt nach seinem eindeutigen *Wortlaut* für den Beginn der Mindestverpflichtungszeit also auf den *Dienstbeginn* ab. Da der Helfer (bzw. Bewerber) regelmäßig erst im Katastrophenschutz eingesetzt wird, wenn der Verpflichtungsvorgang abgeschlossen ist[384], ist dieser Zeitpunkt meist identisch mit der Annahme der Verpflichtungserklärung durch die Organisation. Eine Ausnahme gilt für die Fälle, in denen vor der Annahme eine *Probezeit* abzuleisten war, in der schon Dienst im Katastrophenschutz erbracht wurde, also eine *Mitwirkung* erfolgte. Hier beginnt also die Mitwirkung im Katastrophenschutz schon mit dem Anfang der (erfolgreich abgeleisteten) Probezeit. Zudem könnten ohne diese rückwirkende Einbeziehung der Probezeit die Organisationen durch die Festlegung einer langen Probezeit in einfachem Organisationsrecht die achtjährige Mindestverpflichtungszeit faktisch verlängern und so Gesetzesrecht unterlaufen[385]. Die Bestimmung der Nr. 9 Leitfaden THW, der die Mindestverpflichtungszeit erst mit der Annahme der Verpflichtungserklärung durch den Ortsbeauftragten ohne Anrechnung der Probezeit beginnen lassen möchte, ist wegen Verstoßes gegen § 13 a Abs. 2 WPflG rechtswidrig und nichtig.

Zur Anrechnung von Sonderurlaub auf die Mindestverpflichtungszeit siehe oben Seite 154 ff.

3. Dienst im Technischen Hilfswerk und Zivildienstausnahme

Nach § 14 des Gesetzes über den Zivildienst der Kriegsdienstverweigerer (Zivildienstgesetz - ZDG)[386] werden anerkannte Kriegsdienstverweigerer, die sich vor Vollendung des vierundzwanzigsten Lebensjahres

---

384 zur Verpflichtung siehe oben S. 82 ff. (84 f.)

385 <u>Roewer</u>, Rdn. 118 (S. 59)

386 in der Fassung der Bekanntmachung vom 29. September 1983, BGBl. I S. 1221, 1370), zuletzt geändert durch Art. 4 des Gesetzes zur Regelung der Dauer des Grundwehrdienstes und des Zivildienstes vom 26. November 1990 (BGBl. I S. 2520)

mit Zustimmung der zuständigen Behörde auf mindestens acht Jahre zum ehrenamtlichen Dienst im Zivilschutz oder Katastrophenschutz verpflichtet haben, nicht zum Zivildienst herangezogen, solange sie im Zivilschutz oder Katastrophenschutz mitwirken. Diese Norm trifft also eine dem § 13 a WPflG weitgehend entsprechende Freistellungsregelung für anerkannte Kriegsdienstverweigerer. Völlige Entsprechung findet § 14 Abs. 1 ZDG in § 13 a Abs. 1, Satz 1 WPflG, § 14 Abs. 2 ZDG in § 13 a Abs. 3 WPflG, § 14 Abs. 4 ZDG in § 13 a Abs. 2 WPflG. Damit kann für die dort angesprochenen Punkte (zuständige Behörde, Zustimmung, Mindestverpflichtungszeit, Verpflichtungsakt, etc.) auf die oben gemachten Ausführungen verwiesen werden. Abweichungen bestehen darin, daß die anerkannten Kriegsdienstverweigerer, die sich dem Zivilschutz oder Katastrophenschutz verpflichten wollten, *keiner Quotierung* unterliegen: Eine § 13 a Abs. 1, Satz 2 WPflG entsprechende Regelung kennt das Zivildienstgesetz nicht. Umgekehrt findet sich in § 14 Abs. 3 ZDG eine Norm des Zivildienstgesetzes, die keine Entsprechung im Wehrpflichtgesetz findet. Sie begründet die Pflicht des Bundesamtes für Zivildienst, dem anerkannten Kriegsdienstverweigerer seine Freistellung vom Zivildienst für die Dauer seiner Mitwirkung *mitzuteilen*, sobald die zuständige Behörde anzeigt, daß sich der Kriegsdienstverweigerer mit der Wirkung der Nichtheranziehung zum Zivildienst als Helfer des Zivilschutzes bzw. Katastrophenschutzes verpflichtet hat.

4. Sanktionen und Disziplinierungsmaßnahmen

Das Technische Hilfswerk (Abteilung IV des Bundesamtes für zivilen Bevölkerungsschutz) verfügt über unterschiedliche Mittel der Disziplinierung seiner dem verteidigungsgerichteten Katastrophenschutz verpflichteten Hilfspersonen. Erfaßt werden alle Helfer und Helferinnen, nicht nur die vom Wehr- bzw. Zivildienst freigestellten. Nicht in diesen Fragenkomplex der Sanktionen gehört - dies sei hier ausdrücklich hervorgehoben - die Anzeige der fehlenden Mitwirkung im Katastrophenschutz gegenüber dem Hauptverwaltungsbeamten (dem die Weitermeldung an das Kreiswehrersatzamt obliegt): Diese Anzeige ist zunächst einmal bloße Tatsachenmitteilung und nicht das Knüpfen einer Rechtsfolge an einen Tatbestand. Aber auch ein eventuell daraufhin ergehender Einberufungsbescheid seitens des Kreiswehrersatzamtes stellt keine

Sanktion dar, da sie verschuldensunabhängig erfolgt[387]. An *Disziplinierungsmaßnahmen* (nicht "*Disziplinar*maßnahmen" im Sinne des nur für das Beamtenverhältnis geltenden Disziplinarrechts[388]) sind folgende zu nennen.

a) Ermahnung

Das Vorgehen bei einer Ermahnung bemißt sich nach Nr. 3 der "Richtlinien für das Verfahren bei Verpflichtung, Entpflichtung, Ermahnung und Ausschluß von Helfern der Bundesanstalt Technisches Hilfswerk (THW) in der Fassung vom 01. Oktober 1974 (im folgenden: Verpflichtungsrichtlinien). Danach ist ein Helfer, der einen Dienstpflichtverstoß begeht, ohne daß dieser die Intensität eines Ausschlußgrundes erreicht[389], vom Ortsbeauftragten mündlich und mit Aktenvermerk zu ermahnen[390], im Wiederholungsfall, ebenso bei schwerwiegenden Pflichtverstößen, hat die Ermahnung schriftlich und unter Anführung einer Begründung zu erfolgen[391]. Bei zwei Dienstpflichtverstößen mit Ermahnung innerhalb eines Zeitraumes von zwei Jahren ist der Ortsbeauftragte gehalten, den Ausschluß des Helfers einzuleiten[392]. Allerdings ist das Bundesamt für Zivilschutz als Teil der staatlichen Verwaltung auch ohne ausdrückliche Nennung an das Verhältnismäßigkeitsprinzip gebunden, so daß ein Ausschluß als intensivste Disziplinierungsmaßnahme nicht völlig außer Verhältnis zu den vorangegangenen Dienstpflichtverstößen stehen darf (Wahrung der Zweck-Mittel-Relation). Insbesondere ist zu prüfen, ob nicht eine andere Sanktion[393] das ebenso wirksame, aber mildere Mittel darstellt. Zum Ausschluß im übrigen unten lit. c.

---

387 insgesamt hierzu oben S. 190

388 siehe oben S. 177 f.

389 zum Ausschlußgrund siehe Nr. 6.3 THW-Helferstatut und im folgenden lit. c

390 Nr. 3.1 Verpflichtungsrichtlinien

391 Nr. 3.2 Verpflichtungsrichtlinien

392 Nr. 3.3 Verpflichtungsrichtlinien

393 z.B. Bußgeldbescheid, siehe unten lit. b

b) Bußgeld

§ 14 a KatSG erhebt einen Verstoß gegen die freiwillig eingegangene Dienstverpflichtung im Katastrophenschutz zur Ordnungswidrigkeit, welche mit Geldbuße geahndet werden kann. Das Verfahren bei der Ahndung von Ordnungswidrigkeiten ist geregelt im Ordnungswidrigkeitengesetz[394]. Hier finden sich Bestimmung für das Verfahren zur Verhängung einer Geldbuße, für die Vollstreckung, für eine eventuell erforderlich werdende Erzwingungshaft und insbesondere die Zuständigkeitsregelung: Für das Technische Hilfswerk als Teil des Bundesamtes für Zivilschutz ist Bußgeldbehörde der Bundesminister des Inneren.

c) Ausschluß

Als Rechtsgrundlage für einen Ausschluß aus dem Technischen Hilfswerk kommen zwei Normen in Betracht.

aa) Ausschluß gemäß § 2 Abs. 3 THW-HelfRG

Gemäß § 2 Abs. 3 THW-HelfRG kann ein Helfer entlassen werden, wenn er schuldhaft gegen seine Dienstpflichten verstößt oder für die Wahrnehmung seiner Aufgaben nicht mehr geeignet ist. Damit ist nunmehr unmittelbar im Helferrecht eine parlamentsgesetzliche Grundlage dafür geschaffen worden, einen Helfer bzw. eine Helferin aus dem Technischen Hilfswerk zu entfernen.

Bezüglich des Inhalts der in Bezug genommenen Dienstpflichten und Eignungsvoraussetzungen kann auf die obigen Darstellungen verwiesen werden.

§ 2 Abs. 4 THW-HelfRG ermächtigt den Bundesminister des Innern dazu, durch Erlaß von Rechtsverordnungen u.a. die Beendigung des

---

394 Gesetz über Ordnungswidrigkeiten (OWiG) in der Fassung der Bekanntmachung vom 19. Februar 1987 (BGBl. I S. 602), geändert durch Gesetz vom 17.05.1988 (BGBl. I S. 606)

Helferdienstverhältnisses näher auszugestalten. Eine dahingehende Regelung besteht mit Nr. 6.3 THW-Helferstatut i.V.m. Nr. 4 Verpflichtungsrichtlinien.

Gemäß Nr. 6.3 lit. a i.V.m. Nr. 3.3 THW-Helferstatut kann ein Helfer aus der Organisation ausgeschlossen werden, sobald er sich nicht mehr zum demokratischen Rechtsstaat bekennt, mit einer Freiheitsstrafe von einem oder mehreren Jahre belegt wird oder nach § 13 BWahlG das Wahlrecht entzogen bekommt. Nach Nr. 6.3 lit. d THW-Helferstatut kann der Helfer ebenso den Ausschluß erfahren, wenn er seine Dienstpflichten in so schwerwiegender Weise verletzt, daß dem Technischen Hilfswerk eine weitere Verpflichtung des Helfers unzumutbar ist.
Bei diesen Entlaßgründen handelt es sich um Konkretisierungen der im THW-Helferrechtsgesetz verwendeten Begriffe "Eignung" (wie oben Seite 183 gezeigt) bzw. "Dienstpflichtverstoß".

Bis zur Schaffung des THW-Helferrechtsgesetzes lag hier ein Problemschwerpunkt des Helferrechts, da die Vorschrift der Nr. 6.3 lit. a i.V.m. Nr. 3.3 THW-Helferstatut *allein* nicht den rechtsstaatlichen Anforderungen genügte. Der Ausschluß aus dem Technischen Hilfswerk unterfällt dem Vorbehalt des Gesetzes, da es sich hier um eine wesentliche Entscheidung handelt im oben erläuterten Sinn[395]:

Der Ausschluß stellt die zwangsweise Beendigung des Helferverhältnisses durch das Bundesamt für Zivilschutz dar, ist also für den Helfer mit einem unfreiwilligen Statusverlust verbunden. Das Rechtsverhältnis der Hilfspersonen im Technischen Hilfswerk ist dadurch charakterisiert, daß es sich um ein öffentlich-rechtliches Dienstverhältnis besonderer Art handelt, das in *enger Anlehnung an das Beamtenverhältnis* ausgestaltet ist. Es wird *für längere Zeit* (in der Regel mindestens zehn Jahre) und unter nachhaltiger Bindung des Helfers eingegangen, dem teils erhebliche Pflichten auferlegt sind: Der Dienst im Katastrophenschutz fordert von ihm im Einsatzfall die Gefährdung von Leib, Leben und Gesundheit, außerhalb des Einsatzes den regelmäßigen Besuch der angesetzten Übungs- und Ausbildungsveranstaltungen und nicht zuletzt die ständige Verfügbarkeit gemäß des Bereitschaftsplans. Spontane

395 siehe S. 120 ff., Wesentlichkeitstheorie

Entfernungen aus dem Einsatzbereich des Ortsverbandes, die die Erreichbarkeit oder Einsatzbereitschaft des Helfers aufheben (z. B. weite Wochenendfahrt), sind allenfalls im Rahmen einer kurzfristigen Dienstbefreiung möglich. Für den vom Wehr- oder Zivildienst freigestellten Helfer kommt hinzu, daß seine Zugehörigkeit zum Technischen Hilfswerk untrennbar mit der Freistellung verbunden ist. Der Ausschluß beendet seine "Mitwirkung im Katastrophenschutz" und damit seine Freistellung, so daß für ihn das Risiko besteht, trotz (unter Umständen jahrelanger) Tätigkeit im Technischen Hilfswerk *zusätzlich* zu Wehr- oder Zivildienst herangezogen zu werden. Auch sonst ist das Verhältnis der THW-Hilfsperson durch eine Vielzahl von Rechten und Pflichten bestimmt, siehe oben. Bei dem Rechtsverhältnis des Helfers im Technischen Hilfswerk handelt es sich daher um ein prägendes Dienstverhältnis, durch das nicht nur ein Randbereich der Persönlichkeit des Helfers betroffen ist[396]. Der Entzug des Helferstatus verändert die Lebensführung des Ausgeschlossenen spürbar, und das nicht nur beim freigestellten Helfer. Dies gibt dem Ausschluß aus der Organisation ein erhebliches Gewicht. Auch das Gesetz erkennt das Dienstverhältnis als immerhin so intensiv an, daß es den zwölfmonatigen Wehr- bzw. den fünfzehnmonatigen Zivildienst zu substituieren vermag.

Durch den Statusentzug wird somit die allgemeine Handlungsfreiheit, Art. 2 Abs. 1 GG, in beträchtlichem Maße beschnitten. Es handelt sich um eine wesentliche Entscheidung[397], die einer gesetzlichen Grundlage bedarf[398].
Die Vorschrift Nr. 6.3 THW-Helferstatut i.V.m. Nr. 4 Verpflichtungsrichtlinie allein genügte als untergesetzliche Norm diesen Anforderungen nicht. Ein Ausschluß aus dem Technischen Hilfswerk konnte damit prinzipiell nicht auf diese Organisationsvorschriften allein gestützt wer-

---

396 vgl. auch OVG Hamburg DVBl. 1981, 48 (50 f.)

397 Vorbehalt des Gesetzes, vgl. oben S. 167 ff.

398 ebenso: OVG Hamburg DVBl. 1981, 48 ff.; VG Karlsruhe, Urteil vom 12.02.1981, Aktenzeichen 5 K 298/80, nicht veröffentlicht; VG Ansbach, Urteil vom 29.03.1984, Aktenzeichen 16 K 83 A. 1394, nicht veröffentlicht, S. 7 des amtlichen Abdrucks; Bay VGH, Urteil vom 18.10.1984, Aktenzeichen 3. B 84 A. 1637, nicht veröffentlicht, S. 7 des amtlichen Abdrucks; VG Hamburg, Urteil vom 15.02.1980 Aktenzeichen VII VG 3102/78, nicht veröffentlicht, S. 8 des amtlichen Abdrucks; VG Aachen, Urteil vom 15.12.1983, Aktenzeichen 1 K 1808/82, nicht veröffentlicht, S. 13 f. des amtlichen Abdrucks

den. Als Ausnahme ist nach ständiger Rechtsprechung des Bundesverfassungsgerichtes[399] und des Bundesverwaltungsgerichtes[400] bei Fehlen einer gesetzlichen Grundlage trotz Vorbehaltes des Gesetzes die Regelung eines Tatbestandes durch eine untergesetzliche Norm für eine Übergangszeit hinzunehmen, wenn nur so die Funktionsfähigkeit staatlicher Einrichtungen verfassungsrechtlicher Dimension gesichert werden kann. Es handelt sich um Fälle, in denen die verfassungsmäßige Ordnung durch ein Ausfallen der Einrichtung mehr gefährdet wäre als durch eine - übergangsweise - Duldung des Verstoßes gegen den Gesetzesvorbehalt. Von großer Wichtigkeit ist die Bestimmung der Dauer der *Übergangsfrist*. Diese Zeitspanne soll dazu dienen, dem Gesetzgeber ausreichende Gelegenheit zu einer gesetzlichen Regelung zu geben. Hält man sich den Ablauf des Gesetzgebungsverfahrens mit all seinen Schwierigkeiten vor Augen, muß die Frist großzügig bemessen sein. Es kann auch nicht im Interesse der Verfassung liegen, den Gesetzgeber zu übereilten, dann womöglich "grobgestrickten" Gesetzgebungswerken zu zwingen. In der Rechtsprechung wird das Anknüpfen an das Ende der laufenden Legislaturperiode als sachgerechte Lösung angesehen[401]. Eine Ausnahme muß dann gelten, wenn die andauernde Legislaturperiode kurz vor ihrem Ende steht. Mit dem Ablauf der darauffolgenden Legislaturperiode wird dann aber regelmäßig die Übergangsfrist abgelaufen sein, es sei denn, außergewöhnliche Umstände wie z.B. der tatsächlich unmittelbar bevorstehende Erlaß des geforderten Gesetzes rechtfertigten eine erneute, dann aber kurz zu bemessende Fristverlängerung.

Betrachtete man die Ausschlußregelung des THW-Helferstatuts unter den angeführten Aspekten, bot sich bis zum Erlaß des THW-Helferrechtsgesetzes folgendes Bild. Zwar ließ sich die Voraussetzung der sogenannten "Notkompetenz" für eine Vielzahl der auftretenden Ausschlußfälle sicherlich noch bejahen: Bliebe z.B. jeder oder auch nur eine Vielzahl der dem Technischen Hilfswerk verpflichteten Helfer dem Dienst fern, ohne daß diese ausgeschlossen und daraufhin im Rahmen des Stellenplans durch andere, einsatzbereite Helfer ersetzt werden könnten, wäre die funktionsgerechte Wahrnehmung der übertrage-

399 E 48, 29 (37 f.); 33, 1 (12 ff.); 33, 303 (307); 33, 347 f.; 41, 251 (267); 51, 288 ff.

400 E 41, 266; 48, 312; 51, 242; 64, 245 f.

401 vgl. insbesondere BVerfGE 33, 1 (13); 15, 337 (352); 25, 167 (185, 188)

nen Katastrophenschutzaufgabe, einer Aufgabe mit Verfassungsrang[402] erschwert bzw. unmöglich gemacht. Als problematisch erwies sich jedoch die Frage der *Übergangsfrist*. Die Unzulänglichkeit der Rechtsgrundlage für die Ausschlußmaßnahmen war spätestens am 14.05.1980 mit dem Urteil des OVG Hamburg[403] offenbar, seither waren zehn Jahre vergangen. Nun hat man in Rechnung zu stellen, daß die damals laufende Legislaturperiode 1983 vorzeitig nach nur zwei Jahren endete und dem Gesetzgeber nicht genügend Zeit bleiben konnte für die Schaffung einer neuen Rechtsgrundlage. Seit den Neuwahlen vom 6. März 1983 ist aber eine weitere Legislaturperiode vergangen, in der keine äußeren Behinderungen des Gesetzgebers auftraten.

Es ließ sich daher gut vertreten, daß mit Ablauf der Legislaturperiode im Jahre 1987 die zu tolerierende Übergangsfrist endete und das THW-Helferstatut ab diesem Zeitpunkt keine Rechtsgrundlage mehr darstellen konnte für einen Ausschluß.

Dieser Zustand ist - wie schon erläutert - seit Schaffung des THW-Helferrechtsgesetzes beseitigt.

bb) Ausschluß durch Rücknahme des Verpflichtungsaktes gemäß § 48 VwVfG oder Widerruf gemäß § 49 VwVfG

Ziel eines Ausschlusses aus dem Technischen Hilfswerk ist es, durch einseitigen behördlichen Akt das zuvor durch Verwaltungsakt begründete Verpflichtungsverhältnis zu lösen. Er stellt daher den typischen Fall des Widerrufs bzw. der Rücknahme eines Verwaltungsaktes dar.

Sofern Spezialregelungen nicht eingreifen, bemessen sich gem. § 1 Abs. 1 Nr. 1 VwVfG Rücknahme und Widerruf von Verwaltungsakten nach §§ 48 f. VwVfG. Eine derartige spezielle Norm existiert seit Schaffung des THW-Helferrechtsgesetzes mit § 2 Abs. 3 THW-HelfRG.

---

402 vgl. Art. 73 Nr. 1, 87 b Abs. 2, Satz 1 GG

403 Urteil vom 14.05.1980, Aktenzeichen Bv. II 79/77 = DVBl. 1981, 48 f.

Bis dahin ließ sich allerdings der Ausschluß aus dem Technischen Hilfswerk auf §§ 48 f. VwVfG stützen[404]. Dies soll im folgenden gezeigt werden, da die Frage der Rechtmäßigkeit des Ausschlusses vor Geltung des THW-Helferrechtsgesetzes bis heute für die Fälle von Bedeutung ist, in denen (gerichtlich) um gerade diese Frage gestritten wird.

War der Verpflichtungsakt schon bei seiner Vornahme rechtswidrig, kann er durch eine *Rücknahme* gemäß § 48 Abs. 1 VwVfG aufgehoben werden. Bei der Verpflichtung handelt es sich um einen *begünstigenden* Verwaltungsakt (Erwerb der Organisationszugehörigkeit); eventuell durch das Vertrauen auf den Bestand des Verwaltungsaktes erlittene Vermögensnachteile müssen ausgeglichen werden, sofern sich das Vertrauen als schutzwürdig erweist[405]. Für die Möglichkeit der Rücknahme ist eine Frist von einem Jahr ab Kenntniserlangung der zuständigen Behörde vom Rücknahmegrund gesetzt[406].

Regelmäßig wird es bei einem Ausschluß darum gehen, ein ursprünglich rechtmäßig begründetes Verpflichtungsverhältnis einseitig zu lösen. Dies ist nur möglich im Rahmen von § 49 Abs. 2 VwVfG, Widerruf eines rechtmäßigen, begünstigenden[407] Verwaltungsaktes, sofern eine der dort genannten Voraussetzungen erfüllt ist. In Betracht käme § 49 Abs. 2, Nr. 1, 2. Fall VwVfG, Vorbehalt eines Widerrufs im ursprünglichen Verwaltungsakt. In dem vom Technischen Hilfswerk für den Verpflichtungsakt verwendeten Formblatt[408] wird jedoch allein auf die Möglichkeit eines Widerrufs der *Zustimmungserklärung des Hauptverwaltungsbeamten* zur Freistellung vom Wehr- bzw. Zivildienst hingewiesen, nicht für die Verpflichtung zum Dienst im Technischen Hilfswerk. Ein Widerruf nach § 49 Abs. 2, Nr. 1, 2. Fall VwVfG ist daher nicht möglich.

Er könnte jedoch gemäß § 49 Abs. 2 Nr. 3 VwVfG erfolgen, falls die Behörde aufgrund nachträglich geänderter Tatsachen zu einem Nicht-

---

404 im Ergebnis wohl anders gesehen von OVG Hamburg DVBl. 1981, 48 ff., das hierzu allerdings nicht explizit Stellung nimmt

405 Im einzelnen vgl. § 48 Abs. 3 VwVfG.

406 § 48 Abs. 4 VwVfG

407 da Rechte verleihenden; siehe oben S. 133 ff.

408 Leitfaden THW, Formblatt 1 der Anlage

erlaß des Verwaltungsaktes berechtigt gewesen wäre und ohne Widerruf das öffentliche Interesse gefährdet ist. Bei schweren Pflichtverstößen kann dieser Doppeltatbestand erfüllt sein: Ein Bewerber, der seinen Dienstpflichten nicht nachkommen will, würde nicht in die Organisation des Technischen Hilfswerkes aufgenommen; sobald ein Verstoß gegen die Dienstpflicht ein Ausmaß erreicht, daß ein reibungsloses und gedeihliches Arbeiten des Hilfswerkes unmöglich macht, ist auch die zweite Anforderung des § 49 Abs. 2, Nr. 3 VwVfG erfüllt: Ohne Widerruf würde das öffentliche Interesse an der Funktionsfähigkeit des Technischen Hilfswerkes als Teil des Zivilschutzes, einer Aufgabe von verfassungsrechtlicher Tragweite[409], gefährdet.

Letztlich kann gemäß § 49 Abs. 2, Nr. 5 VwVfG ein Widerruf der Verpflichtung vorgenommen werden, wenn er dem Ziel dient, *schwere Nachteile für das Gemeinwohl* zu verhüten oder zu beseitigen. Bei einer Verletzung von Dienstpflichten in einem die Funktionsfähigkeit des Technischen Hilfswerkes - als einem maßgeblichen Träger des verfassungsrechtlich verankerten Zivilschutzes - dringend gefährdenden Maße (also schwere Pflichtverstöße) wäre der Schutz der Zivilbevölkerung in Katastrophenfällen in Frage gestellt. Um diese schweren Nachteile für das Gemeinwohl zu verhüten, ist eine Entfernung des Helfers (Widerruf des Verpflichtungsaktes) und sein Ersatz durch einen Dienstbereiten erforderlich.

Wann die Funktionsfähigkeit des Technischen Hilfswerkes gefährdet ist, muß für jeden Fall einzeln beantwortet werden. Zweifelsfrei ist dies aber zu bejahen für schwerste Verstöße wie z.B. fortwährendes Nichterscheinen zu Einsatz und Ausbildung oder konsequente Verweigerung des Gehorsams oder sabotageartige Handlungen.

cc) Ergebnis

Ein Ausschluß, die einseitige Lösung des Verpflichtungsverhältnisses, ist nach dem oben Erläuterten bei dem Technischen Hilfswerk heute möglich gemäß § 2 Abs. 3 THW-HelfRG i.V.m. Nr. 6.3 THW-Helferstatut, bisher konnte der einen Verwaltungsakt darstellende Verpflich-

---

409 Art. 73 Nr. 1, 87 b Abs. 2 GG

tungsakt jedoch bei Vorliegen der entsprechenden Voraussetzungen nach den allgemeinen Regeln über Rücknahme und Widerruf eines begünstigenden Verwaltungsaktes aufgehoben werden.

Hingewiesen sei letztlich darauf, daß mit einer sogenannten *Rückmeldung*[410] nicht das gleiche Ergebnis zu erzielen ist wie mit dem Ausschluß aus der Organisation[411]. Einmal sind nur freigestellte Helfer betroffen, zudem ist nach der Rückmeldung ihre Einberufung zwar möglich, aber nicht gewiß[412]. Letztlich und entscheidend aber endet mit einer Einberufung nicht die Pflicht, Dienst im Technischen Hilfswerk zu leisten. Sie ruht zwar für die Zeit des Wehr- bzw. Zivildienstes, setzt sich aber gemäß der eingegangenen Verpflichtung ("mindestens acht Jahre Dienst im Katastrophenschutz") nach Ableistung von Wehr- oder Zivildienst für die Restverpflichtungszeit fort[413]. Die Rückmeldung ist somit keine Möglichkeit zur dauerhaften Entfernung eines Helfers aus dem Technischen Hilfswerk und schafft nicht Platz für einen zum Dienst bereiten bzw. geeigneten Helfer.

5. Beendigung des Dienstverhältnisses

Das Rechtsverhältnis des Helfers (der Helferin) im Technischen Hilfswerk endet mit dem Tod oder der Entpflichtung[414]. Die Entpflichtung kann aus verschiedenen, in Nr. 6.2 Helferstatut aufgezählten Gründen erfolgen, wobei einige Entpflichtungsgründe bestimmten Helfergruppen vorbehalten sind. Gleichermaßen betroffen sein können die Hilfspersonen von der Entpflichtung durch *Ausschluß* (Nr. 6.2 lit. e Helferstatut THW) und der *Entpflichtung bei Wegfall der Verpflichtungsvoraus-*

---

410 Information des Hauptverwaltungsbeamten über die mangelnde Mitwirkung des freigestellten Helfers seitens des Ortsbeauftragten, Weitermeldung dieses Fortfalls der Freistellung an die Wehrersatzbehörde bzw. die Behörde für den Zivildienst durch den Hauptverwaltungsbeamten, siehe oben S. 189 f.

411 so meint aber VG Ansbach, 16 K 83, Urteil vom 29.03.1984, nicht veröffentlicht, Seite 10 des amtlichen Urteilsabdrucks

412 Bundeswehr/Zivildienst als Strafe?

413 Roewer, Rdn. 77 (S. 43), siehe auch oben S. 189 f.

414 Nr. 6.1 Helferstatut THW

setzungen[415] (Nr. 6.2 lit. b Helferstatut THW). Durch bloßen *Zeitablauf* werden diejenigen Helfer (-innen) entpflichtet, die sich für eine bestimmte Zeit zum Dienst verpflichtet hatten: Ist diese Zeit abgelaufen, endet automatisch ihr Helferrechtsverhältnis, Nr. 6.2 lit. c, aa Helferstatut THW. Sie können es hierbei belassen oder auch noch eine neue Verpflichtung anstreben oder auf Antrag dem Technischen Hilfswerk als "Althelfer"[416] angehören. Auf eigenen *Antrag* mit dem Erfordernis des Vorliegens eines *wichtigen Grundes* werden solche Helfer (-innen) entpflichtet, die sich für eine feste Spanne oder für einen Mindestzeitraum verpflichteten und sich noch innerhalb ihrer (Mindest-) Verpflichtungszeit befinden, Nr. 6.2 lit. c, bb, Satz 1 Helferstatut THW. Einen wichtigen Grund stellt es dar, wenn ein Festhalten an der Verpflichtung für die Hilfsperson eine unbillige Härte bedeutete, Nr. 6.2 lit. c, bb, 2. Satz Helferstatut THW. *Jederzeit auf eigenen Antrag* wird letztlich derjenige entpflichtet, der sich auf unbestimmte Zeit verpflichtete, und der, welcher nach Ableistung seiner Mindestverpflichtungszeit weiter tätig blieb, Nr. 6.2, lit. a Helferstatut THW. Eine Einschränkung könnte gelten für Entpflichtungsverlangen bei oder angesichts von Einsätzen[417]. In Anbetracht der Tatsache, daß sich die Hilfsperson ja gerade zum Einsatz verpflichtet hatte und sich dafür aus- und fortbilden ließ, daß die Behörde auf ihre Einsatzbereitschaft vertraute und daß bei oder unmittelbar vor einem Einsatz kein personeller Ersatz beschaffbar ist, könnte es sich um ein treuwidriges Verlangen zur Unzeit handeln[418]. Die Konsequenz wäre eine Unbeachtlichkeit eines Entpflichtungsantrages bis zur Beendigung des Einsatzfalles. Die Mitwirkung könnte solange mittels der zur Verfügung stehenden Sanktionen[419] durchgesetzt werden. Wenn nun aber das Technische Hilfswerk die Verpflichtung auf eine unbestimmte Zeit (über eine Mindestspanne hinaus) zuläßt und nicht auf einer (erneuten) festen Bindung an die Organisation für planbare Zeiträume besteht, obwohl die oben genannte Problematik bekannt ist, dann geht es bewußt das Risiko eines Entpflichtungsverlangens bei oder angesichts eines Einsatzes ein. Ein Blick auf den Helferkreis, für den diese Möglichkeit überhaupt bestünde, zeigt, daß

---

415 Nr. 3.1 Helferstatut THW, siehe oben S. 122 ff.

416 siehe unten S. 205

417 so: Roewer, Rdn. 139 (S. 68); a.A.: Bahro, § 9, Rdn. 35

418 so: Roewer, Rdn. 139, (S. 68)

419 siehe oben S. 194 ff.

die Organisation dieses Risiko auch regelmäßig eingehen kann: Es handelt sich um solche Personen, die ihre Mindestverpflichtung ableisteten und dennoch weiter tätig blieben, oder um solche, die sich - ohne von der Möglichkeit einer Freistellung beeinflußt zu sein (eine Freistellung ist ja nur möglich bei einer Verpflichtung für mindestens acht Jahre) - dem Technischen Hilfswerk aus Gemeinwohlerwägungen auf unbestimmte Zeit zur Verfügung stellten. Wer unter diesen Voraussetzungen im Hilfswerk mitarbeitet, zeigt ein Maß an Idealismus, das sicherlich zu Recht annehmen läßt, daß er auch im Einsatzfall mit Leib und Seele seinen Pflichten nachkommen wird.

Zur Übersicht über die verschiedenen Entpflichtungsgründe und über den Teil der Helferschaft, für den sie zutreffen können, mag die folgende Tabelle dienen:

Abbildung 5:

Helfer verpflichtet für:	Entpflichtungsgründe nach 6.2 Helferstatut				
	Ausschluß	Wegfall	Antrag, jederzeit	Antrag, wicht. Grund	Zeitablauf
bestimmte Zeit	X	X		X	X
unbestimmte Zeit	X	X	X		
Mindestzeit, vor Ablauf	X	X		X	
Mindestzeit, nach Ablauf	X	X	X		

6. *Althelferstatus*

Das Technische Hilfswerk kennt für jene seiner Hilfspersonen, welche ihre Verpflichtungszeit abgeleistet haben und entpflichtet wurden, einen sogenannten "Althelferstatus"[420]. Althelfer ist derjenige, der sich bereit erklärt, in Notfällen auf besondere Anforderung Dienst im Technischen Hilfswerk zu leisten. Durch die Möglichkeit des Zugriffs auf solche sogenannten Althelfer soll im Bedarfsfall das Kontingent der zur Verfügung stehenden Hilfsmannschaften erhöht werden.

Der "Reservistenstatus" des Althelfers ist allerdings nicht geeignet, eine Freistellung vom Wehr- oder Zivildienst aufrecht zu erhalten - anders, als teilweise angenommen. Freistellungsvoraussetzung ist gemäß § 8 KatSG - wie oben dargelegt - einmal die Zugehörigkeit zu einer Katastrophenschutzorganisation, dann die Mitwirkung im Katastrophenschutz. Nun beendet aber die Entpflichtung der Hilfsperson ihre *Zugehörigkeit* zum Technischen Hilfswerk; auch eine *Mitwirkung im Katastrophenschutz*, die die regelmäßige Teilnahme an Ausbildung, Übung und Einsatz voraussetzt[421], ist bei dem sogenannten Althelfer nicht gegeben. Aus zwei Gründen entfällt daher die Freistellung von Wehr- bzw. Zivildienst. Dies heißt nun nicht, daß der Grundwehrdienst nachgeholt werden muß: die Ableistung von acht Jahren Dienst im Katastrophenschutz substituiert die Grundwehrdienstpflicht; aber bei einer Mobilmachung in Kriegs- und Kriesenzeiten ist eine Einberufung des Ex-THW-Helfers zur Bundeswehr möglich.

Schlußwort

Die Untersuchung hat damit folgendes ergeben.

Nachdem sich zunächst Gründung und Betätigung des *Technischen Hilfswerkes* außerhalb der verfassungsrechtlichen Bahnen vollzog, wurde es durch seine Integration in das später in Bundesamt für Zivilschutz umbenannte Bundesamt für zivilen Bevölkerungsschutz zu einer der Rechtsordnung entsprechenden Organisation, deren Zuständigkeitsbereich sich allerdings auf den verteidigungsgerichteten, also den sogenannten erweiterten Katastrophenschutz beschränkt. Ein Einsatz in

420 Nr. 8 Helferstatut THW

421 siehe oben S. 188 f.

Friedenszeiten ist - entgegen anderslautender Formulierungen im Errichtungserlaß THW und im neugeschaffenen THW-Helferrechtsgesetz - nur im Wege der Amtshilfe möglich.

Trotz seiner einseitigen Ausrichtung auf den erweiterten Katastrophenschutz widerspricht das Hilfswerk - seit Erlaß des THW-Helferrechtsgesetzes und Ergänzung des Katastrophenschutzgesetzes - nicht mehr der Konzeption des Katastrophenschutzes nach dem Katastrophenschutzgesetz.

Das *Rechtsverhältnis* der Hilfspersonen des Technischen Hilfswerkes stellt ein - zulässiges - öffentlich-rechtliches Dienstverhältnis besonderer Art dar, das beamtenrechtsähnlich ausgestaltet ist und deshalb die Wahrnehmung von erweitertem Katastrophenschutz, einer Aufgabe mit verfassungsrechtlicher Tragweite, ausreichend sicherzustellen vermag. Zu bedauern ist, daß Mitbestimmungsrechte der Helferschaft in nur schwacher Ausprägung vorhanden sind.

Sowohl der wehrpflichtige als auch der zivildienstpflichtige Helfer kann unter näher beschriebenen Voraussetzungen vom Wehr- bzw. Zivildienst freigestellt werden; anders als der Wehrpflichtige unterfällt der Zivildienstpflichtige dabei aber keiner Freistellungsquote.

Die dem Technischen Hilfswerk zur Verfügung stehenden Disziplinierungsmaßnahmen sind die Ermahnung, das Bußgeld und der Ausschluß. wobei sich seit Schaffung des THW-Helferrechtsgesetzes die Rechtsgrundlage für den Ausschluß aus § 2 Abs. 3 THW-HelfRG ergibt, vorher nur aus §§ 48, 49 VwVfG, nicht aber unmittelbar aus dem untergesetzlichen Organisationsrecht.

Die Beendigung des Dienstverhältnisses tritt mit Tod oder Entpflichtung ein. Die Entpflichtung wiederum kann durch Ausschluß, Wegfall der Verpflichtungsvoraussetzungen, eigenen Antrag der Hilfsperson oder automatisch durch Zeitablauf erfolgen.

Der sogenannte Althelferstatus stellt keine Mitwirkung im Katastrophenschutz i.S.d. § 8 Abs. 2 KatSG dar.